रामकथा
के नए आयाम

रामकथा
के नए आयाम

डॉ. शंकरलाल पुरोहित

ज्ञान गंगा, दिल्ली

प्रकाशक : ज्ञान गंगा, 205-सी चावड़ी बाजार, दिल्ली-110006
सर्वाधिकार : सुरक्षित / संस्करण : प्रथम, 2017 / मूल्य : तीन सौ पचास रुपए
मुद्रक : आर-टेक ऑफसेट प्रिंटर्स, दिल्ली ISBN 978-93-86054-49-4

RAMKATHA KE NAYE AAYAM *by* Dr. Shankarlal Purohit ₹ 350.00
Published by Gyan Ganga, 205-C Chawri Bazar, Delhi-110006

दो शब्द

'को बड़ छोट कहत अपराधू' सरस्वती पुत्रों ने रामकथा कोई 'बड़ाई' पाने के लिए नहीं लिखी थी। अत: उनमें बड़ा-छोटा निर्धारित करना अनावश्यक ही नहीं, अपराधमूलक भी होगा। तुलसी और बलराम दोनों ने भारतीय धर्म और दर्शन के क्षेत्र में जो कार्य किए, रामकथा के माध्यम से भारतीय जनता को जिस प्रकार सराबोर किया, वह अपने आपमें एक अलग इतिहास है। उनकी लिखी रामकथा लोगों के हृदयों में कोई साहित्यिक या दार्शनिक या तात्त्विक विवेचन का अंग होकर नहीं थी। सदियों तक वह उनके प्राणों में रक्त-प्रवाह की तरह नैसर्गिक रूप में बहती रही है, उन्हें जीवित रखे रही है। अत: आज दांडी रामायण और रामचरितमानस की कथा का तुलनात्मक अध्ययन उसी प्राण-धारा का दर्शन करने जैसा लगता है।

हमने अपने अध्ययन के लिए उपलब्ध मुद्रित सामग्री का ही अधिक प्रयोग किया है। दांडी रामायण का प्रकाशित संस्करण, जो कि आज हमें बाजार में उपलब्ध है, कितना ही त्रुटिपूर्ण क्यों न कहा जाए, वह बलराम द्वारा कही गई रामकथा को न तोड़ता है, न मरोड़ता है और न उसे विशेष विकृत करता है। डॉ. कृष्णचरण साहू ने बड़े श्रम के साथ कई पोथियों का मिलान कर यह कार्य संपन्न किया था। उसी प्रकार रामचरितमानस के गीताप्रेस वाले प्रकाशित संस्करण में और अन्य मानक संस्करणों में रामकथा के स्तरों पर विशेष अंतर नहीं है। अत: रामकथा के अध्ययन के लिए गीताप्रेस गोरखपुरवाले संस्करण का ही प्रयोग किया गया है। इससे दांडी रामायण के शुद्ध संस्करण के महत्त्व को नकारा नहीं गया है, परंतु रामकथा अध्ययन के लिए शुद्ध संस्करण न मिलना कोई बड़ी बाधा नहीं बन सका।

उक्त को पूज्य गुरुवर प्रो. प्रह्लाद प्रधान ने समय-समय पर पढ़कर श्रमपूर्वक

संशोधन किया है। उनके अमूल्य निर्देशों से यह कार्य सहज़ हो सका। पूज्यवर डॉ. कामिल बुल्के, डॉ. वंशीधर महांति, डॉ. कृष्णचरण साहु, डॉ. नटवर सामंतराय, डॉ. रमानाथ त्रिपाठी, डॉ. विश्वनाथ तिवारी आदि विद्वानों का समय-समय पर परामर्श मिलता रहा है, अत: उनका ऋणी हूँ। श्रीनिवास उद्गाता, डॉ. रत्नाकर चयनि, राजकिशोर मिश्र, अरुणेश नीरन जैसे बंधुओं ने इसके निर्माण में विविध रूप में भूमिका निभाई है, अत: उनके आगे नतमस्तक हूँ। इनसे किसी प्रकार की भी सहायता पाने का अधिकार मुझे मिला हुआ है। अत: इनके आगे कृतज्ञ नहीं हो सका। हाँ, हृदय आश्चर्य और आनंद से भर रहा है, यह सोचकर कि इन लोगों ने आखिर यह कार्य पूरा करवा ही लिया। अब महामहिम केशरीनाथजी त्रिपाठी ने इसे आशीर्वचनों से महिमा मंडित किया है।

अंत में अपने अग्रज श्री जीवनराम पुरोहित (छापौली) एवं मोहनलाल पारीक (कोलकाता) का स्मरण कर रहा हूँ, जो इस कार्य में सदा प्रेरणा प्रदान करते रहे हैं। उसी प्रकार उत्कल के वाणी प्रवर विशिष्ट दार्शनिक प्रो. हृदानंद राय को स्मरण कर रहा हूँ, जो तुलसी-बलराम के इस स्वरूप के बड़े प्रशंसक रहे हैं और यह ग्रंथ देखने को उत्सुक रहे। भगवान् श्रीजगन्नाथ से यही प्रार्थना है कि मन ऐसे ही प्रसंगों से जुड़ा रहे, ताकि हमारे समाज को बल व शक्ति मिलने के साथ राष्ट्रीय एकता भी दृढ हो सके।

—डॉ. शंकरलाल पुरोहित
105 श्रीधर, बालाजी कॉम्पलेक्स
भुवनेश्वर-751006 (ओड़िशा)
मो. : 9437635198
इ-मेल : shankarlalpurohit@yahoo.com

आमुख

श्रीजगन्नाथजी के विराजमान होने के कारण उत्कल भूखंड सारे भारत के लिए धार्मिक, दार्शनिक एवं अन्य दृष्टि से आकर्षण और श्रद्धा का केंद्र बन गया है। इनके पास आकर हर धर्म और हर दर्शन स्वयं को धन्य समझता है। पता नहीं किस युग से भारत के 'चार धाम' में से पुरी एक धाम गिना जाता रहा है। अतः कोई भी भारतीय अपने जीवन में श्रीजगन्नाथजी के दर्शन किए बिना पूर्णता का अनुभव नहीं कर पाता। वही स्थिति धर्म और दर्शन की है। श्रीजगन्नाथ में सारे धर्मों और दर्शनों का अद्‍भुत समावेश है। वे सबके हैं और सभी उन्हें अपना मानते हैं। श्रीजगन्नाथजी जगमोहन मंडप में रचित रामकाव्य और काशी में भगवान् विश्वनाथ के चरणों में समर्पित रामचरितमानस दोनों को ध्यान में रखकर उनका अध्ययन अपने आपमें एक अजीब प्रकार का अलौकिक अवर्णनीय आनंद प्रदान करता है।

वैसे देखा जाए तो दांडी रामायण का अध्ययन अभी तक गहराई से नहीं हो पाया है। डॉ. नरेंद्र नाथ मिश्र का एकमात्र निबंध 'दांडी रामायण ओ बलरामदास' ही इस दिशा में किया गया प्रयास उपलब्ध होता है। यह भी शांतिनिकेतन विश्वविद्यालय में एम.ए. के लिए प्रस्तुत किया गया एक प्रबंध है। डॉ. कृष्णचंद्र साहू ने ओड़िया रामकथा को लेकर शोध-प्रबंध लिखा है जो कि अभी तक अप्रकाशित है। इसके अलावा दांडी रामायण संबंधी आलोचना ओड़िया में लिखे साहित्यिक इतिहासों में मिलती है। इनमें पं. विनायक मिश्र, डॉ. वंशीधर महांति, पं. सूर्यनारायण दास, डॉ. मायाधर मानसिंह, श्रीसुरेंद्र महांति और वृंदावन चंद्र आचार्य प्रणीत कुछ प्रमुख साहित्यिक इतिहासों में बलराम और दांडी रामायण की चर्चा पाते हैं। इन सबकी सामग्री बहुत कुछ आपस में मिलती-जुलती है। विशेष अंतर नहीं मिलता। डॉ. रामेश्वर प्रसाद का तुलसी-बलराम की भक्ति को लेकर डी.लिट्. के लिए तुलनात्मक कार्य भी अप्रकाशित है।

इसके अलावा प्रभात मुखर्जी (ओड़िसी वैष्णविज्म), डॉ. हरेकृष्ण महताब (ओड़िसा हिस्टरी) आदि ने रामायण के संबंध में या बलरामदास के बारे में कुछ कहा है। परंतु कहीं भी रामकथा की विस्तृत चर्चा नहीं मिलती। इतना ही नहीं, रामकथा को लेकर अभी तक विशेष कार्य हो नहीं पाया है। व्यास एवं प्रवाचक कथा के दौरान चर्चा जरूर करते रहते हैं।

बलरामदास की दांडी रामायण को समझने और भारत में रामकथा के विकास में उसका महत्त्व प्रतिपादित करने के लिए रामचरितमानस के साथ उसका तुलनात्मक अध्ययन अत्यंत आवश्यक है। ओड़िसा में प्रमुखता कृष्णपरक साहित्य की रही है, परंतु रामभक्ति धारा भी प्रचलित रही है और आदृत रही है, अतः रामकथा के विकास के विभिन्न सोपान देखे जा सकते हैं।

हिंदी में रामकथा पर बहुत कुछ काम हुआ है। इसमें सर्वाधिक विस्तृत संपूर्ण सर्वेक्षण फादर कामिल बुल्के (रामकथा) का है। रामचरितमानस और आधुनिक भारतीय भाषाओं में रचित रामचरितों का तुलनात्मक अध्ययन कई विद्वानों ने किया है। अभी तक गुजराती, मराठी, बँगला, तेलुगु एवं तमिल आदि भाषाओं के प्रमुख रामचरित काव्यों और उनमें उपलब्ध रामकथा का तुलसी के मानस के साथ तुलनात्मक अध्ययन हो चुका है। इतना ही नहीं, पूर्वांचल के रामचरितमूलक काव्यों का सामूहिक रूप से मानस के साथ अध्ययन भी डॉ. रमानाथ त्रिपाठी ने प्रस्तुत कर स्तुत्य कार्य किया है। प्रसन्न पाटशाणी ने लोकतात्त्विक दृष्टि से पूर्वांचली रामायणों का अध्ययन किया है। परंतु दांडी रामायण और मानस की रामकथा की तुलना के समय उन्हें भी अधिक अवकाश नहीं मिल सका। बलरामदास के राम संबंधी दृष्टिकोण के मूल में जगन्नाथ और तुलसी के राम संबंधी दर्शन के मूल में ब्रह्म की बात को ध्यान में रखकर उनकी चर्चा नहीं कर पाए। फलतः वह बिंदु जहाँ आकर बलराम और तुलसी मिल जाते हैं, डॉ. त्रिपाठी या पाटशाणी नहीं पकड़ पाए। समग्र भारतीय धर्म और दर्शन का निचोड़ जगन्नाथ के चकाडोला (विशाल नेत्र) में समाया है, इस बात को उभय तुलसी और बलराम ने रामकथा के माध्यम से कहना चाहा है। तुलसी के मानस के साथ बलराम कृत दांडी रामायण की रामकथा को लेकर तुलनात्मक अध्ययन द्वारा यह सत्य उजागर करना हमारा लक्ष्य रहा है।

इस कार्य के लिए हम चाहते हुए भी दोनों कवियों की दांडी रामायण और रामचरितमानस के अलावा किसी और कृति की चर्चा नहीं कर पाए। उनके धर्म और दर्शन का प्राण रामकथा के माध्यम से इन दोनों रामचरितमूलक ग्रंथों में उभरकर आया है। हमने यहाँ मुख्यतः रामकथा का ही तुलनात्मक अध्ययन प्रस्तुत किया है।

बलरामदास और तुलसीदास ने जिस युग में रामकथा का वर्णन किया, इसकी पृष्ठभूमि का अध्ययन सबसे पहले जरूरी था। अतः पहले अध्याय में राजनैतिक, धार्मिक, आर्थिक और सामाजिक वातावरण पर प्रकाश डाला है। यह देखने का प्रयास किया गया है कि कौन सी वे परिस्थितियाँ थीं, जिनमें रामकथा का शंख फूँकना पड़ा।

इसके बाद ओड़िया और हिंदी में रामकथा की परंपरा का अध्ययन किया गया है। रामकथा की जो धारा वेदों और फिर वाल्मीकि से भारतीय जनसमाज को प्राप्त हुई है, वह किन रास्तों से होकर आगे बढ़ी, उस पर प्रकाश डाला गया है। तुलसी और बलराम तक आते-आते यह कथा कहाँ पहुँची, इस पर भी विचार किया गया है।

तीसरे अध्याय में आकर इस रामकथा को तुलसी और बलराम ने किस प्रकार संपादित किया, उस पर चर्चा की गई है। दोनों ने सप्तकांडी रामकथा कहने की पद्धति का अनुसरण किया है, अतः कांडवारी कथावस्तु को लेकर उसका तुलनात्मक अध्ययन प्रस्तुत किया गया है। वाल्मीकि रामायण और अध्यात्म रामायण से मुख्यतः कथा और दर्शन के सूत्र लेकर दोनों आगे बढ़े हैं। इनकी कथा में लोकतत्त्वों का किस प्रकार सामरस्य हुआ है और फिर पारंपरिक रामकथा के संबंध में दोनों ने क्या दृष्टिकोण अपनाया है, इस पर विस्तृत आलोचना की गई है। समयानुकूल जो कुछ परिवर्तन, परिवर्धन, संक्षेपण आदिं किए गए हैं, उनकी ओर स्थान-स्थान पर प्रकाश डाला गया है।

इस कथा की चर्चा के समय कुछ प्रमुख पात्रों के चरित्र पर दोनों की अपनी-अपनी विशिष्ट छाप पड़ गई है। अतः रामकथा के बहुत सारे पात्रों को छोड़कर सिर्फ उन्हीं पात्रों की चर्चा की गई है, जिनमें दोनों कवियों ने अपना मौलिक रंग भरा है। चौथे अध्याय में इन पात्रों के चरित्र की मौलिकता और उनके विकास में दोनों के योगदान को भी स्पष्ट करने का प्रयास किया गया है।

पाँचवें अध्याय में बलराम और तुलसी के उस दर्शन की संक्षेप में चर्चा की गई है, जो दांडी रामायण और मानस की रामकथा से संबद्ध है। यहाँ बलरामदास के पिंड-ब्रह्मांड संबंधी विचारों की चर्चा के लिए अवकाश न था। न ही तुलसी के निर्गुण तत्त्वों पर प्रकाश हालने की चेष्टा की गई। रामकथा संबंधी दार्शनिक तत्त्वों का तुलनात्मक अध्ययन कर उनके भक्तिमार्ग की चर्चा की गई है, जिसके केंद्र में स्थित श्रीजगन्नाथ और राम अभिन्न दिख जाते हैं। श्रीजगन्नाथ संबंधी तात्त्विक सामग्री बलरामदास को समझने के लिए महत्त्वपूर्ण है। अतः श्रीजगन्नाथजी के

इतिहास और परंपरा का अलग से अध्ययन किया गया है। इस सारे कालप्रवाह में श्रीजगन्नाथजी के संबंध में आनेवाले दार्शनिक और धार्मिक मतवादों का जिक्र भी आ गया है, जिसने कि बलरामदास के दृष्टिकोण को प्रभावित किया। चैतन्य महाप्रभु के दार्शनिक विचारों को भी बलराम के समकालीन होने के कारण उपस्थापित करना जरूरी था। कुछेक मान्य परंपराओं और किंवदंतियों का विश्लेषण जरूरी था, जो कि बलराम और चैतन्यदेव से दार्शनिक विचारों को लेकर प्रचलित हैं। इतनी सारी आंतरिक यात्रा के बाद इस रामकथा के बाह्यांगों पर चर्चा करना जरूरी है। दोनों कवियों ने यह कथा पौराणिक परंपरा में कही है या महाकाव्यिक शैली में।

छठे अध्याय में दोनों ग्रंथों के प्रकृति वर्णन, सामाजिक चित्रण, छंद-अलंकार और भाषा वैशिष्ट्य और भावाभिव्यक्ति का भी तुलनात्मक अध्ययन किया गया है।

अंतिम और सातवें अध्याय में बलरामदास और तुलसीदास के जीवन संबंधी कुछ अंशों को रेखांकित किया गया है। तुलसी के ओड़िसा आगमन को लेकर कुछ अनुमानों की चर्चा की गई है। तुलसीदास बहुत अधिक संग्रहशील स्वभाव के थे। अत: उत्कल प्रवास ने उनके मानस को कई प्रकार से प्रभावित किया होगा। रामकथा के कुछ अंश भी उससे अछूते नहीं रहे होंगे। अत: उस बारे में अध्ययन करना अत्यंत आवश्यक था।

इस प्रकार रामकथा की यह यात्रा काशी और पुरी में अलग-अलग शुरू होती है, परंतु एक ही दिशा में होने के कारण दोनों संतों को एक ही स्थान पर ले जाकर मिला देती है। दोनों में इतना अधिक आंतरिक एवं बाह्य उभय स्तर पर साम्य दिखाई पड़ता है। यही भारतीय एकता एवं एकसूत्रता का मूल है। इस अध्ययन का सारांश है। रामकथा जहाँ भी जिस रूप में भी कही गई है, उसके मूल में भक्तिधारा रही है। तुलसी और बलराम की रामकथा-धारा में अवगाहन कर हम इसी निष्कर्ष पर पहुँचते हैं और यह भक्तिधारा मानव मंगल तथा जनकल्याण के लिए एक विराट् फलक पर उत्कीर्ण हुई है।

अनुक्रम

ओड़िसा में रामकथा की परंपरा

भारतीय जीवन में रामकथा का महत्त्व निर्विवाद है। वैसे देखा जाए तो भारतीय सभ्यता, साहित्य, कला और संस्कृति के अणु-परमाणु का निर्माण राम और कृष्ण से प्रेरणा लेकर किया गया है। इस संबंध में स्वामी विवेकानंद का कथन आज भी स्मरणीय है—

In fact, the Ramayan and the Mahabharat are the two encylopedias of the ancient Aryan life and wisdom, portraying an ideal civilisation, which humanity has yet to aspire after. ऐसे आदर्श समाज की कल्पना को वहन करनेवाली यह रामकथा भारत में ही नहीं, विश्व की सभी महत्त्वपूर्ण सभ्यताओं को युगों से स्पंदित करती रही है। विश्व की सभी प्रमुख भाषाओं में रामकथा का कोई-न-कोई रूप अवश्य उपलब्ध होता है। इस संबंध में फादर कामिल बुल्के का अध्ययन रामकथा की व्यापकता और उसके विस्तार पर यथेष्ट प्रकाश डालता है। भारत के कश्मीर से लेकर कन्याकुमारी और असम से महाराष्ट्र तक सारे देश को एक सूत्र में बाँध रखने का कार्य रामकथा ने किया है।

Probably no work of world literature, secular in its origin, has ever produced so profound an influence in the life and thought of a people as the Ramayan. साहित्य रचना ही नहीं, अन्य अनेक कलामाध्यमों से भी अभिव्यक्ति मिली है। इस क्षेत्र में आज भी प्रयोगों को विराम नहीं मिला है, संभावनाएँ चुकी नहीं हैं।

भारतीय भाषा परिवार में संस्कृत रामकथा की आद्यधात्री भाषा है और उसमें वाल्मीकि हैं रामकथा के आद्यकवि। ओड़िया भाषा में रामकथा इसके आदिकाल से उपलब्ध है। क्रमशः समय के साथ इसका रूप और स्वरूप निखरता गया है। यद्यपि यहाँ संस्कृत में (जिसका ओड़िसा में ओड़िया से भी पुराना इतिहास है) भी रामकथा प्रचुरता से उपलब्ध है, परंतु रामकथा ओड़िया में अभिव्यक्ति और विषय

उभय के दिगंत को स्पर्श कर सकी है।

ओड़िया में रामकथा का प्रचलन साहित्यिक अभिव्यक्ति पाने अथवा उपलब्ध साहित्यिक कृतियों से भी प्राचीनकाल में होने संबंधी प्रचुर उपादान हैं। इनमें सबसे सशक्त ओड़िसा की कला चरमोत्कर्ष के प्रतीक कुछ मंदिर हैं, जो रामकथा का अमर अक्षरों में वहन करते हैं। ईसा पूर्व किसी काल की गुफाएँ खंडगिरि-उदयगिरि पहाड़ियों में आज भी वर्तमान हैं। यहाँ राणीगुंफा (रानीगुफा) के नाम से प्रसिद्ध पहाड़ी गुफा में पत्थर पर खुदाई किए गए दृश्य उपलब्ध प्राचीनतम प्रभाव कहे जा सकते हैं। इन प्रस्तर गात्र में खुदे चित्रों में भव्यतम युद्ध का कहा जाता है। विराट् प्रस्तर पर खोदा गया यह चित्र अनायास हमारी संवेदना को रामायण के मायामृग प्रसंग से संबद्ध कर देता है। पुरुष की भव्यता, जो पेड़ की ओट से मृग पर बाण छोड़ रहा है और मृग के खड़े कान, चौकड़ी भरने की मुद्रा, सर्वोपरि उसका वनवासी परिवेश हमें रामकथा के प्रसंग से जोड़ देता है।

इसके बाद मंदिरों में जो पत्थर की मूर्तियाँ और दृश्यावलियाँ उपलब्ध हैं, ये महत्त्वपूर्ण उपादान हैं। इनमें भरतेश्वर, लक्ष्मणेश्वर एवं शत्रुघ्नेश्वर के मंदिर बचे हुए मंदिरों में प्राचीनतम माने जाते हैं। कलात्मकता की दृष्टि से इतने महत्त्वपूर्ण न होने पर भी इनका ऐतिहासिक महत्त्व असंदिग्ध है। विशेषतः शत्रुघ्नेश्वर मंदिर के द्वार पर स्थित मूर्ति। यहाँ रावण द्वारा कैलास पर्वत उठाकर लंका ले जाने का प्रयास और उस स्थिति में पार्वती द्वारा भयभीत होने का दृश्य अंकित है। इसी प्रकार का एक दृश्य परशुरामेश्वर मंदिर में भी उपलब्ध है। सुवर्ण जालेश्वर मंदिर की दीवारों के पत्थरों पर तो रामायण के एकाधिक दृश्य अंकित हैं। इनका कलात्मक भाव भी काफी उच्च स्तर का है। लिंगराज मंदिर के जगमोहन मंदिर के चारों ओर अनेक दृश्यों को प्रस्तर पर अंकित किया गया है। इनमें नौका विहार, युद्ध के लिए प्रस्थान करते हुए वानरसेना, योद्धाओं का हाथी और घोड़े पर बैठे हुए प्रस्थान आदि अनेक आकर्षक और कलात्मक दृश्यों को रखा गया है। कृष्ण संबंधी दृश्यावलियों के बीच स्थान-स्थान पर रामकथा के भी अनेक प्रसंगों की खुदाई की गई है।

पुरी जिले में प्राची नदी की उपत्यका और महानदी की उपत्यका में बने अनेक मंदिर आज लुप्तप्राय हैं। फिर भी कुछ अवशेष सोनपुर, वैद्यनाथ (बलांगीर के पास), चौरासीग्राम, शुक्लेश्वर आदि स्थानों पर उपलब्ध हैं, वहाँ हनुमान्, राम, बालि वध, जटायु वध, सीता हरण आदि अनेक लोक प्रचलित दृश्यों का अंकन क्षत-विक्षत अवस्था में मिलता है। इसके अलावा कोणार्क के असंख्य पत्थरों पर खुदे राम-लक्ष्मण एवं वानरसेना के सजीव दृश्य दर्शकों को मुग्ध कर लेते हैं।

यहाँ के कलाकारों ने अपनी क्षमता के हस्ताक्षर प्रस्तर गात्रों पर ही नहीं छोड़े। दुर्लभ ताड़पत्र पोथियों का यहाँ पचास वर्ष पूर्व तक बहुत अधिक प्रचलन था। वर्तमान व्यक्तिगत संग्रहों और सामाजिक संस्थाओं में उपलब्ध पोथियों में रामकथा संबंधी उपाख्यान प्रभूत उपलब्ध हैं। इन पोथियों में केवल कथावस्तु का काव्य रूप ही नहीं, उत्कृष्ट कलात्मक रुचि का भी परिचय मिलता है। कई प्रकार के रंगों का प्रयोग कर उन पोथियों की पुष्पिकाओं और अन्य स्थलों पर सुंदर चित्रों की खुदाई की गई है। इस प्रकार इन पोथियों में भव्यता एवं उन्नत कलाबोध परिलक्षित होता है। ऐसे ही कुछ प्रसंगों के वर्णन के लिए पट (वस्त्र) चित्रों और भित्तिचित्रों का भी उपयोग हुआ है। उसके लिए रामाभिषेक और राम-रावण युद्ध के प्रसंग या मारीच-वध के अवसरों का बार-बार उपयोग हुआ है।

भारतवर्ष की समग्र लीलाभूमि राम और कृष्ण की कर्मभूमि मानी जाती है। हर प्रांत में इनसे संबंधित स्थान और किंवदंतियाँ मिल जाएँगी। ओड़िसा में तो राम ने पदार्पण किया था, और सारे ओड़िसा का भ्रमण राम-लक्ष्मण ने किया इस तरह का वर्णन बलरामदास की रामायण में बार-बार आया है।

आज भी कुछ स्थानों के बारे में अजीब किंवदंतियाँ सुनने को मिलती हैं। रामचंडी (कोणार्क के पास) में राम ने चंडी के दर्शन किए थे, रामेश्वर (भुवनेश्वर) के पास राम, लक्ष्मण और सीता आए थे, सीताविंझी (केंदुझर में) स्थान पर सीता ने लव-कुश को जन्म दिया था। वहाँ सीता का प्रसूतिका गृह है। उसी प्रकार सीता को वन में छोड़ लक्ष्मण ने लौटते समय, जहाँ स्नान किया, उस कुंड का नाम 'देवर कुंड' है। इतना ही नहीं, भगवान् श्रीजगन्नाथजी के सारे पर्व-त्योहारों में रामनवमी पालन के अवसर पर (चैत्र शुक्ल नवमी) उनका रघुनाथ वेश बहुत प्रसिद्ध है।

इस प्रकार ओड़िसा साहित्य, संस्कृति और दर्शन में क्षेत्र के राम के विविध रूप वर्णन को देखकर लगता है कि वास्तव में इस भू-भाग में रामकथा की एक सुदीर्घ परंपरा रही है। कला और साहित्य के इन भग्नावशेषों के पीछे झाँकती रामकथा मंदाकिनी के दर्शन सहज ही हो जाते हैं। इस धारणा को यहाँ स्थापित राम संबंधित अनेक मठ और मंदिर दृढ कर देते हैं। ये सारी बातें ओड़िया में रामकथा साहित्य पर एक विहंगम दृष्टि डाल देने से स्पष्ट होंगी।

ओड़िया में उपलब्ध प्राचीनतम राम-साहित्य में सारलादास का नाम अग्रणी है। वैसे सारलादास (15वीं सदी) का काव्य मुख्यतः कृष्णपरक है, पर रामकथा के कई महत्त्वपूर्ण अंश उनके महाभारत में भी आ गए हैं। विशेषकर वन पर्व में रामजन्म से लेकर रावणवधोपरांत अयोध्या लौटने का प्रसंग सन्निविष्ट है। इसमें

दशरथ के अपुत्रिक रहने के कारण और पुत्र-प्राप्ति के लिए किए गए उपायों का विवरण सारलादास की मौलिक कल्पना है। इसके अलावा 'विलंका रामायण' की कथावस्तु का मूल भी रामचरित हैं, परंतु कवि ने यहाँ सीता के गौरव की प्रतिष्ठा करना चाहा है। राम के हारने पर सहस्रशिरा रावण का वध सीता के प्रयासों से संभव होता है। यहाँ राम के बदले सीता नायक की भूमिका में अवतीर्ण होती है। रावण के स्थान पर सहस्रशिरा रावण का वध होता है। चूँकि सारलादास देवी के भक्त थे, अतः देवी भागवत के कथानक के अवलंबन पर इस अंश को काव्य का विषय बनाया है। इसी प्रकार का 'विलंका रामायण' नाम से एक और ग्रंथ वारानिधिदास (17वीं सदी) का लिखा मिलता है।

इसी सदी का एक और ग्रंथ मिलता है, जिसकी मुख्यधारा रामकथा से जुड़ी है। कुछ संस्कृत रचनाओं के अलावा मार्कंडेयदास रचित 'महाभाष' नाम की रचना काफी लोकप्रिय है। पार्वती को शिवजी रामकथा सुना रहे थे, तभी उन्हें निद्रा घेर लेती है। निकटस्थ शुक भी ध्यानमग्न होकर सुन रहा होता है। पार्वती की आवाज बंद होती देख शुक ने 'हाँ' भरना शुरू कर दिया। कथा समाप्ति पर जब शिव ने जाना कि पार्वती तो सो रही है। तब फिर यह कथा सुन कौन रहा था ? वस्तुस्थिति जानने पर वे क्रोध में भर शुक को त्रिशूल से मारने दौड़े। परंतु शुक वहाँ से भाग छूटा। उसी शुक ने रामकथा का सारी दुनिया में प्रचार किया।

वाल्मीकि रामायण के अनुसार लिखे रामकथा ग्रंथों में महेश्वरदास (18वीं सदी) का स्थान प्रमुख है। इन्होंने संक्षेप में रामकथा का वर्णन किया है। इसके कुछ समय बाद इनके शिष्य हलधरदास ने अध्यात्म रामायण को ओड़िया भाषा में प्रस्तुत करने का सफल प्रयास किया था। यह सारा ग्रंथ नौ अक्षरों वाले 'नवाक्षरी' छंद में रचा गया है। गेय पदों में अध्यात्म रामायण के भाव गांभीर्य की रक्षा करते हुए कवि ने ओड़िया भाषा में उतारा है। यही समय है, जब ओड़िया के काव्य-क्षेत्र में नवजीवन का संचार होकर कुछ काम हुआ। इस समय (16वीं सदी) में रामविवाह की रचना अर्जुनदास ने की। महर्षि मार्कंडेय ने युधिष्ठिर की जिज्ञासा पर इसे कहा है। इसका मुख्य भाग राम के विवाह से संबंधित है। ताड़का वध से लेकर विवाहोपरांत अयोध्या लौटने तक का प्रसंग इस छोटे से काव्य में संकलित है। इसकी रचना 1520-30 ई. के बीच संभव लगती है। परंतु कुछ लोग इसे पंद्रहवीं सदी के मध्य भाग की रचना मानते हैं।

राम साहित्य का समृद्ध भंडार गंजाम जिले में मिलता है। इनमें घुमसर के राजा धनंजय भंज (1601) का 'रघुनाथ विलास' बहुत प्रसिद्ध है। रामकथा पर

अवलंबित इस काव्य में रीतिकालीन लक्षण स्पष्ट दिखाई देते हैं। परंतु इस काल की बलिष्ठतम कृति 'वैदेहीश विलास' की रचना कवि सम्राट् उपेंद्र भंज (1680) ने की है। 'व' आद्यानुप्रास का अनुसरण करते हुए राम के चरित्र का रम्य वर्णन इसका मुख्य उद्देश्य है। रामकथा की चरम परिणति उपेंद्र भंज में देख सकते हैं, जहाँ काव्यात्मक ऊँचाई के साथ-साथ उनका आंतरिक सौंदर्य और समृद्धि भी अनुपम है।

ओड़िया में रामकथा की धारा इसके बाद विभिन्न मोड़ों से होकर गुजरती गई, जो आज तक अक्षुण्ण है। परंतु बहुत अधिक प्राचीन पोथियाँ उपलब्ध नहीं हैं, भित्तिचित्रों या प्रस्तर मूर्तियों के समानांतर प्रमाणित लिखित सामग्री हमारे पास नहीं है। फिर भी ओड़िसा में रामकथा की धारा का एक आभासी चित्र तो पा ही जाते हैं। यहाँ सदियों तक बौद्ध, जैन, शैव एवं शाक्त धर्मों और संप्रदायों की विभिन्न धाराओं के बीच भी रामकथा आनंद भाव से बहती रही। महानदी के दोनों किनारों पर और प्राची नदी उपत्यका में उपलब्ध असंख्य राम मंदिर इस बात का प्रमाण हैं कि श्रीजगन्नाथजी की छत्रच्छाया में निर्मित राम मंदिर यहाँ के जनसमाज की आस्तिकता को वहन करते रहे और वहाँ रामकथा सशक्त भाव से युगों से बहती आई है।

दरअसल कृष्ण भक्तिधारा के समानांतर राम भक्तिधारा का प्रवाह होता चला है। इसमें काव्य, पुराण-चौंतीसा, चौपदी आदि में रामकथा के विभिन्न प्रसंग अंकित होते रहे। इनमें प्रमुख है—'रामलीला'। इन लीला ग्रंथों का उद्देश्य मंच पर रामकथा के विविध प्रसंगों का जीवंत प्रस्तुतीकरण है। अत: विभिन्न संवाद लेकर उनके आधार पर राम की लीला का मंचन और गायन विविध वाद्य यंत्रों की मदद से होता है, रहा है। इसमें सर्वाधिक प्रसिद्ध पुरी में होनेवाली रामलीला है। रामनवमी से लेकर एक महीने तक 'साही जात' नाम से विभिन्न प्रसंगों का एक-एक बस्ती प्रदर्शन करती रही है। इसके अलावा दसपल्ला (जि. नयागढ़) में 'लंकापोड़ी' यात्रा के अवसर पर पूरी रामलीला का भव्य मंचन एक विशाल मंच पर होता है। लंका दहन के बाद राम-रावण युद्ध और फिर राम राज्याभिषेक की लीला होती है। 60-70 मील दूर ओड़गाँव में भी रघुनाथ मंदिर के सामने रामलीला का प्रदर्शन होता है। इनके अलावा छोटे-बड़े गाँवों में सर्वत्र लीला होती है, कहीं रामजन्म के बाद कहीं दशहरे के दौरान। इन लीलाओं की रचना सत्रहवीं सदी के प्रारंभ से नियमित होने लगी। उपलब्ध सामग्री के आधार पर विश्वनाथ खुंटिया ने विचित्र रामायण (या विधि रामायण) इस उद्देश्य से लिखी। काफी लोकप्रिय हुई। इसके बाद अठारहवीं सदी की लोकप्रिय रामलीला रघुनाथदास ने लिखी। इसमें

रघुनाथ को श्रीजगन्नाथ के अभिन्न मानकर बार-बार वंदना की गई। दक्षिण ओड़िसा के चिकिटि राजवंशी कृष्णचंद्र राजेंद्र देव ने 'आर्ष रामायण' लीला के उद्देश्य से पुनर्रचित की। बाद में पीतांबर राजेंद्र ने भी रामलीला की रचना की थी। इन दोनों को काफी लोकप्रियता मिली। गाँव-गाँव में रामलीला का मंचन होने लगा। बिशि के प्रभाव से ही बिंबाधर सामंत ने भी रामलीला लिखी। इन लीलाओं में संवादों के आदान-प्रदान को विशेष महत्त्व दिया जाता। बाद में इसके गीतों के माधुर्य, लालित्य और आमोददायी क्षमता की ओर विशेष ध्यान दिया जाने लगा। बीसवीं सदी के अंत तक आते-आते यह लोकप्रियता कम होने लगी। फलतः रामलीला सृजन के क्षेत्र में स्थिरता आ गई। लेकिन प्रसिद्ध स्थानों पर लीला-मंचन का कार्य पहले की तरह जारी है। हालाँकि उनमें तकनीकी दृष्टि से कुछ आधुनिकीकरण का समावेश हुआ है। अतः रामलीला की लोकप्रियता 'यागा नाटकों' के मुकाबले बनी रह सकी है। इन लीलाओं में मंचन शैली, संवाद प्रदान एवं पोशाकादि को छोड़ दें तो मूल कथा का ढाँचा वाल्मीकि का ऋणी है। संवाद काव्य शैली में ऊँचे स्वर में परिवेषण होते। माइक के बावजूद मंचन स्वर में बोले जाकर अपना वैशिष्ट्य रखा। गीतों में लोक-तत्त्वों का समावेश कर उन्हें तत्कालीन समस्याओं से जोड़ दिया जाता। बाद में सर्वाधिक उल्लेखनीय काव्य गंगाधर मेहेरा रचित 'तपस्विनी' रचा गया। सीता के निर्वासन के बाद आत्मसम्मानपूर्वक दो पुत्रों का पालन-पोषण और फिर पातिव्रत का भारतीय आदर्श दोनों के समन्वय में भारतीय गौरवशाली नारी के रूप में सीता-चरित्र को प्रस्तुत किया। इसके बाद छिट-पुट कविताओं एवं प्रसंगों में रामकथा के अंश मिल जाते हैं। परंतु आधुनिक काल में संपूर्ण रामकथा को लेकर काव्य-रचना के रूप में जगन्नाथ और राम—दोनों की प्रायः उपेक्षा की गई है। रामकथा की ओर साहित्यिकों की कलम नहीं गई।

□

हिंदी में रामकथा

हिंदी भाषा क्षेत्र में रामकथा से बहुत पूर्व संस्कृत के राम-साहित्य का विकास हो चुका था। तदंतर जैन और बौद्ध धर्मों के साहित्य में रामकथा उतर आई थी। इसी परंपरा का सूत्र पकड़कर हिंदी का आदिकाल या वीरगाथा काल शुरू होता है। प्रारंभिक युग वह युग है, जब हिंदू सम्राट् पृथ्वीराज गद्‌दी पर बैठे थे। चंदबरदाई के 'पृथ्वीराज रासो' में रामकथा का प्रथम उन्मेष दिखाई पड़ता है। अब तक दस अवतारों में से एक राम को मानकर उनकी कथा कही गई है। आगे चलकर यह समय रामकथा से पूर्व के लिए सर्वाधिक उपयुक्त काल था। परंतु स्वामी रामानंद से पूर्व तक कथा अधिक 'विकसित' नहीं हो पाई। अब तक हिंदी में मुख्यतः भाषा वाल्मीकि रामायण ग्रंथ ही उपलब्ध हो सका। इसमें गोस्वामी विष्णुदास (15वीं सदी) ने वाल्मीकि रामायण का हिंदी अनुवाद संक्षेप में प्रस्तुत किया है। चौपाई में लिखा गया यह ग्रंथ श्रृंगी ऋषि की कथा से प्रारंभ होता है। उपलब्ध प्रति में युद्ध के बाद के रामचरित तक का वर्णन है, जो कि वाल्मीकि के अनुसार चलता है। परंतु बाद के पृष्ठ नहीं मिलते। बहुत संभव हो, यहाँ भी उसी परंपरा का पालन किया होगा।

अब स्वामी रामानंद (1400-1470) का नाम आता है। उन्होंने रामानुज के बाद रामावत संप्रदाय के लिए सर्वाधिक महत्त्वपूर्ण कार्य किया है। राम मंत्र और रामोपासना के प्रचार के लिए रामानंद बहुत कुछ दायी हैं। उन्होंने रामभक्ति का प्रचार करने के लिए इसके द्वार सबके लिए खोल दिए। 'रामचरित पद्धति में' वैष्णवों के कर्म, भगवत् पूजन क्रम आदि का निर्देश मिलता है। इसके अलावा वैष्णवमताब्ज भास्कर में राम के लोकमंगलकारी अवतार की कल्पना की गई है। उसी राम मंत्र की महत्ता प्रतिपादित करते हुए भक्तिमय और दास्य-भाव का पक्ष लेते हैं। इन सबसे राम के प्रति जनता में अगाध विश्वास उत्पन्न हुआ। परंतु रामकथा के विकास में

उनका सीधा योगदान उतना महत्त्वपूर्ण नहीं है।

उन्होंने जो कुछ लिखा है या उनका लिखा जो साहित्य आज हमें उपलब्ध है, उससे रामकथा सीधे कहीं जुड़ी नहीं लगती। उन्होंने ललित पदों में प्रभु राम के लोकमंगलकारी अवतार की कल्पना जरूर की है, परंतु सगुण राम के लीला-गायन का परिचय कहीं नहीं मिलता। इसके लिए डॉ. बलदेव उपाध्याय की बात तर्कसम्मत लगती है···एक ही स्वामी रामानंदजी ने जनता की रुचि और देश-काल की परिस्थिति देखकर दो प्रकार की शिक्षा देने का सराहनीय काम किया है।···स्वामीजी सगुण भक्तिधारा और निर्गुण भक्तिधारा···उभय भक्तिधाराओं के केंद्रबिंदु हैं।

हिंदी में इस भक्तिधारा में अनुप्राणित रचनाओं में हमारा साक्षात्कार सैकड़ों वर्ष तक किसी महत्त्वपूर्ण रचनाकार से नहीं होता। ईश्वरदास (16वीं सदी) के प्रारंभ तक आने के बाद उनकी कुछ रचनाएँ पोथी रूप में मिली हैं। उनकी रामकथा से संबंध 'भरत मिलाप', 'अंगद पैज' और रामजन्म की प्रतियाँ उपलब्ध हैं। रामजन्म प्रसंग में भगवान् के जन्म की कथा दी गई है।

भरत मिलाप राम के वनवास पहुँचने के बाद की कथा से प्रारंभ होता है। ननिहाल से भरत का लौटना, राम के पास चित्रकूट प्रस्थान और फिर पादुका सहित प्रत्यावर्तन तक की कथा इस ग्रंथ में मिलती है। अंगद पैज में रावण के दरबार में अंगद की प्रतिज्ञा और फिर राक्षस को हतप्रभ करने के प्रसंग उपलब्ध हैं। उपलब्ध प्रतियों से यही अनुमान किया जा सकता है, ईश्वरदास ने रामकथा के मार्मिक अंशों को लेकर स्वतंत्र रचनाएँ की हैं।

इसके बाद रामकथा का वर्णन करनेवालों में सूरदास का नाम आता है। उनकी रचना श्रीमद्‌भागवत की कथा पर आश्रित है। सूर ने रामकथा के लिए प्रसंगों का चयन भी तदनुसार ही किया है। वहाँ राम के जन्म से राज्याभिषेक तक की कथा सन्निविष्ट है। रामकथा का वर्णन भागवत में इतिवृत्तात्मक है। परंतु सूर ने कुछ मार्मिक प्रसंगों को विविध राग-रागिनियाँ युक्त पदों में गाया है। अत: रामकथा के विकास में भी कृष्ण भक्त इन महात्मा का स्थान अग्रिम पंक्ति में है।

सूरदास के ही समकालीन अग्रदासजी की भी कुछ रचनाएँ रामकथा से संबंध रखती हैं। रसिक संप्रदाय में अग्रदासजी का नाम बहुत आदर से लिया जाता है। इनकी उपलब्ध पोथियों में रामध्यान भंडारी और 'राम ज्योनार' विषय रामकथानक से संबंधित हैं। इसमें मुख्यत: राम और सीता सिंहासन पर विराजमान हैं। सरयूतीर पर इस राम दरबार की मनोरम झाँकी प्रस्तुत करना इनका लक्ष्य है। इनकी पदावली में कुछ मार्मिक प्रसंगों पर पदों की रचना की है। और राम ज्योनार की विषय-वस्तु

राम के विवाह के अवसर पर ज्योनार के मधुर वर्णन पर आधारित है। जो हो, ये सारी रचनाएँ रामकथा के रसिक संप्रदाय के लोगों में बहुत ही अधिक मान्य हैं। इसके बाद रामकथा को लेकर रसिक साधकों ने विपुल राम साहित्य की रचना की है। परंतु अधिकांश फुटकर पदों के रूप में हैं। प्रबंधात्मकता का प्राय: अभाव है।

इसी काल की प्रमुख रचना 'रामचंद्रिका' है। केशवदास ने इसमें कथानक की सुसंगतता से अधिक इसके काव्य सौंदर्य पर जोर दिया है। कथानक की सूचना जगह-जगह देने पर भी उन्होंने प्रारंभ में विश्वामित्र का अयोध्या आगमन और वाणासुर तथा रावण के बीच वार्त्तालाप का वर्णन किया है। धनुष भंग के उपरांत परशुराम का प्रसंग आता है। विवाहोपरांत वे वनवास को जाते हैं। सीता हरण और फिर रावण वध का वर्णन विस्तृत रूप में वर्णित है। राम लौटकर विरक्त हो जाते हैं, किंतु वसिष्ठ के समझाने पर पुन: कर्म प्रवृत्त होते हैं। सीता को वनवास और लव-कुश जन्म के बाद राम की सेना के साथ लव-कुश युद्ध का प्रसंग आया है। अंत में सीता-राम मिलन होता है और राम अपने राज्य का पुत्रों के बीच वितरण कर उन्हें राज्य संचालन संबंधी उपदेश देते हैं।

रामचंद्रिका की रचना रीतिकालीन वातावरण के परिप्रेक्ष्य में हुई है। यहाँ भक्तिभावना अथवा दार्शनिक-आध्यात्मिक-धार्मिक आधारभूमि कम, परंतु कथा रोचक, काव्य सौंदर्य एवं काव्यशैली पर अधिक जोर रहता है। यहाँ काव्य-क्षमता प्रदर्शन प्रमुख है। अत: काव्य के गुण, अलंकार, चरित्रों का भव्य वर्णन उनमें रसिकता, श्रृंगारिकता और सौंदर्य के प्रति आकर्षण पग-पग पर मिलेगा। रामचंद्रिका में काव्य के विभिन्न अंगों को लेकर उनकी उत्कर्षता का सायास प्रदर्शन किया है। पाठकीय दृष्टि इन चमत्कारों में उलझकर रह जाती है। वाहवाही लूटकर भी रामकथा के मर्म तक नहीं पहुँच पाती। बाद में रीतिकाल के किसी कवि ने इस फलक पर इतनी बड़ी रचना करने का साहस नहीं किया। छोटे-छोटे पदों की ही बहुतायत है। हाँ, लोक में सीता वनवास, राम-लखन-परशुधर संवाद, क्षुद्र रचनाएँ हुईं। सीता-राम विवाह को लेकर लोकभाषाओं में अगणित लघु रचनाएँ मिल जाती हैं। इसी परंपरा में उत्तर भारत में लीला मंचन की परंपरा शुरू हुई। मानस को आधार कर विविध संवाद रचे। प्रचलित है कि तुलसी ने स्वयं काशी में राम जीवन के प्रसंगों को मार्मिक रूप में प्रस्तुत करने हेतु लीला प्रदर्शन की परंपरा शुरू की। बाद में सारे उत्तरी भारत में रामलीला दल बने। मानस की लीला बनाकर गाँव-गाँव में लीला-मंचन की जाने लगी। घोर कलिकाल में संकट की घड़ी में तुलसी ने लोक-हृदय को दृढ किया। अपनी संस्कृति-परंपरा आम जनता

के हृदय में खूब गहरे भर दी। सदियों तक रामलीला गायन-मंचन से कविता से बढ़कर यह जीवन वेद बन गई। मानस का मंचन लीला के माध्यम से लोक-चरित्र को नियंत्रित एवं मार्गदर्शन देने में संभव हो सका। हर जगह अपनी-अपनी लीला बनने लगी। राधेश्याम कथानक की शैली पर लोक-छंद में रामकथा को नया रूप दिया जाने लगा। इन पर मानस की छाया थी, परंतु लोकभाषा और लोकवैभव का स्वरूप देकर उसे दृढ किया गया।

आगे चलकर खड़ी बोली का प्रचार बहुत हो गया। रामकथा का वृहत्तम स्वरूप और सूक्ष्म रूप जनता के आगे अमृत वाणी बनकर आ गया। सर्वाधिक लोकप्रिय रामकथा का समग्र रूप 'साकेत' (मैथिली शरण गुप्त) में मिलता है। गुप्तजी भाषा ही नहीं, धार्मिक-नैतिक बल का महामेरु रामचरित्र को बना देते हैं। अत: खड़ी बोली हिंदी में सर्वांगीण रामकथा गुप्तजी का 'साकेत' ही प्रस्तुत करता है। उन्होंने ही लक्ष्मण पत्नी के चरित्र को लेकर लघुकाव्य 'उर्मिला' रचा। हिंदी में छोटे-छोटे पात्रों के प्रसंगों को लेकर अनेक ग्रंथ रचे गए हैं। इनमें लंबी कविता के रूप में निराला का 'राम की शक्ति पूजा' सर्वाधिक लोक प्रचलित है। कविता पूरे लोकमानस को झकझोरकर आतंक का सामना करने हेतु आध्यात्मिक पथ-प्रदर्शन में सक्षम होती है। निराला की इस भावपूर्ण ओजस्वी कविता ने राम के विविध पक्षों को कुशलता से विकसित किया है और अंत में 'होगी जय, होगी जय' के निनाद में भारतीय पराधीनता के विनाश की उद्घोषणा कर दी। उसी प्रकार बाद में जानकीबल्लभ शास्त्री के खंड-काव्य ने मार्मिक रूप में सीता को प्रस्तुत किया है। हिंदी काव्य ने कितनी ही करवटें लीं, परंतु रामकथा से वह कभी कट नहीं पाई। राम की कथा 'मिथक' रूप में सदा प्रेरणा देती रही है। इस दृष्टि से रामकथा का भंडार कभी भी खत्म नहीं हुआ। उसी प्रसंगों की विविध श्रेणियाँ युगीन साहित्य को समृद्ध करती रही हैं।

इस प्रकार रामकथा के छिट-पुट दर्शन हमें बहुत समय तक हिंदी और ओड़िया उभय साहित्य में मिलते रहे हैं। परंतु तुलसीदास और बलरामदास ने ही पहली बार रामकथा को इन दोनों आधुनिक भारतीय भाषाओं में इतनी गहरी समझ के साथ प्रस्तुत किया। मानो पहले पीठिका का निर्माण हो गया था और रामकथा के भव्य निर्माण सोच के लिए ओड़िया और हिंदी भाषा को बलराम और तुलसी जैसी प्रतिभाओं की प्रतीक्षा थी।

□

तत्कालीन पृष्ठभूमि

भारत के इतिहास में पंद्रहवीं सदी में मुगल राज-शक्ति का आविर्भाव एक महत्त्वपूर्ण घटना थी। बाबर अपनी पूरी शक्ति के साथ भारत में मुगल वंश की नींव डाल रहा था। उसे राजपूतों और अन्यान्य भारतीय हिंदू राजाओं से कड़ा संघर्ष करना पड़ा था। बाबर के बाद इस कार्य का उत्तरदायित्व हुमायूँ के कंधों पर आया। वह बिहार-बंगाल की सीमाओं तक मुगल सल्तनत का विस्तार करता चला गया। बाद में अकबर ने बचे हुए ओड़िसा को अपने चरणों में झुकाने के लिए मानसिंह के अधीन सेना भेजी। कड़े प्रतिरोध के बाद ओड़िसा ने भी मुगल सल्तनत की गरिमा स्वीकार कर ली। इससे पहले तक ओड़िसा की स्वतंत्र हिंदू राजशक्ति अपने चरम सीमा पर थी।

बलरामदास के समय ओड़िसा पर (सूर्यवंशी) महाराजाओं का आधिपत्य था। कपिलेंद्र देव ने गंगा से गोदावरी तक के विशाल भूखंड को संगठित कर हिंदू साम्राज्य का पुनर्निर्माण किया। बाद में इसकी सुरक्षा तथा इसकी श्रीवृद्धि का दायित्व पुरुषोत्तम देव पर (काल 1468-97) पड़ा। कपिलेंद्र देव के समय में ओड़िसा की सीमा दक्षिण में बीदर (प्राचीन नाम कलबर्गा या गुलबर्गा) और उत्तर में बंगाल थी। उन्होंने पश्चिम में मालवा के मुसलमान शासकों को हराया। हुगली के किनारे (गौड़) और इलाहाबाद तक ओड़िसा का विशाल साम्राज्य फैल गया था। उन्होंने आगे चलकर 'गौड़ेश्वर', 'कलवर्गेश्वर', 'कर्णाटेश्वर' आदि उपाधियाँ धारण कीं। पुरुषोत्तमदेव के लिए ये उपाधियाँ कुछ कठिन पड़ीं। परंतु अनेक विपरीत परिस्थितियों में भी इन्होंने कांची को करारी हार दी। कांची का ऐतिहासिक एवं धार्मिक युद्धाभियान संभवत: 1471 से पूर्व किसी समय चलाया गया था। पुरुषोत्तमदेव ने श्रीजगन्नाथ महाप्रभु के प्रति अपमानसूचक उक्तियों का बदला ले लिया। ओड़िसा में बहु प्रचलित यह किंवदंती ओड़िया जीवन और राजनीति

में श्रीजगन्नाथ महाप्रभु के महत्त्व की ओर स्पष्ट संकेत करती है कि कांची नरेश ने अपनी कन्या ओड़िसा के राजा को यह कहकर देने से इनकार कर दिया था कि गजपति महाराजा तो अछूत हैं। क्योंकि रथयात्रा के अवसर पर गजपति महाराज तीनों रथों पर छेरा पंहरा (स्वर्ण की झाड़ू से बुहारी करना) करते हैं। इसे उत्कल का अपमान मानकर पुरुषोत्तमदेव ने युद्ध किया। कई बार असफल रहने के बाद पूरी तैयारी कर कांची कूच किया। श्रीजगन्नाथ और बलभद्र दोनों काले एवं सफेद घोड़ों पर आगे-आगे थे। युद्ध में कांची नरेश की हार हुई। पुरुषोत्तमदेव कांची राजकन्या को ले आए। वे राजकन्या को अछूत के हाथों में समर्पण कर बदला लेने की सोच रहे थे। मंत्री को सौंपकर कहा—इनका किसी अछूत से विवाह करा दो। परंतु उनके मंत्री ने चतुराई से रथयात्रा के अवसर पर महाराजा के साथ विवाह कर स्थिति को बिगड़ने से बचा लिया, और कहा—महाराज, इस राजकन्या के लिए इससे अच्छा अछूत वर संभव ही नहीं। इस युद्ध का ओड़िसा के जीवन पर व्यापक प्रभाव पड़ा।

पुरुषोत्तमदेव के बाद प्रतापरुद्रदेव (1497-1540) ने सिंहासन सँभाला, परंतु इस समय ओड़िसा को विजयनगर के प्रतापी महाराज कृष्णदेव राय के हाथों पराजय का मुँह देखना पड़ा। ओड़िसा पर शासन किया। साल्व नरसिंहदेव की कांची में जो पराजय हुई थी, विजयनगर महाराज ने इसे धो डाला। प्रतापरुद्रदेव ने अपने शासन के प्रारंभिक वर्षों में दक्षिण पर अधिक ध्यान दिया। मौका पाकर बंगाल के हुसैनशाह ने अपनी काररवाइयाँ तेज कर दीं। अतः प्रतापरुद देव को यह अभियान बीच में ही स्थगित करना पड़ा। प्रतापरुद्रदेव की उपस्थिति में हुसैनशाह आगे नहीं बढ़ सका। लेकिन इसी बीच दक्षिण में साल्व नरसिंह देव के बाद कृष्णदेव राय अपनी स्थिति सुदृढ करने का अवसर पा गए। असल में साल्व नरसिंहदेव की अंतिम इच्छा कोंडविड़ और उदयगिरि को ओड़िसा से वापस विजयनगर राज्य में मिलाने की थी। अतः कृष्णदेव राय की ओर से पहला आक्रमण 1512 में उदयगिरि पर हुआ। डेढ़ वर्ष तक प्रतिरोध किया गया। इसके अलावा और भी कई छोटे-बड़े किलों पर दबाव जारी रखा। अंत में निर्णायक लड़ाई कोंडविड़ में हुई। दुर्ग में खाद्य-सामग्री समाप्त हो गई, किले में बंद सारी सेना ने अंतिम साँस तक मुकाबला किया। किले में नीरवता छा गई। कुछ दिन बाद बाहर से किवाड़ तोड़े गए तो पता चला कि बहुत सारे सैनिक भूख-प्यास से मर गए, आत्मसमर्पण नहीं किया। इस बात का कृष्णदेव राय पर भी कम प्रभाव नहीं पड़ा। वे प्रतापरुद्रदेव के पुत्र वीरभद्र को बंदी बनाकर ले गए थे, लेकिन मुग्ध होकर उन्हें उत्तर मैसूर में मलेवेन्नूर का शासक नियुक्त किया। विजयनगर के परिषदों ने वीरभद्र के विरुद्ध षड्यंत्र रचा और

उन्हें दोषी प्रमाणित कर दिया। फलतः कृष्णदेव राय ने वीरभद्रदेव को एक सामान्य सैनिक की तरह तलवार युद्ध का आदेश दिया। पर इस तरह का अपमानजनक आदेश पालने की बजाए उन्होंने अपनी तलवार से आत्महत्या कर ली। वीर पुत्र की दारुण मृत्यु का संवाद ओड़िसा के दक्षिण के साथ टूटते संबंधों पर गहरा आघात पहुँचानेवाला सिद्ध हुआ। मर्माहत प्रतापरुद्रदेव ने कृष्णदेव राय के साथ संधि कर ली। संधि के अनुसार प्रतापरुद्रदेव की कन्या कृष्णदेव राय को अर्पित की गई। उसने बाद में वक्का नाम धारण कर लिया। वह भी विजयनगर के राजप्रासादों में उपेक्षिता ही रही। यह बात प्रतापरुद्रदेव के लिए और भी पीड़ादायिनी थी। इन सब बातों के कारण संभवतः ओड़िसा का दक्षिण के साथ संबंध शिथिल पड़ गया। बाद में ओड़िया जाति और संस्कृति को उतना सम्मानजनक स्थान उधर न मिल सका।

गजपति महाराजाओं के शासनकाल में तेलुगु साहित्यकारों को कोई खास संरक्षण न मिल सकने के अनेक प्रमाण उपलब्ध हैं। पुरुषोत्तमदेव ने कांची अभियान के बाद पद्मावती (कांची राजकन्या) को चांडाल के हाथों सौंपने का निश्चय कर लिया था। वहाँ से गोपाल की मूर्ति लाकर पुरी से कुछ दूर साक्षी गोपाल में स्थापित की। 'कांची गणेश' की मूर्ति लाकर पुरी श्रीमंदिर में स्थापित कर दी। इस प्रकार यह बात अधिक विश्वसनीय जान पड़ती है कि दक्षिण के हिंदू राजा के साथ शासकीय स्तर पर पारिवारिक संपर्क होने, वहाँ काफी समय तक गजपति महाराजाओं का शासन होने पर भी ओड़िसा संस्कृति और जनजीवन के साथ इस युग में घनिष्ठता नहीं आ पाई।

गजपति शासकों के समय ओड़िसा के उत्तर में मुसलिम शासन था। प्रतापरुद्रदेव के समय बंगाल के हुसैनशाह ने कई बार ओड़िसा की सीमाओं का उल्लंघन किया। फलतः बंगाल और ओड़िसा की सेनाओं के बीच संघर्ष की स्थिति भी कई बार आई। लेकिन जनता के स्तर पर बंगाल-ओड़िसा के संपर्कों में इन राजनैतिक घटनाओं से कोई अंतर नहीं आया। पहली बात तो जनता के बीच भाषायी सूत्र काफी घनिष्ठ था। ओड़िया और बँगला—दोनों भाषाएँ एक ही भाषा परिवार के अंतर्गत आती हैं। दोनों क्षेत्रों के बीच आवागमन के लिए एक-दो बड़ी नदियों को छोड़ कोई बड़ी प्राकृतिक रुकावट भी नहीं है। जिस भक्तिप्रवाह का नेतृत्व चैतन्यदेव ने ग्रहण किया, वह कुछ भिन्न रूप में ओड़िसा में पहले से ही वर्तमान था। स्वयं श्रीजगन्नाथ मंदिर में जयदेवकृत 'गीतगोविंद' का गायन प्रचलित था। महाभारत (सारलादासकृत) की प्रतिष्ठा जनजीवन में हो चुकी थी। अतः चैतन्यदेव को सारे भारत की तीर्थ-यात्रा के बाद जगन्नाथपुरी वृंदावन से भी उपयुक्त स्थान

लगा, और बंगाल की बजाय वे ओड़िसा में साधनारत रहे। कहा जाता है, इस निर्णय से कुछ अनुयायी विरोध प्रकट कर चैतन्यदेव को छोड़ वृंदावन चले गए। परंतु धीरे-धीरे श्रीजगन्नाथ के भक्त एक-एक कर चैतन्य के निकटवर्ती होते गए। उनका महत्त्व स्वीकार करने लगे। स्वयं प्रतापरुद्रदेव को चैतन्यदेव की भक्तिधारा में दीक्षित कर ही शांति मिली थी।

यहाँ यह ध्यान में रखने की बात है कि गजपति महाराजाओं का शासनकाल ओड़िया जाति के इतिहास में अत्यंत महत्त्वपूर्ण है। पुरुषोत्तमदेव के समय या चैतन्यदेव के ओड़िसा आगमन से पूर्व ओड़िसा में राजनैतिक और सांस्कृतिक उत्थान की लहर चल रही थी। बंगाल के शासक, जौनपुर के नवाब, मालवा एवं बहमनी आदि के शासकों को जिस जाति ने संयमित कर रखा था, अपनी सीमाओं में वह जाति साहित्य के क्षेत्र में भी उसी उत्साह के साथ जुटी हुई थी। सैनिक अभियानों के बाद अजस्र धन-संपत्ति लाई जा रही थी। ओड़िसा के वास्तविक शासक श्रीजगन्नाथ थे। गजपति तो उनके प्रतिनिधि रूप में सेवक थे। चैतन्यदेव से दीक्षा लेने के बाद प्रतापरुद्रदेव के समय श्रीजगन्नाथ का महत्त्व और भी बढ़ गया। इतना ही नहीं, कृष्ण (नंदलाल) श्रीजगन्नाथ के ही अवतार कहलाने लगे। सारे भारत से श्रीजगन्नाथ के दर्शनार्थ आनेवाले यात्रियों में बंगाल के वैष्णवों की संख्या अधिक होती गई।

अत: ओड़िसा साहित्य के लिए दक्षिण के साथ मिलकर एकरस होने के अवसर बहुत कम ही आए। वैष्णव भक्ति का जो ज्वार उत्तर में रामानंद स्वामी लाए, वह पुरी में एक बड़े मठ के रूप में परिणत होकर रह गया। आर्थिक स्वच्छंदता के बावजूद यह मत बहुत अधिक प्रभाव विस्तार नहीं कर सका। वैष्णव भावधारा से परिचित ओड़िया जाति के बीच लोकप्रियता अर्जित करना चैतन्यदेव के लिए कठिन न था। बिना किसी विशेष प्रतिरोध के ओड़िसा में चैतन्य के अनुयायी संख्या में बढ़ते ही गए। परंतु तब तक ओड़िया का श्रेष्ठ भक्ति-साहित्य रचा जा चुका था। तीन प्रमुख स्तंभ महाभारत (सारलादास), रामायण (बलरामदास) और भागवत (जगन्नाथदास) निर्मित हो चुके थे। इनके बाद जो कुछ रचनाएँ चैतन्यदेव से प्रभावित होने पर लिखी गईं, उनमें या तो कृष्ण को लेकर रीति का प्राधान्य रहा, या फिर चैतन्य को ही कृष्ण से अभिन्न मानकर उनकी लीलाओं का गायन बहुत दिनों तक चलता रहा।

बार-बार के इन युद्धों का ओड़िया जीवन में काफी महत्त्व हो चुका था। पाइक जाति युद्ध में इतनी अभ्यस्त हो गई कि कभी महाराज बंगाल के शासक से

लड़ते हैं तो फिर कूच कर बहमनी पहुँच जाते हैं। एक ओर तो आर्थिक उन्नति का कार्य अव्याहत चलता रहा, दूसरी ओर महाराज राजधानी से दूर तक जाकर सफल अभियान चलाते रहे। अवसर उपस्थित होते ही आक्रमणकारियों की तलवार का उत्तर स्वयं महाराज आगे बढ़कर दिया करते थे। यहाँ ध्यान में रखने की बात है कि ये सारे युद्ध प्रायः ओड़िसा के बाहर ही लड़े गए। फलतः यहाँ का सामान्य जीवन अस्त-व्यस्त नहीं होता, फसलें नहीं रौंदी जातीं। परंतु श्रीजगन्नाथ, लिंगराज या कोणार्क सरीके विशाल मंदिर निर्माण के लिए भी शांतिमय वातावरण न मिल सका। फिर इन युद्धाभियानों को चलाने के लिए ओड़िसा के राजकोष पर भी गहरा प्रभाव पड़ता रहा। अतः अधिक-से-अधिक यथास्थिति बनाए रखने के प्रयास ही आर्थिक क्षेत्र में रहे। सौध-निर्माण, मंदिर-निर्माण आदि किसी महत्त्वपूर्ण घटना का उल्लेख कहीं नहीं मिलता। चैतन्यदेव के बाद तो स्थिति और भी बदल गई। एक वीर जाति धीरे-धीरे भक्ति-प्रवाह में उद्‌बुद्ध होकर क्रमशः युद्ध से पराङ्मुख होती गई। ओड़िया संस्कृति के मूल उपादानों में बड़ा भारी अंतर दिखाई देने लगा। आगे चलकर न तो मुगलों का प्रतिरोध किया जा सका, न मराठों को संयमित कर सके और न ब्रिटिश प्रभुसत्ता से ओड़िसा अपने को बचा सका। ओड़िसा में इसके बाद क्रमशः एक प्रकार से दीनता का भाव बढ़ता गया, जिससे उभरना लंबे समय तक बहुत कठिन हो गया। यद्यपि जगन्नाथ के रूप में एक केंद्रीय शक्ति फिर भी बनी रही। परंतु छोटे-छोटे रजवाड़ों ने जोर पकड़ा और केंद्र दुर्बल हो गया।

बाद में राजा रामचंद्रदेव ने साम-दाम-दंड-भेद सारे प्रयास किए। मुगल सेना का सामना करना था, सबने सिर झुकाया। रामचंद्रदेव के सामने शर्त थी कि वे स्वयं मुसलमान बन जाएँ तो श्रीजगन्नाथ को अछूता छोड़ दिया जाएगा। राजा ने कलमा पढ़ा, रजिया से विवाह किया। परंतु वे मुगल चाल भाँप गए। किसी तरह अपवित्र होने, नष्ट होने से चतुर्धा मूर्ति को बचाया। स्थानांतर कर चिलिका के बीच एक द्वीप में उन्हें छुपाया। लेकिन राजा (हाफिज कादर वेग बनने के बाद) चिंतित थे कि श्रीजगन्नाथ वहाँ (गुरुबाई द्वीप में) अधिक दिनों तक सुरक्षित नहीं रह सकेंगे। एक-एक कर प्रतिनिधियों को राज्य के उन स्थानों पर भेजा, जहाँ सुरक्षा मिल सकेगी। परंतु कहीं से आश्वासन नहीं मिलता। पंडा-पुजारी सभी छोड़कर चले गए। कोई चारा न मिला तो चतुराई से ओड़िसा की सीमा पर टिकाली गढ़पति के राज्य में उजाड़ में ले जाकर उन्हें स्थापित किया। ठाकुरजी उधर लेकर हालाँकि रास्ते में पड़नेवाला कोई ठिकानेदार उन्हें आश्रय देने को राजी नहीं हुआ। उन्हें उनके अनजाने ही सीमा पार करानी पड़ी। रत्नसिंहासन खाली होने पर यात्रियों का आना

कम हो गया—मुगल उनसे लगान वसूलते थे। वह आमदनी कम हो गई तो ऐसे समय में लगान-अदाय के नाम पर मुगल लश्कर जुल्म, लूटपाट, डकैती, बलात्कार कर रहे थे। उनके विरुद्ध स्वर उठाने की किसी के मुँह में जुबान नहीं। समूचा राज्य मूक, मौन आर्तनाद कर रहा था.... घायल पशु की तरह छटपटाता ओड़िसा! सबकी चिंता—क्या श्रीजगन्नाथ महाप्रभु सदा निर्वासित रहेंगे। मुगल ग्रास से। ओड़िसा की मुक्ति की कामना सबके मन में। पर आगे आकर एक-एक कर सारे राजाओं को टटोलने चले। उनके साथ मंत्रणा की। सब उनके साथ थे। मगर मुगलों का खुलकर सामना करने एक भी आगे नहीं आया। उलटे उनकी आपसी लड़ाई अंतिम स्वाधीन राजा मुकुंददेव को इन किलेदारों, जमींदारों ने धोखे से मारकर सिंहासन अख्तियार किया। फिर वही इतिहास पुरी में दुहराने की मंत्रणा चल रही। ललिता महादेवी अपने पति के विरुद्ध उठ खड़ी होती है। राजे-ठिकानेदार, गढ़पति और किलेदार कोई इस महासंग्राम में सामने नहीं आता। रामचंद्रदेव को कुछ सीमावर्ती नरेशों का समर्थन मिलता है। सेना एकत्र कर रण-कौशल से सारे षड्यंत्र विफल कर देते हैं। मुगल फौजदार का भी निर्णायक मुकाबला करते हैं। अमीचंद जैसे लोलुपों को हराने में सफल होते हैं। मुर्शिदाबाद से चला मंदिर-ध्वंसाभियान रोका जा सका। ओड़िया जाति की आत्मरक्षा के साथ-साथ कई दशाब्दियों से श्रीजगन्नाथ के अज्ञातवास के अध्याय को समाप्त कर रत्नसिंहासन की मर्यादा और शुचिता की पुनः प्रतिष्ठा की जाने का विराट् अभियान चला था। ओड़िसा में जनजागरण, राज-चेतना और मर्यादाबोध का बड़ा अभियान छेड़ा गया। उसमें आठगड़ के ठिकाने ने पहली बार खुलकर समर्थन दिया। फिर तो बाणपुर का रजवाड़ा भी पक्ष में हो गया। धीरे-धीरे रामचंद्रदेव को द्वितीय इंद्रद्युम्न कह कर श्रीजगन्नाथ रक्षाकर्ता के रूप में स्वीकृति मिलने लगी। रणपुर, बांकी, नयागढ़ के इलाकों ने सहज ही अपने पत्ते नहीं खोले। श्रीजगन्नाथ की प्रतिष्ठा के सब पक्षधर, परंतु ओड़िसा में चल रहे 'षड्यंत्र' में शामिल हो या मुगलों के पक्ष में चुप्पी साधे रहे। खलिकोट से घुमसुर तक का सारा इलाका सचेतन होकर श्रीजगन्नाथ की अवस्थान अवस्थिति पर विचलित था। यह भी सच है कि उत्कलीय कला-संस्कृति, स्थापत्य एवं भास्कर्य को कटक-पुरी-कोणार्क में ज्यादा मर्यादा नहीं दी जा रही थी। इन स्थपतियों, कलाकारों को इन दूरवर्ती, सीमावर्ती रजवाड़ों ने आमंत्रित भी किया, अथवा शरण देकर आश्रय दिया। अनेक छोटे-बड़े मंदिर, मूर्तियाँ, भित्तिचित्र गंजाम आदि क्षेत्रों में बने। कला और स्थापत्य के पैर उखड़ने, मिट जाने से बच गए। इस मुगलिया आँधी में सिर झुकाकर बच गई एक जातीय स्वाभिमान की तसवीर। पराजय और ग्लानि की शैय्या

त्याग उठ खड़ा हुआ नवजाग्रत् ओड़िसा। यह थी उनकी अप्रतिरोध जैत्रयात्रा! इस महासंग्राम में जनता का जागरण सर्वाधिक मुखर था। जब श्रीजगन्नाथ प्रत्यावर्तन कर रहे थे, मुगलों के गढ़ कहे जानेवाले पीपली और काकटपुर के दलबेहरा भी इस संग्राम से बचकर नहीं रह पाए। अपनी-अपनी सैनिक टुकड़ी के साथ विशाल जगन्नाथ पथ पर मौजूद थे। यह केवल रजवाड़ों, जमींदारों का प्रतिरोध नहीं था। विशाल जनवाहिनी इसके अग्रभाग में थी। मुगल फौजदारों का हाथ साधारण जनता पर तोपें दागने को आगे नहीं आ पाया। अब यह युद्ध हिंदू-मुसलमान के बीच नहीं रह गया था। श्रीजगन्नाथजी तो सर्वदेवमय थे। अतः कुछ मुगल सैनिक एवं हाफिज कादर वेग (महाराज रामचंद्रदेव) के पक्षधर लोग भी मुगलों के सामने खड़े हो गए, डटकर। संग्राम ने व्यापक रूप धारण कर लिया। इस निर्णायक युद्ध में महाराज की मुसलमान बेगम रजिया का भी महत्त्वपूर्ण योगदान था। इस बेगम ने पूरे साहस के साथ तोपों के सामने खड़े होकर मुगल सेना का हौसला पस्त कर दिया। इस प्रकार श्रीजगन्नाथ को रत्नसिंहासन तक पहुँचने में काफी महत्त्वपूर्ण भूमिका अदा की। एक जाति जाग उठे तो शासक कितना ही बलवान हो, अत्याचारी हो, उसकी आकांक्षाओं को चकनाचूर नहीं किया जा सकता। श्रीजगन्नाथ तो पुनः रत्नसिंहासनारूढ़ हो गए। परंतु महाराज रामचंद्रदेव का संग्राम समाप्त नहीं हुआ। क्योंकि रूढियाँ, अंधविश्वास, हिंदू-मुलसमान भेदभाव आदि व्याधिग्रस्त जातीय जीवन। यह भी उतना ही सत्य है। उस समय का जीवन संग्राम फिर उग्र रूप धारण नहीं कर सका। अंग्रेज आने के बाद फिर एक बार परिवर्तन दिखाई पड़ता है। परंतु उत्कलीय जनता में कहीं लीन हो जाता है। बस एक बात उल्लेखनीय रह जाती है—सारे उत्कल के प्राणों में शक्ति-संचार के केंद्र श्रीजगन्नाथ रत्नसिंहासन पर विराजमान रहे। सारे संकट का सामना करने की क्षमता, सारी विपत्तियों में पतितपावन बना उन्हें उत्साह देने लायक गति प्रदान कर सका था। उत्कलीय संतों की साहित्य-साधना इसी राज-उदासीन प्रवृत्ति के कारण अबाध गति से जारी रह सकी। कहीं संघर्ष अथवा समर्थन की चर्चा नहीं मिलती। बाह्य रूप में जितना भी अबोध दिखे, उत्कलीय मन श्रीजगन्नाथ चेतना में शालग्राम शिला से भी ठोस, पवित्र एवं देदीप्यमान बना रहा।

तुलसीदास के पूर्व उत्तरी भारत की राजनैतिक गतिविधियाँ मुगलों के आधिपत्य में जा रही थीं। अकबर के युग के बारे में इतिहासकार कहते हैं—The age of Akbar has been described as an age of great rulers, and some hold that his contemporaries, Elizabeth of England, Henry IV of france, and Akbar the great of India, he was not the least.

आगे वे ही इतिहासकार लिखते हैं—

He was by far the greatest of all who ruled India, duting the Era of the dominance of Islam in that land.

1532–1623 के बीच भारत के सम्राटों की सूची देखें तो पता चलेगा कि आरंभ में हुमायूँ मुगल साम्राज्य की नींव लगा रहा था, इस समय के दूसरे छोर पर जहाँगीर ऐशो–आराम की दुनिया में बेखबर डूबा हुआ था। इन दोनों के बीच शेरशाह और सूरी वंश के कुछ अप्रसिद्ध शासकों के अलावा उल्लेखनीय शासक अकबर था।

हुमायूँ स्वयं अफगान और मुगल शक्ति का संघर्ष पार कर आया था। शेरशाह के बाद उत्तरी भारत पर अफगानों की पकड़ ढीली पड़ गई। अतः हुमायूँ ने मुगल साम्राज्य के लिए खतरे को समूल उखाड़ फेंका। परंतु हिंदू शक्तियाँ अभी भी प्रबल–पराक्रमी थीं। एक ओर राजपूताने के छोटे–बड़े अनेक राजा–महाराजा थे, दूसरी ओर मध्यदेश के ग्वालियर और आसपास के राजा थे। उधर बिहार और उत्तर प्रदेश में कई जगह हिंदुओं का वर्चस्व था। भारत में इस समय इसलामी प्रभुत्व भी एकजुट न था। एक अल्लाह के बंदों में एकता न थी। अफगान और मुगलों की शत्रुता का फैसला तो पानीपत में हो गया। परंतु अरबीयत का विरोध यहाँ पर आगे भी चलता था। इसलाम में अरबी–गैर–अरबी अलग–अलग गुटों के रूप में जोर पकड़ते गए।

मुगलों और अफगानों की तलवारें हिंदुओं का रक्त बहातीं, पर ये ताकत इसलाम से संग्रह करतीं। भारतवर्ष में तब तक इसलाम के अनुयायियों के कई प्रभावशाली नेता (धार्मिक) हो चुके थे। इनमें निजामुद्दीन औलिया का नाम प्रमुख रूप से लिया जा सकता है। उनके बारे में यूसुफ हुसैन साहब लिखते हैं—
Sheikh Nizamuddin Aulia, generally known as Mahbub-i-llahi (the Beloved of God), represents a general spiritual force in the history of Muslim India.

शेख के दृष्टिकोण के बारे में लिखते हैं—"A characteristic feature of the teachings of Nizamuddin Aulia is the stress he laid on the Motive of love which leads to the realisation of God."

अमीर खुसरो 'अफजलुल फवेद' में लिखते हैं कि शेख के अनुसार सारा ज्ञान ताशि–हे–मिल्लत (लोगों को सुधारना) और ताजारिदे–खिदमत (लोगों की निष्काम सेवा) की बराबरी नहीं कर सकता। शेख का कहना था कि मानव प्रेम ही ईश्वर प्रेम का एकमात्र मार्ग है। शेख साहब की यह वाणी उनके शिष्यों ने आगे चलकर भारत के कोने–कोने में पहुँचाई। शेख से भी पहले इनके गुरु बाबा

फरीद और उनके गुरु ख्वाजा मुईनुद्दीन चिश्ती के विचार, उनका नाम मुसलिम समाज में आदर और श्रद्धा का पर्याय बन गया था। अकबर के समय तक चिश्ती साहब पर श्रद्धा आसमान को छूने लगी थी। शेख अहमद सरहिंदी, जो कि ख्वाजा बकी विलल्लाह के मुख्य शिष्य थे, ने कुछ खास बातें कहीं और वे मुजाहिद (Renovator and Reformer of Islam) कहलाए। आपके कहने का मर्म कुछ इस प्रकार था—God comprehends everything and is nearer to us than our life–vein... The relation between man and God is that of slave and master, or that of the worshipper and the worshipped. It is not the relation of lover and beloved... The only way to realise the mysteries of the Divine existence is likely to be led astray from the object of his pursuit.

इन इसलामी संत-फकीरों आदि का प्रभाव सिर्फ मुसलमानों पर ही नहीं, इतर लोगों पर भी पड़ रहा था। पहली बात तो शासन इनके पक्ष में था। दूसरे इनकी विचारधारा और इनका दृष्टिकोण भक्तिकालीन संत-महात्माओं के बहुत नजदीक पड़ता था। आगे चलकर हिंदुओं में पीरपाला, सत्यपीर और पीज पूजा का प्रचलन इसी प्रभाव की सूचना देते हैं।

ईसाई मिशनरियाँ अभी तक अपना कार्यक्षेत्र भारत में शुरू नहीं कर पाई थीं। अकबर के दरबार में दो-तीन बार अंग्रेज प्रतिनिधि कुछ व्यावसायिक सुविधाओं के लिए आए थे। परंतु पुर्तगाली समुद्री लुटेरों की कारवाइयों ने मुगल शासकों के मन में यूरोपियों के प्रति शंकाभाव जाग्रत् कर दिया था। ये लोग शुरू-शुरू में (तुलसीदास के समय तक) मुगलों से कोई खास सुविधा या रियायत नहीं पा सके थे। अत: इनका कार्यक्षेत्र बहुत हद तक सीमित ही रहा।

अकबर ने अपने आदर्शों और विचारों को लेकर 'दीने-इलाही' शुरू किया। परंतु इसका प्रचार-प्रसार कुछ हजार लोगों तक ही रहा। अकबर इस निर्णय पर पहुँचा था—

यद्यपि मैं एक विशाल साम्राज्य का अधिपति हूँ, सारी सुख-सुविधाएँ और उपभोग मेरे अधीन हैं, फिर भी असली प्राप्ति ईश्वर का कार्य करने में है। इन विविध मतवादों और विचारधाराओं के कारण मुझे चैन नहीं है।

अकबर यह भी समझ चुका था कि यह सत्य किसी धर्म अथवा मतवाद के एकाधिकार की चीज नहीं हो सकती। अत: वह कट्टर मुसलमानों की निगाह में अच्छा मुसलमान न था और हिंदुओं के लिए तो आदर्श हो ही कैसे सकता था। शासन के क्षेत्र में कुछ और ही था। अकबर जीवन भर मुगल साम्राज्य को सुदृढ

करने के लिए अटक से कटक और गुजरात से बंगाल तक सैनिक-अभियान चलाता रहा। हिंदू धर्म, स्वाभिमान और नेतृत्व के प्रतीक मेवाड़ घराने के प्रति कभी नरमी नहीं दिखाई। जहाँ कहीं राजपूतों या अन्यान्य हिंदू राजाओं के प्रति उदारता दिखाई है, वहाँ अकबर की राजनैतिक विलक्षणता ही लगती है।

इन वर्षों में भारतवर्ष कभी भी प्रमुख मुसलिम देश नहीं बन सका। सदियों तक तुर्कों, पठानों, अफगानों, मुगलों के अधीन रहने के बावजूद इस देश ने अपना धार्मिक स्वरूप नहीं छोड़ा। मुसलमान यहाँ हमेशा समुद्र में बूँद के समान ही रहे। अतः यह बात शासकों के हित में ही थी कि वे यहाँ के उच्चवर्ग के लोगों के साथ भाईचारे, मित्रता और आपसी व्यवहार रखते। रोटी-बेटी के नाते सहज न थे, क्योंकि शासकों के हाथ में शक्ति थी, और इसलाम को तलवार के बल पर फैलाने की कोशिश जारी थी, परंतु भारतीयों के पास हजारों वर्षों की सांस्कृतिक परंपरा थी। अतः भारत में सांप्रदायिक दंगे (विशेषकर हिंदू-मुसलिम संघर्ष) मुगलकाल में बहुत कम हुए। हिंदुओं में वह आवेश या उत्तेजना नहीं दिखाई पड़ती थी कि जो इसलाम के 'जिहाद' के साथ जुड़ी हुई थी। परंतु तलवार के आगे हिंदू जनता घुटने टेककर नहीं रह गई। अहिंसक प्रतिरोध भारत की जनता के लिए कोई अपरिचित बात नहीं थी। इसलाम धर्मावलंबी मुगलों के काल में ही यहाँ पर सारे भारत में शक्तिशाली भक्ति-आंदोलन चला। भारतीय सेनाएँ एक-एक कर मुगलों के हाथ में मैदान छोड़कर हटती गईं। परंतु उत्तर-पश्चिम-पूरब-दक्षिण सारे भारतवर्ष में इसी समय ईश्वर विश्वास, अपने धर्म-जाति और देश के प्रति आस्था बनाए रखने के लिए मनीषियों और चिंतकों ने भक्ति का (चाहे राम की भक्ति हो या कृष्ण की, चैतन्य की भक्ति हो या विट्ठल की, श्रीजगन्नाथ की हो या रंगनाथ की) आंदोलन चलाया। इसकी मुख्य बात यह थी कि इन संतों ने कहीं भी शासक या सत्ता से टकराव की स्थिति नहीं आने दी। परंतु अंदर-ही-अंदर सर्वत्र उपेक्षा का भाव था। अब भी शासकों ने उन्हें छूने की कोशिश की है, वे चतुराई से स्वयं को बचा गए। न किसी लोभवश शासन से जुड़े और न कभी क्रोधवश सत्ता से टकराए। तब मुगल खून में गरमी थी, तलवार में धार थी, अतः उनका सामना करने में बहादुरी हो सकती थी, बुद्धिमानी नहीं। बाद में आगे चलकर हम देखते हैं कि संतों ने शिवाजी, छत्रसाल, गोविंदसिंह, दुर्गाबाई आदि को जूझने के लिए तैयार किया। पर तुलसी के काल में अहिंसक आंदोलन की प्रच्छन्न धारा बह रही थी, जिसका आदर्श था—'राम राज्य'। इसी भक्ति-आंदोलन ने भारतवर्ष को 'इसलामी राष्ट्र' बनने से बचा लिया। यह सारा कार्य शांतिपूर्वक ढंग से मंदिरों और मठों में चलता

रहा। मंदिर उजड़े तो खँडहरों में चर्चाएँ चलीं, घर-बार में नाम कीर्तन का जोर बढ़ता गया। भजन-गीत, भागवत टूँगी (ओड़िसा में भागवत पाठ करने के लिए बना घर) ने धर्म को प्राणों में उज्जीवित रखने का बहुत बड़ा कार्य किया है। ये संतगण, भक्तजन वास्तव में उस समय के जनसमुदाय के नेता और संस्कारक बन गए थे। मानचित्र पर दृष्टि डालें तो इंडोनेशिया, मलाया आदि पूर्वी देश, ईरान आदि पश्चिम स्थित देश इसलामी राष्ट्र बन गए। वहाँ पर पूर्व प्रचलित धर्म-धारणाओं का समूल उच्छेद हो गया। इसलाम का विजयकेतु अबाध गति से फहराने लगा। पर भारतवर्ष में इतने बड़े भू-भाग पर शासन करने के बावजूद यह संभव न हो सका। अरबी-फारसी यहाँ की सरकारी भाषा भी बहुत समय तक बनी रही, परंतु संस्कृत के स्थान पर स्थानीय भाषाएँ पनपने लगीं। अरबी-फारसी की जड़ें गहरे तक न जा सकीं। इतना ही नहीं, इसलामी शासन के बाद सैकड़ों वर्षों तक ईसाई धर्मावलंबियों ने भी यहाँ शासन किया। तब अंग्रेजी शासन की भाषा बन गई। अरबी-फारसी की जगह अंग्रेजी का प्रचार-प्रसार हुआ। इसलाम की बजाय ईसाई मिशनरियाँ सक्रिय हो गईं। फिर भी भारतवर्ष ईसाई राष्ट्र नहीं बन सका। प्रांतीय साहित्य का सशक्त माध्यम सारे देश के जन-मानस को प्रभावित कर चुका था। वे संस्कृत से दूर हो चुके थे और वैदिक ज्ञान उनकी पहुँच तक न रहा, फिर भी आधुनिक भारतीय भाषाओं के साहित्य ने इस अभाव की पूर्ति कर दी। रामायण और महाभारत, राम और कृष्ण की भक्ति अमोघ कवच के रूप में इन्हें बाहरी दबाव से बचाती रही।

इस प्रकार हम देखते हैं कि बलरामदास और तुलसीदास की रचनाएँ अपने समय में जनता के मनोबल के लिए शक्तिशाली स्तंभ बनकर सामने आईं। शासकीय गतिविधियों से हटकर इनकी प्रतिबद्धता जनता से थी। अतः इनका पूरा साहित्य जनता को संबोधित रहा।

□

कथावस्तु का संघटन

भारतीय राम साहित्य के उद्‌भव और विकास में सभी थोड़े-बहुत वाल्मीकि के ऋणी हैं। आधुनिक भारतीय भाषाओं को रामकथा की विरासत संस्कृत से मिली है। ओड़िसा में बलरामदास से पूर्व सारलादास 'विलंका रामायण' की रचना कर चुके थे। हिंदी में सूरदास रामकथा संबंधी अनेक पदों की रचना कर चुके थे। बलरामदास और तुलसीदास ने अपने से पूर्व चली आ रही रामकथा को एक नया मोड़ देने का प्रयास किया है। स्वयं बलरामदास कहते हैं कि उन्होंने शास्त्र-पुराण आदि विप्र मुख से सुने। सामवेद से जात यह कथा उन्होंने श्रीजगन्नाथ की प्रेरणा से रची। तुलसीदास कहते हैं कि उन्होंने यह कथा बचपन में गुरु से सुनी थी। अब होश आने पर उसी का वर्णन भाषा में कर रहे हैं। दोनों को अपने समय की स्थिति और परिस्थिति ने रामकथा लिखने की प्रेरणा दी, यद्यपि यह कथा संस्कृत में विविध रूपों में उपलब्ध थी। अत: दोनों रचनाओं में दृष्टिकोण का जो अंतर है, वह अपने-अपने युग, समाज और परिस्थितियों को देखते हुए सकारण वैसा बना है। दूसरे शब्दों में, उन्होंने सचेष्ट हो वैसी विचारधारा में रामकथा गायी है।

आदिकांड

बलरामदास आदिकांड के आरंभ में श्रीजगन्नाथजी की वंदना करते हैं। नीलगिरि शिखर निवासी नारायण, जो कि कमलापति हैं, वे ही जगत् उद्धारण दाशरथि हैं। सप्तम अवतार में ये ही रामनाम धारण कर काल फाँसी तोड़ते हुए रावणध्वंस करेंगे। उन्हीं श्रीजगन्नाथजी की आज्ञा शिरोधार्य कर कवि ग्रंथ रचना का साहस करते हैं। तुलसीदास सरस्वती, गणेश, शिव-पार्वती आदि की वंदना से कथा आरंभ करते हैं। फिर वाल्मीकि और हनुमानजी की वंदना करने के उपरांत सीता-राम को प्रणाम करते हैं। इसके बाद वे गुरु-ब्राह्मण-संत आदि की वंदनवार सजाते हैं।

बलरामदास ने शिवपुराण के सतीदाह, दक्ष यज्ञ-विध्वंस आदि की कथा संकेत में देकर शिव को स्वयं रामतारक मंत्र जाप के द्वारा पुनः शक्तिशाली होने का वर्णन किया है। तुलसी ने इस प्रसंग में सूत्र कुछ हटकर लिया है। सती राम के ब्रह्मत्व में संदेह करती हैं तो शिव उनका त्याग कर देते हैं, दक्ष-यज्ञ में भस्म होने के बाद पार्वती के रूप में पुनर्जन्म लेती हैं, शिव विवाह रचाते हैं। यह सारी कथा तुलसी विस्तार के साथ गाते हैं। परंतु दोनों के मूल में प्रगाढ़ रामभक्ति की भावना ही दिखाई देती है। रामनाम का माहात्म्य दरशाने के लिए ही मुख्य कथा से पूर्व दोनों ने शिवजी के विवाह-प्रसंग की अवतारणा की है।

इसी नाम की महिमा के प्रसंग में बलरामदास कहते हैं—

विष्णु के सहस्र नाम के मध्य में ये सार। इसी मंत्र के करते उच्चारण।
इतने फल इसी में सुमरते। इसी को अधिक रामनाम सुमरते।[1]

इसी नाम के माहात्म्य का वर्णन करते-करते बलरामदास रामजन्म का कारण बताते हैं। रावण का वृत्तांत संकेत रूप में दे देते हैं। परंतु तुलसी ने इस अवसर पर भक्तों पर किए गए अनुग्रहों की चर्चा की है।

बलरामदास की कथा में नंदिकेश्वर को रावण कोपवश नर-वानर कह देता है, तो वे उसे शाप देते हैं—ये नर-वानर ही तुम्हें मारेंगे। रावण ने कुशध्वज की कन्या वेदवती के साथ बलात्कार की चेष्टा की तो वह शाप देती है—मैंने विष्णु को वरा है, अतः मेरे लिए वे ही तुझे मारेंगे। अपना अप्रतिष्ठित अंग अग्नि को समर्पित कर देती है और वह जनक कुमारी के रूप में पुनर्जन्म लेती है।

तुलसीदास ने रामजन्म के हेतुओं में नारद मोह का प्रसंग उपस्थापित किया है। नारद को दिया गया वानर वेश ही नारायण का सहायक होगा। नारद के शाप से प्रभु को पत्नी-विरह भोगना पड़ेगा। शिव के दोनों गण राक्षस होने का शाप पाते हैं। उनका उद्धार करने के लिए नारायण ने अवतार लिया। मनु-शतरूपा को उनकी तपस्या पर वरदान देते हैं। वह रामजन्म का एक हेतु हुआ, जिसमें मनु-शतरूपा ने दशरथ और कौशल्या के रूप में जन्म लिया और प्रभु राम पुत्र बनकर उत्पन्न हुए। राजा प्रतापभानु को ब्राह्मणों द्वारा दिया गया शाप रामजन्म का एक और हेतु बना।

इस प्रकार हम देखते हैं कि बलरामदास ने रामजन्म के हेतुओं का संक्षिप्त विवरण दिया है, तुलसीदास ने इसको एक विस्तृत भूमिका का रूप प्रदान किया है।

रावण के अत्याचारों से पीड़ित देवी-देवताओं की स्तुति पर प्रसन्न होकर नारायण धरती पर अवतार लेते हैं। कश्यप ने दशरथ और अदिति ने कौशल्या के रूप में जन्म लिया है। इसी अवसर पर प्रभु मनु-शतरूपा को दिया गया वरदान

भी पूरा करना चाहते हैं। ब्रह्मा सब देवों से कहते हैं—तुम्हें सर्व देवताए रिक्ष कपि होई। मंचपुरे अवतार हुअ बेगे जाई।

कश्यप रिषि एथर मंचपुरे जाउ। अयोध्या नगरे दशरथ हेउ॥

वानर तनु धरि धरि महि, हरि पद सेवहु जाइ।

अब बलरामदास ने दशरथ की वंशावली का वर्णन कर शनि के साथ उनके युद्ध का प्रसंग दिया है। यहाँ पर दशरथ के चरित्र पर कुछ विस्तार के साथ प्रकाश डाला गया है। उनकी सात सौ पचास रानियों और तीन पटरानियों का उल्लेख किया है। उन्हें दुःख तो इस बात का है कि इतने पर भी उनके कोई पुत्र नहीं हुआ। तुलसीदास ने वंशावली के स्थान पर प्रतापी राजा दशरथ की वृद्धावस्था से कथा शुरू की है। कौशल्या, कैकेयी और सुमित्रा आदि तीन रानियों का नामोल्लेख किया है। महाराजा वसिष्ठ के आगे अपना अभाव प्रकट करते हैं। सारलादास ने 'महाभारत' में भी दशरथ की सात सौ पचास रानियों का उल्लेख किया है। यही संख्या बँगला के रामायणकार कृत्तिवास ने दी है।

बलरामदास ने पुत्रेष्टि यज्ञ का विशद वर्णन किया है। शृंगी ऋषि की उत्पत्ति, उनके पिता विभांडक की कथा, शृंगी को यज्ञ के लिए अयोध्या लाने की चेष्टा और उसमें जरत्कुशा वेश्या की महत्त्वपूर्ण भूमिका का विस्तार से उल्लेख है। दशरथ अपनी कन्या शांता का शृंगी ऋषि के साथ विवाह कर देते हैं। वाल्मीकि ने शांता को लोमपाद की कन्या कहा है। दशरथ स्वयं शांता और शृंगी ऋषि को लाकर उनकी पूजा करते हैं। अग्निपुराण के वानर खंड में यह प्रसंग आता है। वाल्मीकि के अनुसरण पर कृत्तिवास आदि की रामायणों में भी यह प्रसंग मिलता है। परंतु बलरामदास के वर्णन में जरत्कुशा का चरित्र सशक्त रूप में उभरकर आया है। शृंगी जैसे नारी चरित्र से अपरिचित ऋषि को जरत्कुशा चतुरतापूर्वक अयोध्या लिवा लाती है। वे ही ऋषि फिर गृहस्थ बन जाते हैं। बलरामदास शृंगी ऋषि का प्रसंग और तुलसी द्वारा नारदमोह का प्रसंग तुलनीय है। दोनों के दृष्टिकोण में अजीब साम्य दिखाई पड़ता है। एक तप के कारण (शृंगी) काम चेतना से शून्य हैं तो दूसरे (नारद) काम पर तपबल से विजय पा चुके हैं। लगता है दोनों ही सामाजिक जीवन से कुछ नहीं पाते। अंत में विवाह की संस्था दोनों को ही आकर्षित करती है।

शृंगी ऋषि (ऋष्य शृंग) के द्वारा पुत्रेष्टि यज्ञ (पुत्र काम) संपादित होता है। अग्निदेव प्रकट होकर चरु देते हैं। दांडी रामायण में उसे दशरथ आधा कौशल्या को और आधा कैकेयी को बाँट देते हैं। बाद में दोनों अपने-अपने हिस्से में से सुमित्रा को देती हैं। परंतु मानस में कौशल्या का भाग आधा, कैकेयी का एक चतुर्थांश और

सुमित्रा का भाग एक अष्टांश तथा एक अष्टांग अर्थात् कुल एक चतुर्थांश है। इस प्रकार तीनों रानियाँ गर्भ धारण करती हैं।

बलरामदास ने गर्भावस्था के समय प्रति माह शारीरिक एवं मानसिक परिवर्तन का जो विवरण दिया है, तुलसीदास ने उसका संकेत भी नहीं किया। अतः दांडी रामायण में गर्भावस्था के समय किए जानेवाले कुछ लोकाचारों का वर्णन भी आ गया है, मानस में वह नहीं हो सका।

यथासमय चारों भाइयों का जन्म होता है। यह दांडी रामायण में एक निस्संतान के घर पुत्र प्रसव के मार्मिक प्रसंग के रूप में वर्णित है। राजा दशरथ यज्ञ आयोजन करते हैं। शिशु जन्म के अवसर पर नालोच्छेदन, शुचिकर्म आदि का विधान है। इसके बाद नामकरण, चूड़ाकरण, उपनयन आदि अनेक संस्कारों का विस्तृत विश्लेषण किया है। मानस में जन्म के समय अपार उल्लास, बधाई आदि का वर्णन तो है, पर उस समय के लोकाचारों का कोई उल्लेख नहीं। संस्कारों का ही वर्णन है। राम पहले चतुर्भुज रूप धारण करते हैं, उसकी वंदना कौशल्या, वेद, देव, मुनि, शिव आदि करते हैं। वे बाद में शिशु रूप धारण कर रोदन करते हैं।

दांडी रामायण में राम-लक्ष्मण को माँगने के लिए विश्वामित्र का आगमन बड़े आडंबर के साथ होता है। मुनिवर दशरथ से यज्ञ-रक्षार्थ श्रीराम की याचना करते हैं। महाराज अत्यंत असमंजस में पड़ जाते हैं, स्वयं यह कार्य करने का सुझाव देते हैं, पर मुनि तो नारायण के अवतार श्रीराम को ही लेने की बात पर अड़े रहते हैं। बाद में महाराज प्रसन्नतापूर्वक समर्पित कर देते हैं, लेकिन श्रीराम अपने साथ लक्ष्मण को भी ले लेते हैं। मानस में विश्वामित्र आकर अनुज सहित श्रीराम की याचना करते हैं। अत्यधिक स्नेह के कारण यहाँ भी महाराज संकोच करते हैं। लेकिन वसिष्ठजी समझाकर मोह दूर कर देते हैं।

गंगा पार करते समय और आगे का प्रसंग बलरामदास ने वाल्मीकि की तरह अनेक पौराणिक उपकथाओं से भर दिया है। इनमें कुशध्वज कन्या का प्रसंग, विश्वामित्र चरित, सगर चरित, गंगावतरण, पार्वती विवाह, तारकासुर वध, सागर मंथन, अहल्या कथा, विश्वामित्र, हरिश्चंद्र, गालव, शुनःशेप आदि की कथाएँ आती हैं। इनसे हटकर कुछ लोक प्रचलित कथाओं का भी विवरण मिलता है। इनमें आतापि-वातापि का प्रसंग, एरावत द्वारा गंगा से काम संबंध की इच्छा, ब्रह्मचारी शुंडियाणी प्रसंग आते हैं। परंतु तुलसीदास ने सिर्फ शिव-पार्वती विवाह की कथा विस्तार के साथ भूमिका भाग में गाई है। बाकी पौराणिक कथाओं के वर्णन में तुलसीदास ने कहीं रुचि नहीं ली।

तुलसी यही दृष्टिकोण ताड़का, मारीच-वध, मुनि मख रक्षा और अहल्या-उद्धार में अपनाते हैं। परंतु बलरामदास ने गौतम ऋषि की कथा का विस्तृत वर्णन किया है। वाल्मीकि रामायण की तरह दांडी रामायण में अहल्या का गौतम से इहलोक में ही मिलन होता है। मानस में अहल्या भगवान् श्रीराम की वंदना के उपरांत पतिलोक चली जाती है। देवताओं द्वारा पुष्प वृष्टि की बात का दोनों कथानकों में साम्य है। इससे स्पष्ट है कि राम के कार्यों पर देवों की भी नजर है। पृथ्वी पर जो अलौकिक कार्य हो रहे हैं, उनकी प्रशंसा देवलोक से भी आ रही है।

आगे राम का कार्य क्षेत्र मिथिला में होता है। सारी मिथिला मानो राम के आगमन के लिए उत्सुक है। तुलसीदास ने जमकर यज्ञ प्रसंग गाया है। राम, लक्ष्मण और विश्वामित्र राजा जनक के अतिथि बनते हैं। यज्ञशाला और जनक की सभा में धनुष यज्ञ का विस्तृत वर्णन किया है। परंतु बलरामदास ने इस अवसर पर पुराण वर्णित विश्वामित्र उपाख्यान और हरिश्चंद्र की परीक्षा संबंधी कथा का वर्णन दिया है। ये स्वयंवर आरंभ होने से पूर्व सीता जन्म की कथा भी दे देते हैं। जनकपुर की शोभा का वर्णन दोनों ने राम के नेत्रों से देखकर दिया है। तुलसीदास ने राम-सीता में पूर्वराग की कल्पना की है। वाटिका में भेंट भी होती है। परंतु दांडी रामायण में सीता-राम की भेंट सभा में ही होती है। सखियों द्वारा न बताने तक सीता का ध्यान उधर गया ही नहीं। एक बार सचेतन होने पर तो चुंबक की तरह वे राम-ही-राम की बात करती हैं—एकदम खिल जाती हैं—

चंद्र कुमुद कि जवा हेले भेटा भेटि।
चंद्र कुदेहि येन्हें कुमुद वन झुरि॥

बलरामदास के इस प्रसंग का आगे चलकर कृत्तिवास ने अनुसरण किया है। तुलसीदास पूर्वराग आदि के कामुकता रहित तथा पवित्र वर्णन के लिए प्रसन्न राघव के अर्थों में ऋणी लगते हैं।

दांडी रामायण के जनक सभा के बीच नम्र हैं, राम की महिमा से अपरिचित हैं। वहाँ रावण और बाणासुर प्रयत्न कर हार बैठे हैं। राम धनुष की मंजूषा से निकालकर देखने की अनुमति जनक से माँगते हैं। मानस में जनक का पश्चात्ताप बहुत महत्त्व का है। धनुष के आगे सब राजाओं के हारने और फिर लक्ष्मण द्वारा कोप करने पर विश्वामित्र राम को आज्ञा देते हैं। तुलसीदास ने यहाँ क्रोध के दो रूप जनक और लक्ष्मण के माध्यम से दिखाए हैं। परंतु दांडी रामायण के जनक में विनय और नम्रता ही दिखाई पड़ती है। लक्ष्मण भी राम के सामने विनय से ही विभूषित दिखते हैं।

दांडी रामायण में धनुष भंग से पूर्व शिवचाप और राम के बीच संक्षिप्त किंतु

आकर्षक वार्त्तालाप उपस्थित किया गया है। राम चाप को दक्ष-यज्ञ विध्वंस जनित पाप से मुक्त करने के लिए उसे खंडित कर देते हैं। तुलसीदास ने वैसे किसी कारण की कल्पना तो नहीं की, परंतु एक और ही सुंदर उपमा इन शब्दों में दी हैं—

संकर चापु जहाजु सागरु, रघुबर बाहुबल।
बूड़ सो सकल समाजु चढ़ा जो प्रथमहिं मोह बस॥

धनुष के टूटते ही परशुरामजी की तपस्या भंग हो जाती है। वे उस ध्वनि से चौंक उठते हैं। मानस में तुरंत परशुराम का प्रसंग उपस्थित हो जाता है। जहाँ उल्लेखनीय है लक्ष्मण और परशुराम के बीच कटाक्षपूर्ण वार्त्तालाप। वाल्मीकि रामायण में परशुराम से राम की भेंट विवाहोपरांत, लौटते समय मार्ग में होती है। दांडी रामायण में यह भेंट अयोध्या लौट आने के बाद (आदि कांड के अंत में) जाकर होती है।

सीता-राम के विवाह का आयोजन, दशरथ का आगमन आदि का वर्णन दोनों ग्रंथों में वाल्मीकि रामायण के अनुसरण पर मिलता है। परंतु चारों भाइयों के विवाह के समय जो लोकाचार एवं शास्त्रीय विधि-विधान किए गए तुलसी ने उनकी सूचना भर दी है, वैसे—कोहबर, लहकौरि, जेवनार, सुहावनि गारि, कंकर खोलन आदि। बलरामदास ने वरुण पूजा, नग्रपूजा, दिग्पाल पूजा, वर मंगुलि, वर-कन्या द्वारा जुआ-कौड़ी खेलना, मधु शय्या, पत्नी द्वारा पति की शपथ कराना आदि शास्त्रीय एवं लौकिक आचारों का वर्णन किया है। तुलसी ने विवाह वर्णन में विदाई के मार्मिक प्रसंग को स्पर्श किया है तो बलराम ने विवाह के आनंदोत्सव में मंथरा द्वारा राम के साथ की गई ठिठोली की ओर संकेत किया है।

मिथिला से बहुत सा दहेज लेकर महाराज दशरथ अयोध्या लौटते हैं। जहाँ आनंद का सागर उमड़ पड़ता है। दांडी रामायण के अनुसार अंत में भरत और शत्रुघ्न कैकेयपुर चले जाते हैं। मानस में इसी आनंदोत्सव के बीच बालकांड की समाप्ति होती है।

एक विहंगम दृष्टि डालें तो स्पष्ट हो जाएगा कि दोनों ने धनुष भंग से लेकर सीता-राम विवाह तक के प्रसंग में वाल्मीकि से यथेष्ट स्वतंत्रता बरती है। विवाह का आयोजन बलराम और तुलसी दोनों के लिए लोक-संस्कृति एवं लोकाचार वर्णन का उपयुक्त अवसर बनकर आया है। बलराम ने विस्तृत विवरणों में नदी तीरवर्ती अरण्यों का मनोरम विवरण दिया है, पशु-पक्षी, वृक्ष-लता, गुल्म, फल-फूल आदि की विराट् नामावली दी है। गढ़ों की सुरक्षा की प्रणाली, राजा के कर्तव्य, राज-काज के बारे में की गई व्यवस्था आदि की वे सम्यक् धारणा देते हैं। इन सबमें बलराम

की प्रेरणा का स्रोत ओड़िसा की प्रकृति और यहाँ का राजतंत्र ही नहीं, यहाँ का वनवासी जीवन तथा सामान्य जनजीवन स्पष्ट दिखाई पड़ता है। यद्यपि राम-विवाह ही रामकथा का प्रारंभ है। परंतु दोनों ने पूर्वपीठिकास्वरूप श्रृंगी ऋषि और नारद नारी प्रसंगों में दोनों की अति दिखा दी है। आगे राम की दृष्टि में संतुलन स्पष्ट होगा।

अयोध्याकांड

अब अयोध्या में नाटकीय घटना होती है जिसका प्रभाव आगे के सारे कथानक पर पड़ता है। दांडी रामायण में राम-लक्ष्मण के मृगया विहार के वर्णन से दूसरे कांड का आरंभ होता है। राम बीच में रास्ता भूल जाते हैं और गुहक शवर (बलराम इसे विराध का पुत्र बताते हैं) भेंट होती है, जो घनिष्ठ मैत्री में परिवर्तित हो जाती है। इधर वसिष्ठजी परशुराम के जन्म-वृत्तांत की सारी कथा का वर्णन कर बताते हैं कि आपके पुत्र ने ऐसे बलवान को भी सहज ही जीत लिया है। तब दशरथ के मन में उत्साह के कारण राम के अभिषेक की बात आती है। मानस में इतनी लंबी भूमिका नहीं है। एक दिन दशरथ अपने सिर पर कुछ सफेद बाल देखकर चौथेपन के प्रति सचेत हो उठते हैं। अतः ज्येष्ठ पुत्र राम को राजगद्दी देने की बात मन में आती है। इसके बाद वसिष्ठ के निर्देश में तैयारियाँ शुरू की जाती हैं।

अभिषेक के एक दिन पूर्व मंथरा की कूट-मंत्रणा चलती है। देवता स्वर्ग में विचार कर खल और दुर्बल को भेजते हैं, जिनमें खल आकर कैकेयी की देह में और दुर्बल दशरथ की देह में प्रवेश करते हैं। सरस्वती आकर मंथरा को प्रेरित करती हैं। कैकेयी खल से अनुशासित होकर विपरीत बुद्धि धारण करती है और दशरथ दुर्बल के वश होकर दुःखी मन से वरदान दे देते हैं। देवताओं द्वारा यह त्रिकोणात्मक रचना दांडी रामायण की अपनी विशेषता है। मानस में राम वन-गमन प्रसंग की भूमिका अधिकतर अध्यात्म रामायण की छाया पर रची गई है। दोनों में मंथरा नारी-हृदय के दो कोमल बिंदुओं पर चोट करती है। दांडी रामायण में वह माँ कैकेयी को उकसाती है—

तोहर पुत्र हेब गो सउतुणी सुत।
रामकुं भरत सेवा कर सिव नित॥

मानस में वह पत्नी कैकेयी को सौत की बातें कहकर डराती है—

रचि पचि कोटिक कुटिलपन, कीन्हेसि कपट प्रबोधु।
कहिसि कथा सत सवति कै, जेहि बिधि बाढ़ बिरोधु।

दो वरदान की धरोहर मानो वर्षों से कैकेयी के पास उपेक्षित पड़ी है। उसी का

सहारा लेकर वह अपनी योजना में सफल होती है। दांडी रामायण में इन वरदानों का समूचा इतिहास लिख दिया है। मानस में इस कथा का संकेत ही मिलता है। कोपभवन में दशरथ जब पधारते हैं तो—

पुण-पुण राजा के करइ सनमत। कंदर्प शरदे चित्त होइहि मोहित॥

यही अवस्था मानस में होती है—

सूल कुलिस असि अंगवनिहारे। ते रतिनाथ सुमन सर मारे॥

इसके बाद वरदान माँगने की बात में भी कोई वाल्मीकि से विशेष अंतर नहीं है—

एहि वर दिज मोहे होइ सुप्रसन्न।
मो पुत्र भरत हेउ अयोध्या राजा॥
चउद बरस राम बनवास जिब। आण्यरे थिब सेहि देश न माड़िब॥

मानस में है—

सुनहु प्रानप्रिय भावत जी का। देहु एक बर भरतहि टीका॥
तापस बेष बिसेषि उदासी। चौदह बरिस रामु बनबासी॥

कैकेयी भी जानती है कि इतने कठोर वचनों की रक्षा सहज नहीं है। अतः वह स्वयं शिवि, दधीचि, बलि आदि के उदाहरण देती है। दांडी रामायण में इस अवसर पर शिवि राजा द्वारा वचन रक्षा की कथा विस्तार से दी गई है।

कौशल्या से लेकर सारे अयोध्या नगर तक की मनोदशा बदल जाती है। दशरथ इतना बड़ा सदमा नहीं सह पाते। अतः वे मूर्च्छित हो जाते हैं। यह खयाल रामकथा के अत्यंत मार्मिक प्रसंगों में से एक माना जाता है। इस अवसर पर राम, सीता और कौशल्या, राम और दशरथ आदि सभी संवाद करुण रस से परिपूर्ण हैं। इनके वर्णन में लोकभाषाओं के कथाकारों की सहृदयता का परिचय मिलता है। इन्होंने कैकेयी को कोसने में कोई कसर नहीं रख छोड़ी। परंतु उससे भी अधिक रुचि विरह जनित दुःख के वर्णन में दिखाई है। कृष्ण-भक्ति काव्य में जो स्थान ब्रज छोड़कर जाते हुए कृष्ण-बलराम के लिए नंद-यशोदा और ग्वाल बालों के दुःख का है, वही स्थान राम-साहित्य में राम-लक्ष्मण के अयोध्या छोड़कर वनवास जाते समय दशरथ-कौशल्या और अयोध्यावासियों की वेदना का है। अंतर इतना ही है कि कृष्ण के प्रसंग में यह विरह-भावना कृष्ण-बलराम के चले जाने के बाद मुखर होती है (वहाँ अवधि असीम है), कृष्ण पास में ही हैं (मथुरा चार कोस की दूरी पर ही अवस्थित है), और नायिका राधा ब्रज में मर्यादा की लक्ष्मण रेखा नहीं लाँघ पाती। राम-लक्ष्मण के वन जाते समय ही यह विरह अपनी पराकाष्ठा को

पहुँच जाता है। राम-लक्ष्मण बहुत दूर (सावधि) वन में चले जाते हैं और नायिका सीता रावण द्वारा हरी जाकर पूर्ण विरहावस्था को अशोकवाटिका में प्राप्त होती है।

विषादपूर्ण वातावरण के बीच राम-लक्ष्मण और जानकी वन के लिए प्रस्थान करते हैं, साथ में सारी प्रजा चल पड़ती है। तमसा नदी के किनारे पहला पड़ाव डालते हैं। परंतु आधी रात के समय तीनों चुपचाप वहाँ से चले जाते हैं। सुबह प्रजा विचार करती है कि यह क्या हो गया!

मानस में लिखते हैं कि अयोध्यावासी खोज-फिरकर परिताप करते हुए दुःखी मन से लौट आते हैं। दांडी रामायण में इस अवसर पर कुछ भिन्न प्रकार की कल्पना करते हैं। भुलावा देने के लिए रथ की लीक कुछ दूर तक उधर ही जाती है। शायद दशरथ विछोह न सह सके, अतः दूत भेज कर राम को बुलवा लिया है। जो भी तर्क दें, अयोध्यावासी वापस लौट आते हैं। सुमंत के साथ राम श्रृंगवेरपुर जाते हैं। गुह से भेंट होने के उपरांत लौट जाते हैं। तापस वेश बनाकर तीनों नाव में बैठकर गंगा पार करते हैं। संभवतः गंगा तक अयोध्या की सीमा रही होगी। क्योंकि निषादों के राजा गुह सबसे पहले यहीं आकर राम से मिलते हैं और अपने राज्य में चौदह वर्ष बिताने का अनुरोध करते हैं।

दांडी रामायण में यहीं वट वृक्ष का क्षीर मँगवाकर जटा बनाते हैं। मानस के अनुसार राम अयोध्या से ही तापस वेश बनाकर निकलते हैं। यही वाल्मीकि ने भी लिखा है।

गंगा पार करने के लिए नाव मँगाई जाती है। दोनों ग्रंथों में केवट राम की पद-रज के प्रभाव से पूर्ण परिचित है और वह प्रभु के पद-कमल धोकर ही नाव चलाता है। मानस का यह भक्ति-प्रसंग अधिक गूढ हो गया है।

कृत्तिवास ने भी केवट के भक्तिपूर्ण आग्रह का निवेदन किया है।

यह प्रसंग संस्कृत रामायणों में कहीं नहीं मिलता। लेकिन तुलसीदास ने अरण्य प्रदेश में ग्रामवासी स्त्रियों और सीता के बीच जो वार्त्तालाप लिखा है, इसका भी इन कथाकारों ने सुंदर चित्रण किया है। संस्कृत रामकथाओं से हटकर यह प्रसंग अलग ही रमणीयता रखता है। नाव से पार करते समय गंगा की वंदना में परंपरा का निर्वाह किया गया है, क्योंकि भारतीय जीवन में गंगा का महत्त्व अतुलनीय है।

गंगा के इस पार की धरती का वन प्रदेश निर्जन है। वन के सारे संकट यहीं से शुरू हो जाते हैं। यहाँ ऋषि-मुनियों से भेंट के प्रसंगों में पहले तीर्थराज प्रयाग में आकर भरद्वाज से मिलते हैं। श्यामवट के नीचे आकर सीता अनेक मनोकामनाएँ करती हैं। दांडी रामायण का यह प्रसंग मानस में अनुपलब्ध है। वरन् संक्षिप्त तापस

प्रसंग मिलता है। एक तपस्वी से भेंट की कथा संस्कृत रामायणों में भी कहीं नहीं मिलती, अतः कुछ लोग इसे क्षेपक मानते हैं।

मानस में राम, लक्ष्मण और जानकी का वन प्रसंग करुण रस से सिक्त है। बलरामदास ने उक्त अवसर पर एक और ही प्रकार का चित्रण किया है। वन में राम की दिनचर्या, पर्णकुटी में लक्ष्मण का सहयोग दोनों भाइयों की कर्मठता का द्योतक है। राम मृगया करते हैं, लक्ष्मण मृग को छीलते हैं, सीता पकाती हैं। उसी प्रकार कोई पत्ते लाता है, कोई उन्हें साफ करता है तो कोई नदी से जल भर लाती है। तीनों ने मिलकर मानो जंगल में मंगल कर दिया। परिवार का यह चित्रण मानस में नहीं मिलता।

सुमंत का प्रत्यावर्तन, अंधमुनि शाप, राम के विरह में दशरथ मरण, भरत-शत्रुघ्न को अयोध्या बुलवाना आदि घटनाचक्र तेजी से घूमता है। फिर दशरथ के अंतिम संस्कार, भरत द्वारा राज्य का प्रत्याख्यान, रानियों और पुरवासियों सहित वन की ओर प्रस्थान, शवर राजा गुह द्वारा पथावरोध, शंका समाधान के उपरांत मार्ग प्रशस्त करना, फिर भरद्वाज मुनि से भेंट तक दोनों की कथा प्रायः समानांतर चलती है।

आगे दांडी रामायण में राम-सीता का वन विहार और तभी वायस द्वारा सीता के ओष्ठ पर चोंच मारने का प्रसंग आता है। मानस में यह प्रसंग अरण्यकांड के आरंभ में दिया गया है। वहाँ वायस सीता के चरणों पर चोंच मार रक्त बहाकर भागता है, जैसा कि आनंद रामायण में मिलता है। वाल्मीकि रामायण में इसका विवरण हनुमान् के आगे सीता देती है (सुंदरकांड में) वायस चोंच मारकर स्तन पर घाव करता है तो राम क्रोधित हो जाते हैं। मानस में इस परिवर्तन के पीछे तुलसी का मर्यादाबोध रहा लगता है।

भरत और राम की चित्रकूट में भेंट और वहाँ एक व्यापक सभा का आयोजन होता है। तुलसी इसे धर्म-सभा का रूप देते हैं। यहाँ नीति-नियम आदि की विस्तृत आलोचना होती है। अंत में भरत राम की चरण-पादुका लेकर लौट जाते हैं। दांडी रामायण में ये पादुका लेकर शरभंग मुनि का शिष्य सभा में उपस्थित होता है। वाल्मीकि ने पादुका को स्वर्ण खचित, मणि खचित बताया है, जिन्हें भरत प्रस्तुत करते हैं, राम के चरण स्पर्श के बाद वे सादर ले जाते हैं।

अयोध्याकांड की मुख्य घटना राम का निर्वासन है। परंतु कवियों ने महत्त्व चित्रकूट सम्मेलन को दिया है। दांडी रामायण में उतने संवादों की सृष्टि नहीं हुई, जितनी कि मानस में हुई है। बलरामदास ने भरत-राम, भरत-वसिष्ठ-राम, सीता-कौशल्या, जाबालि-राम आदि संवादों का वर्णन किया है, जबकि तुलसी ने चर्चा

में जनक-वसिष्ठ, राम-भरत, कैकेयी-राम आदि के संवादों को भी स्थान दिया है। इस सभा की आलोचना और अंत में निकला निष्कर्ष परवर्ती कथानक के लिए बहुत महत्त्व का है।

अतः इन कथाकारों ने अयोध्याकांड में दशरथ मरण के करुण प्रसंग के साथ-साथ धर्म और दर्शन संबंधी गंभीर परिचर्चा का भी गायन किया है। यहाँ एक बात विशेष ध्यान आकर्षित करती है—दांडी रामायण में कैकेयी को चित्रकूट सभा में उपस्थित जरूर दिखाया है, परंतु वह एक शब्द भी नहीं बोलती। मानस में इसके विपरीत वह आत्मग्लानि में डूबी लगती है, स्वयं को धिक्कारती है, राम को अवध लौटने के लिए करुण विनय करती है। तुलसी का झुकाव इस संबंध में वाल्मीकि की ओर अधिक है।

अरण्यकांड

अब अयोध्या बहुत पीछे छूट जाती है। चित्रकूट भी निर्जन प्रदेश नहीं रह जाता। अतः राम और आगे गहन वन में प्रवेश करते हैं। बीच में अत्रि मुनि का आश्रम पड़ता है। यहाँ सीता-अनसूया संवाद तुलसीदास और बलरामदास दोनों में समान है। मानस में सीता को अनसूया पातिव्रता धर्म का उपदेश कर दिव्य वस्त्र (अम्लान वस्त्र) भेंट में देती है। उपदेश की वार्त्ता में विद्वान् डॉ. रमानाथ त्रिपाठी को शिवपुराण के पार्वती खंड में मैना की उक्तियों का प्रभाव लगता है। वाल्मीकि रामायण में भी अधिकांश उपदेश यथावत् मिलते हैं। वैसे ही उपदेश दांडी रामायण में मिलते हैं। बलरामदास ने यह प्रसंग अरण्यकांड के प्रारंभ में रखा है, जबकि वाल्मीकि रामायण और अध्यात्म रामायण में यह अयोध्याकांड के अंत में आता है। यहाँ अरण्यकांड में दंडक वन में की गई लीला को सन्निवेशित किया गया है। मानसकार और बलराम ने चित्रकूट के बाद अरण्यकांड में निवास मान लिया है। लेकिन फादर बुल्के का तो कहना है कि अरण्यकांड का मूल रूप हमारे सामने नहीं है।

विराध वध को तुलसी ने कोई महत्त्व ही नहीं दिया, दो अर्द्धालियों में ही इस प्रसंग का वर्णन कर दिया, मानो उसके वध से कोई शौर्य का परिचय ही नहीं मिलता। बलरामदास ने इस प्रसंग को विस्तार दिया है। विराध सीता को लेकर भागता है, परंतु तुरंत लक्ष्मण आक्रमण करते हैं और फिर राम तीर वर्षा कर उसे मार देते हैं। मरते-मरते वह पूर्व जन्म के बारे में बताता है—सुबाहु गंधर्व (वाल्मीकि रामायण में तुंबुरु नाम दिया है) स्वर्ग भोगकर मत्त होने के कारण अभिशप्त हो गया। वाल्मीकि के अनुसार वह रंभा में आसक्त होने के कारण समय पर उपस्थित

नहीं होता, अतः कुबेर क्रोध कर उसे अभिशाप देते हैं।

शरभंग, सुतीक्ष्ण आदि मुनियों से भेंट और उनकी प्रसन्नता के अवसर पर रामचंद्रजी ऋषियों को अभय वर देते हैं—

निसिचर हीन करउँ महि भुज उठाय पन कीन्ह।

दांडी रामायण में कहते हैं—

शनि रघुनाथ प्रतिज्ञा बहु कले। नाराचरे असुरंकुमारिबि बोइले।

दोनों उक्तियों का मूल वाल्मीकि का यह श्लोक लगता है—

तपस्विनां रणे शत्रून् हन्तुमिच्छामि राक्षसान्।
प्रश्यन्तु वीर्यमृषयः सम्रातुर्वे तपोघनाः॥

ऋषि मंडल के भयभीत मुनियों को राम के आगमन से आश्वासन मिलता है और वे धैर्य धारण करते हैं। सुतीक्ष्ण अगस्त्य के शिष्य हैं। मानस के अनुसार, सुतीक्ष्ण राम को अगस्त्य मुनि के पास ले जाते हैं। वाल्मीकि रामायण में वर्णित है कि सुतीक्ष्ण से मिलकर अगस्त्य के भाई के पास जाते हैं और तब अगस्त्य मुनि से भेंट करते हैं। परंतु बलरामदास ने उससे पूर्व मंदकर्ण मुनि का उल्लेख किया है। मंदकर्ण की तपस्या से डरकर इंद्र प्रेरित पाँच अप्सराएँ आती हैं और उसकी सेवा-शुश्रुषा करती हैं। वही मुनि पुष्करिणी के अंदर मगर बनकर रहते हैं। कोई पथिक उस राह नहीं जा पाता, क्योंकि इंद्र के आदेश पर मेघ हमेशा उसे घेरे रहते हैं। वाल्मीकि रामायण में यह प्रसंग मांडकर्णि कथा के नाम से मिलता है।

दांडी रामायण में राम ऋषिकुल्या नदी होते हुए फल्गु नदी के तीर पर गया जाते हैं। गया तीर्थ का माहात्म्य और वहाँ पिंडदान का वर्णन किया है। गया में ब्राह्मणों द्वारा तीर्थयात्रियों के साथ किए जानेवाले दुर्व्यवहार का वर्णन करते हैं, फिर फल्गु द्वारा बालू पिंड की बात कहने पर राम अभिशाप देते हैं। इनमें कुछ प्रसंग कृत्तिवास की रामायण में मिल जाते हैं, परंतु वाल्मीकि या अध्यात्म रामायण में इनका कोई उल्लेख नहीं मिलता। तुलसी ने भी ब्राह्मणों के व्यवहार की इस प्रसंग में चर्चा नहीं की। संभवतः यह प्रसंग बलरामदास के समय तीर्थों पर पंडे-पुजारियों द्वारा की जानेवाली ज्यादतियों की ओर संकेत करने के लिए उठाया गया है।

अब राम, लक्ष्मण और सीता ओड़िसा के प्रायः सभी प्रमुख तीर्थों का भ्रमण करते हैं। इसी अवसर पर स्थापित रामचंडी आदि तीर्थों के संबंध में कई किंवदंतियाँ ओड़िसा में आज भी प्रचलित हैं। भास्कर तीर्थ, चंद्रभागा के किनारे, राम का रुद्राक्ष गिरने पर वहाँ वटवृक्ष हो गया, बुलाई चंडी, पाषाण चंडी, एकाम्रवन में बिंदु सरोवर में स्नान और वहीं दक्षिण वाराणसी, चित्रोत्पला नदी के तीर, वालुकेश्वर, रामेश्वर,

पुण्यगिरि, नीलगिरि में दारुब्रह्म श्रीजगन्नाथ, ऋषिकुल्या के तीर पर अक्षतेश्वर, बुलाई चंडी, विल्वेश्वर, तुंबेश्वर आदि तीर्थों में भ्रमण करते हैं। कहीं एक दिन और कहीं अधिक समय बिताते हैं।

दांडी रामायण में अब अगस्त्य के आश्रम में प्रवेश का वर्णन आता है। राम को मुनि धनुष-बाण, अस्त्र-शस्त्र आदि प्रदान करते हैं। मानस में राम यहाँ मुनि से राक्षस वध में सहायता माँगते हैं। अगस्त्य से संकेत पाकर ही राम कुछ समय पंचवटी में बिताते हैं। वहीं उनकी जटायु से मित्रता होती है।

भरत के लौटने और पंचवटी में पर्णकुटी बनाकर रहने के बीच कितना समय बीत जाता है? बलरामदास सिर्फ इतना संकेत करते हैं—राम तीन वर्ष पंचवटी में रहे और सूर्पणखा की घटना होती है। तुलसी ने वाल्मीकि के अनुसरण पर 'कुछ काल' का ही उल्लेख किया है। मानस में राम-लक्ष्मण के जिज्ञासा करने पर जीव, माया, भक्ति आदि दार्शनिक तत्त्वों की गूढ़ विवेचना करते हैं। यह विश्लेषण अधिकांशत: अध्यात्म रामायण से लिया गया है। बलरामदास ने बिना किसी तात्त्विक आलोचना के सूर्पणखा प्रसंग की अवतारणा की है।

बलराम के अनुसार, सूर्पणखा मानव पदचिह्न देखकर उधर आ जाती है। दोनों भाइयों को देख उन्हें खा जाने की सोचती है और साथ वाली सुंदर नारी अपने भाई को सौंपने की सोचकर आगे बढ़ती है। वह राम के आगे जाकर कपट भाषण करती है। परंतु तुलसी ने उसे पूर्णत: काम भाव से पीड़ित दिखाया है। सूर्पणखा-लक्ष्मण के बीच संवाद का चूहलबाजी से भरा प्रसंग दांडी रामायण और मानस दोनों में एक ही प्रकार का है। मानस में खिसियाकर भयंकर रूप धारण करने का वर्णन है। जबकि दांडी रामायण में वह सीता को खाने दौड़ती है, तब राम से संकेत पाकर लक्ष्मण नाक-कान काट लेते हैं। यह सारा प्रसंग संस्कृत रामायणों से समानांतर ही दिखाई पड़ता है।

खर-दूषण प्रसंग को तुलसी ने विस्तारपूर्वक दिया है। यहाँ राम के सामने एक विराट् राक्षस खड़ा है। राम का शौर्य-वीर्य गाने के लिए उन्हें उचित अवसर मिल जाता है। बलराम ने राम की इस वीरता पर देवताओं में उमड़े अपार हर्ष पर विस्तार से प्रकाश डाला है। तुलसी इस बारे में कहते हैं—

हरषित बरसहिं सुमन सुर, बाजहिं गगन निसान।
अस्तुति करि करि सब चले सोभित बिबिध बिमान॥

आनंद रामायण में भी ऐसा ही प्रसंग है, परंतु वाल्मीकि ने बारह सर्ग (9 से 19वाँ सर्ग) अरण्यकांड के इस प्रसंग के लिए रखे हैं।

रावण के दरबार में सूर्पणखा आकर खर-दूषण वध की कथा और अपने नाक-कान छेदन की कथा कुछ इस प्रकार कहती है, मानो राक्षस कुल को किसी शत्रु ने चुनौती दी हो। मानस के इस दृष्टिकोण से दांडी रामायण का दृष्टिकोण कुछ हटकर है। वहाँ सूर्पणखा सीता के असीम सौंदर्य पर अधिक जोर देती है, ताकि राक्षसों की काम-वासना को उभाड़ा जा सके। इसीलिए साथ में मंदोदरी-रावण संवाद का भी संयोजन है। मंदोदरी इस काम-वासना की ओर लक्ष्य कर रावण को इस तरह बढ़ने से रोकती है।

रावण जब मारीच को सीताहरण में सहायक बनने के लिए कहता है तो सर्वत्र उसका विरोध ही वर्णित है। मारीच राम की शक्ति से पूर्ण परिचित है। अतः रावण के आगे कह देता है। परंतु अंत में रावण के क्रोध में जलने की बजाय वह राम के बाण से ही मरना श्रेयस्कर मानकर सहमत हो जाता है। मारीच का कनक रूप धारण करना, राम का मृग के पीछे जाना, 'भो लक्ष्मण' सुनकर सीता का संदेह और लक्ष्मण के प्रति कटुवचन, लक्ष्मण का जाना, रावण का कुटी के आगे आगमन, सीताहरण और मार्ग में जटायु द्वारा प्रतिरोध तक कथानक तेजी से आगे बढ़ता है। परंतु तुलसीदास ने माया सीता का निर्माण कर उसी के हरण की कथा गायी है। अध्यात्म रामायण के अनुसार यह प्रसंग चलता है। परंतु दांडी रामायण में ऐसे किसी प्रसंग का उल्लेख नहीं मिलता। यहाँ लक्ष्मण को सीता द्वारा कहे गए मर्म वचनों को विस्तार से लिखा गया है। क्रोध में सीता कह देती है—शायद तुम भरत के भेजे यहाँ आए हो और राम के बाद मुझे ले जाकर भरत को देना चाहते हो। ऐसा हुआ तो मैं आत्माहुति देकर इस षड्यंत्र को विफल कर दूँगी। लक्ष्मण क्रोध में आकर सीता को शाप देते हैं—

अबर सहोद्र जे बोइल मंद वाणी।
परेण दूषण पाअ जनक दुलणी॥

बाध्य हो लक्ष्मण राम को ढूँढ़ने निकल पड़ते हैं। जाते हुए वे तीन रेखाएँ खींच जाते हैं, जिन्हें पार न करने की चेतावनी देते जाते हैं। परंतु मानस में इन रेखाओं की बात यहाँ नहीं दी गई। लंकाकांड में मंदोदरी रावण को समझाते समय जिक्र करती है—

रामानुज लघु रेख खचाई। सोउ नहिं नाघेहु असि मनुसाई॥[1]

दांडी रामायण के अनुसार रावण कुटी में प्रवेश करते समय 'दोहरा अगनि' लंबा संवाद है, जहाँ सीता अपनी पूरी कथा सुनाती है, रावण भी अपना पूरा-पूरा परिचय देता है, राम को छोड़ उसकी पटरानी बनने का अनुरोध करता है। परंतु सीता

एकदम कटु व्यंग्यवाणी से रावण को आहत कर देती है। वह राम की असीम शक्ति के आगे रावण के इस बल बखानने को कुछ नहीं समझती। तब रावण बलपूर्वक रथ पर बिठा आकाश मार्ग से चल देता है। रास्ते में जटायु के परास्त होने पर सीता निराश होकर एक-एक कर सारे अलंकार नीचे गिराती जाती हैं। अम्लान वस्त्र में दो चूड़ियाँ बाँध देती है, ऋष्यमूक पर्वत पर पाँच वानरों को देख वह रावण के अलक्ष्य में गिरा देती है। रावण की लंका में पहुँचते ही सारे पुरवासी चकित होकर अशोक वाटिका में जुटते हैं। उनके बाद इंद्र अमृत लेकर उपस्थित होते हैं। सीता की वंदना कर कहते हैं—

रावण पाइंत एबे लछ अवसरि।
तेणु से दुःख माता गो पाव आमहिते॥

बहुत समझाने के बाद क्षितिसुता सती धीरज करती हैं। रावण आकर निवेदन करता है, दास-दासियाँ लगा देता है, पर सीता किसी बात का कोई उत्तर नहीं देती, बस राम-लक्ष्मण के विचारों में डूबी रहती है।

लौटकर राम जब सीता को पर्णकुटी में नहीं पाते तो रास्ते में लक्ष्मण के आगे प्रकट किया संदेह सच हो जाता है। राम चित्रपितुला (जड़) हो जाते हैं। फिर कुटिया में सीता को न पाकर मूर्च्छित हो जाते हैं, विलाप करते हैं—

गोदावरी जाइछु कि आणिबाकु पाणि
फल पुष्प पांइ अबा जाइछु तरुणी॥

दांडी रामायण का यह प्रसंग वाल्मीकि के अनुरूप वर्णित है। राम पहला ही प्रश्न करते हैं—

अथवा पद्मिनी माता जलाथ वा नदी याता।

विलाप करते हुए आगे बढ़ते हैं। जटायु से भेंट और उसे मोक्ष प्रदान के उपरांत सीताहरण संबंधी सारी कथा में मानस की सीता तो अग्नि में निवास करती है। अतः बहुत अधिक विवरण का अवकाश न था। परंतु दांडी रामायण की सीता का सारा विफल प्रयास अत्यंत यथार्थवादी बन जाता है। उसके हृदय की विकलता में कवि ने नारी जीवन की लाचारी का एहसास कराया है। तुलसी का मन इसमें इतना नहीं डूबा। सूचना पाकर फिर आगे चलते हैं। दांडी रामायण में पहले शवर-शवरिणी से भेंट होती है और फिर कबंध का वध करते हैं। मानस में कबंध वध कर शबरी के आश्रम में पधारते हैं। वाल्मीकि ने इसे सिद्ध तपस्विनी बताया है। मानस में राम शबरी के आगे भक्ति का नवधा रूप वर्णन करते हैं। दांडी रामायण में शबरी भगवान् के आगे फलमूल निवेदन करती है। कवि कहते हैं—अज्ञानी शबरी दाँतों

के बीच रखकर फल का स्वाद चखती, खट्टे छोड़ देती और स्वादु फल सहेजकर रख लेती। उसकी भावना का आदर कर परम पुरुष आनंद से इन फलों का भोग करते हैं। बाद में 'अमुद्रित' फलों को त्याग देते हैं। शबरी कारण पूछती है तो राम कहते हैं—अगर अच्छे फल थे तो दंत मुद्रा क्यों नहीं लगाई? मैं 'अमुद्रा' पदार्थ का भक्षण नहीं करता। प्रभु तदंतर उसे मोक्ष प्रदान करते हैं। आगे कबंध का उद्धार कर उससे भी कुछ सूचना पाकर पंपा सरोवर की ओर जाते हैं।

यहाँ मानस में राम से नारद की भेंट का प्रसंग प्रदत्त है। बलरामदास ने राम विरहावस्था में भ्रमण के समय की एक-दो अन्य कथाओं (ओड़िसा में प्रचलित किंवदंतियों) का भी समावेश किया है। चक्रवाक् पक्षी काम-क्रीड़ा में रत है, ऐसे समय राम उससे सीता का पता पूछते हैं तो वह खीझ उठता है और राम को धिक्कारता है—पशु की भाषा पशु ही समझता है, तुम हमसे इस समय क्यों पूछ रहे हो? यह कटु मंतव्य सुनकर लक्ष्मण उसे घोर अभिशाप दे देते हैं—राम करुणासागर हैं, अतः नरम हो जाते हैं और शाप में संशोधन कर कहते हैं—रात में तुम्हारी प्रीत का भंजन होगा, दिन में तुम रंजन करो। कुछ दूर चलकर क्षुधितावस्था में गोपालों से क्षीर माँगते हैं, परंतु वे उनकी बात नहीं सुनते, लक्ष्मण पुनः क्रोध कर उनकी गायों के क्षीर को रक्त बना देते हैं। गोपाल अपनी भूल समझकर क्षमा माँगते हैं तो शाप पुनः शमन कर लेते हैं। पय पान के उपरांत पुनः वे आगे बढ़ते हैं।

अरण्यकांड की कथा के प्रसंग में बलराम ने तीर्थयात्रा की परंपरा का सुंदर निर्वाह किया है। मानस की सीता की अपेक्षा दांडी रामायण की सीता कुछ भिन्न है। यह अंतर रावण के स्वरूप में आने पर उभरकर आता है। बलराम ने सीता में तीव्र प्रतिरोध की भावना दिखाई है। वह शक्ति भर विरोध करती है, भागती है, छुपती है और यथाशक्य रावण से मुक्त होने की चेष्टा करती है। कथा का यह प्रसंग अंतर स्पष्ट कर देता है। दांडी रामायण में राम जितने तीर्थों का भ्रमण इस अवसर पर करते हैं, वे प्रायः सभी जाजपुर और जगन्नाथपुरी के बीच के क्षेत्र में पड़ते हैं। यह कृषिप्रधान इलाका है। अरण्य प्रदेश इसके उत्तर में पड़ता है। अतः गोपाल प्रसंग भी अस्वाभाविक नहीं लगता।

किष्किंधाकांड

मानस में जिन अग्नि को साक्षी रखकर हनुमानजी राम और सुग्रीव के बीच घनिष्ठ मित्रता का संबंध स्थापित करते हैं, बलरामदास ने किष्किंधाकांड का आरंभ ही उन अग्निदेव की प्रशस्त वंदना से किया है। इस मित्रता से पूर्व हनुमान् दोनों से

मिलकर परिचय पाते हैं और सुग्रीव का परिचय देते हैं। दांडी रामायण के अनुसार वे भिक्षु बनते हैं। मानस में अध्यात्म रामायण के अनुसरण पर वे बटुक रूप धारण करते हैं। वाल्मीकि के भिक्षु शब्द का विशेष अर्थ भिक्षुक ब्राह्मण लेकर बलराम ने उन्हें भिक्षुक ब्राह्मण के रूप में मित्रता कराने भेजा है। परंतु सीता से वार्त्तालाप के आधार से स्पष्ट हो जाता है कि भिक्षु से वाल्मीकि का तात्पर्य संन्यासी था।

मानस में राम से परिचय पाकर ही हनुमान् उनका सेवकत्व स्मरण कर चरणों में गिर जाते हैं। जब अपना पुनः वानर रूप धारण कर लेते हैं तो इनके कवच-कुंडल के बारे में बलराम ने बताया है—बचपन में हनुमान् की अत्यधिक उद्दंडता पर ब्रह्मा ने शाप दिया कि तुम्हारी शक्ति क्षीण हो जाएगी और आगे कहा कि जब राम-लक्ष्मण आएँगे तो वे इन कवच-कुंडलों को देख पाएँगे और तभी तुम्हारी शक्ति पुनः लौट आएगी। आगे मैत्री संबंध, बातचीत राम और हनुमान् के बीच होती है, जो कि अध्यात्म रामायण के अनुरूप है। वाल्मीकि में राम की ओर से पहले लक्ष्मण को यह अधिकार दिया जाता है। मुख्य वार्त्तालाप आरंभ में लक्ष्मण और हनुमान् के बीच दिखाया गया है। बाद में राम-लक्ष्मण उनकी पीठ या कंधे पर सुग्रीव तक जाते हैं, मित्रता स्थापित होती है, राम के बल की एक प्रकार से परीक्षा हो जाती है। तुलसी कहते हैं—

दुंदुभि अस्थि ताल देखराए। बिनु प्रयास रघुनाथ ढहाए॥

बलरामदास के अनुसार दुंदुभि के अस्थि समूह में अँगूठा डालकर राम शत योजन दूर फेंक देते हैं। फिर सप्तताल को एक ही बाण से वेध देते हैं। अध्यात्म रामायण में राम दुंदुभि का सिर फेंकने का वर्णन है और वाल्मीकि के अनुसार राम अँगूठे से यह अस्थि समूह दस योजन फेंकते हैं। इन सबसे सुग्रीव अभय वर पाकर बालि से लड़ता है तो राम पेड़ के पीछे छुपकर बाण चलाते हैं। बलराम ने उस पेड़ को नीम कहा है। बालि का वध, तारा का विलाप और सुग्रीव का लक्ष्मण द्वारा राज्याभिषेक तक कथानक खूब तेजी से गति करता है। बालि की कथा मानस में बहुत अधिक महत्त्व नहीं रखती, बलरामदास ने पूर्वापर प्रसंग सहित बालि-चरित्र का वर्णन किया है। इसमें बालि-सुग्रीव का जन्म-वृत्तांत, बालि को अभिशाप, मायावी दैत्य के साथ बालि का युद्ध, सुग्रीव को राज्य से निर्वासन आदि के माध्यम से बालि के चरित्र पर प्रकाश डाला गया है। वैसे देखा जाए तो महाभारत युद्ध में जो महत्त्व कर्ण वध का है, रामकथा में बालि वध का ठहराते हैं। बालि को रावण से भी अधिक शक्तिशाली माना गया है। अतः बलराम ने इस प्रसंग को इतना विस्तार दिया है।

चातुर्मास्य के लिए राम प्रवर्षण पर्वत पर चले जाते हैं, परंतु बलराम ने इसे

माल्यवंत पर्वत बताया है। वाल्मीकि इसे प्रस्त्रवणगिरि कहते हैं और अध्यात्म रामायण में प्रवर्षणगिरि नाम मिलता है। अग्निपुराण में इस प्रसंग में माल्यवंत पर्वत का नाम लिया गया है। तुलसी ने वर्षा के बाद शरत् का भी मनोरम चित्रण किया है। बलरामदास ने राजा मरुत की कथा के बाद बक प्रसंग का वर्णन किया है। तब शरत का आगमन होने की बात कही है। तुलसी प्रकृति के साथ एक-एक उक्ति देते जाते हैं, इससे प्रकृति वर्णन को दर्शन के साथ जोड़ दिया है। बलरामदास ने प्रकृति में उत्पन्न होते परिवर्तन का वर्णन किया है और उसके साथ राम की परिवर्तित विरह की स्थिति का चित्रण किया है। तुलसी यह विरह दार्शनिक स्तर पर ले जाते हैं।

दांडी रामायण में राजा मरुत की कन्या लीलावती के विवाह का प्रसंग मानस के नारद मोह के साथ तुलनीय है। पर्वत मुनि और नारद मुनि कन्या से विवाह की कामना करते हैं, परंतु नारायण उसे वरण कर ले जाते हैं तो दोनों मुनि शाप देते हैं—तू अज्ञानी हो जा और प्रभु भी इस अज्ञान को रामावतार में धारण करने की बात कहकर मुनियों का शाप वृथा होने से बचा लेते हैं। इसी प्रकार नारद भी विवाह में असफल हो प्रभु को शाप देते हैं कि आप पत्नी विरह में ऐसे ही दुःखी होकर फिरेंगे, यह शाप रामावतार में पूरा करने की बात शिरोधार्य करते हैं। शिवपुराण में श्रीमती स्वयंवर का प्रसंग इसका प्रेरणास्रोत रहा होगा। वहाँ शीलनिधि की जगह अंबरीष का नाम दिया गया है। तुलसीदास ने इस प्रसंग को रामजन्म का एक प्रमुख हेतु मानकर बालकांड के अंतर्गत रखा है। बलरामदास ने राम के अज्ञानी होकर भटकने का कारण बताते समय इस कथा की अवतारणा की है। अतः किष्किंधा कांड में स्थान दिया है।

वक पक्षी विरही राम से सहानुभूति प्रकट करता है, आकाशमार्ग से विलाप करती जाती सीता को देखा है और कहता है कि उसी के आँसुओं से मेरी देह सफेद हो गई। राम उसे दुर्गापूजा करने को कहते हैं, वर देते हैं कि चतुर्मास के दौरान तुम्हारी गृहिणी तुम्हें लाकर आहार देगी। कार्तिक दशमी के बाद से पूर्णमासी तक सभी निरामिष रहेंगे, अतः तुम्हें यथेष्ट आहार मिल सकेगा। इन पाँच दिनों को 'बक पंचक' कहा जाता है और आमिष आहार निषिद्ध है।

हनुमान् के कहने पर राजा सुग्रीव वानरों को एकत्र करने का आदेश देते हैं। परंतु इसी बीच राम क्रोधित होकर लक्ष्मण को वह तीर देकर सुग्रीव के निकट भेजते हैं, जिससे उन्होंने बालि-वध किया था। मार्कंड (मार्कंडेय) और अगस्त्य मुनि आकर राम से भेंट के अवसर पर उन्हें समझा जाते हैं। मानस में यह प्रसंग नहीं मिलता। राम क्रोध कर सुग्रीव को भय दिखाने के लिए इतना भर कहते हैं—

जेहिं सायक मारा मैं बाली। तेहिं सर हतौं मूढ़ कहँ काली॥

सुग्रीव भयभीत हो जाते हैं। पहले तारा आकर क्षमा-याचना करती है, फिर सुग्रीव लक्ष्मण के समीप आते हैं। मानस में पहले हनुमान् और तारा क्षमा-याचना करने आते हैं। फिर सुग्रीव, अंगदादि को लेकर राम की शरण जाते हैं।

बलरामदास ने एक और छोटा सा प्रसंग जोड़ा है। कुक्कुट पक्षी सहानुभूति प्रकट कर राम से पूछता है तो राम उससे अपनी विरह कथा कहते हैं। कुक्कुट सीता का संदेश देता है तो राम प्रसन्न होकर उसे सिर पर मुकुट होने का वर दे देते हैं।

बलरामदास ने विराट् सैन्य समावेश का विवरण दिया है। इसमें बहुत से उत्कलीय राजा-रजवाड़ों का नाम भी शामिल किया है। किस दिशा में कौन यूथपति गया, इस सबकी विस्तृत सूचनाएँ दी हैं। तुलसीदास ने केवल दक्षिण में हनुमान्, अंगद आदि के भेजने की बात लिखी है। हनुमान् को विदा करने से पूर्व राम मुद्रिका उतारकर चिह्न स्वरूप दे देते हैं। दांडी रामायण में राम हनुमान् के आगे अति गोपनीय जलक्रीडा, जो कि चित्रकूट निवास में की थी, गुप्त संदेश के रूप में कही है। बलरामदास का सैन्य समावेश वाल्मीकि के अनुसरण पर ही है, परंतु जलक्रीडा का गुप्त प्रसंग नहीं। मानस में हनुमान् अँगूठी प्रदान की बात तो वाल्मीकि रामायण के आधार पर है।

तीनों दिशाओं के वानर निराश होकर लौट आते हैं। दक्षिण के अष्टसेणा वीर एक विवर में चले जाते हैं। वहाँ से पाताल जा पहुँचते हैं, जहाँ मय दैत्य की नगरी है। वहाँ मेरु पर्वत की पुत्री गिरिजा, जो कि नील लोहित की भार्या है, से भेंट होती है। वह उन्हें विवर से बाहर निकालती है। तुलसीदास में इसके समानांतर एक और प्रसंग है। हनुमान् सहित वानर एक गुफा में पहुँच जाते है, वहाँ जलपान कर तृषा मिटाते हैं, फल खाते हैं। वहाँ तपोवंत नारी देखते हैं। उसने आँखें बंद करने को कहा, और सब सागर किनारे पहुँच गए, वह फिर राम के पास चली जाती है। महाभारत में तपस्विनी का नाम स्वयंप्रभा है और अग्निपुराण में इस प्रसंग में सुप्रभा का नाम आता है।

वे समुद्र के किनारे विंध्य पर्वत पर विचार करते हैं कि पाँच महीने बीत गए, जबकि खबर महीने भर में देने की आज्ञा थी। मानस में यह विचार-विमर्श अवधि (मास) बीतने के उपरांत ही हो रहा है। तभी संपाती आ जाता है। वह जटायु का भाई है। उससे निश्चित सूचना-स्थान, दिशा आदि का पता चलता है। वह वहीं से लंका, अशोक वन आदि (गीध दूरदृष्टि संपन्न होने के कारण) देख पाता है। बलरामदास ने एक और कल्पना दी है—संपाती तनय सापारू आकर वानरों को

पीठ पर बैठाकर लंका दिखा देने की बात कहते हैं, परंतु अंगद इसे अस्वीकार कर देते हैं। कृत्तिवास ने थोड़े भिन्न रूप में यह प्रसंग दिया है—सुपार्श्व कहता है कि मैं पीठ पर बिठाकर वानरों को लंका पहुँचा देता हूँ। अंगद इस प्रस्ताव को स्वीकार नहीं करते। वाल्मीकि रामायण के गौड़ीय संस्करण में इसका उल्लेख मिलता है।

अब मानस में रीछपति हनुमान् को उनके बल और बुद्धि के प्रति सचेतन कर देते हैं, यह उद्‌बोधन या प्रेरणा अध्यात्म रामायण के अनुसरण पर दी गई है। परंतु बलरामदास के अनुसार हनुमान् राम के दर्शन मात्र से अपनी खोयी शक्ति प्राप्त कर लेते हैं। इस प्रकार किष्किंधाकांड भविष्य की आशा के साथ समाप्त होता है।

पूरे कांड में वानर, भालू, रीछ, कुक्कुट, संपाती, सुपार्श्व आदि गौण पात्रों के महत्त्व को स्थापित किया है। रामकाज में इनके हार्दिक योग को उभय बलराम एवं तुलसी ने अपने-अपने ढंग से अंकित किया है। युद्ध जैसे महान् प्रसंग से पूर्व सारा वन-पर्वत प्रदेश सचेत हो उठा है। दोनों महाकवि इसमें गौण पात्रों का वर्णन करने से नहीं चूकते।

सुंदरकांड

रामकथा में सुंदरकांड भक्तप्रवर हनुमान् के कृतित्व को समर्पित है। मानस में हनुमान् की प्रशंसा रीछपति करते हैं। वे प्रेरित होकर राम काज के लिए आतुर हो उठते हैं। दांडी रामायण में अंगद, तारास्य, सुषेण आदि सभी वानर-भालू मिलकर उनकी स्तुति करते हैं। फिर वे जो विराट् रूप धारण करते हैं (पचास योजन ऊँचे और चार योजन मोटे) उसे सुदूर लंका के लोग द्वितीय सूर्य मानकर डर जाते हैं।

बलरामदास लिखते हैं—सागर में वरुणदेव मणिनाथ पर्वत को ऊपर भेजते हैं, ताकि फल-मूल आदि के द्वारा हनुमान् का सम्मान किया जा सके। इन्हीं राम के पूर्वज भगीरथ गंगा को लाए थे, जिसके जल से सागर समृद्ध हुआ। हनुमान् उस सत्कार से संतुष्ट होकर आगे बढ़ते हैं। परंतु मानस में वे मैनाक को स्पर्श कर कहते हैं—

राम काजु कीन्हें बिनु मोहि कहाँ बिश्राम।

आगे चलने पर देवों द्वारा प्रेरित सुरसा (नाग माता) से भेंट होती है। वह हनुमान् का आहार करने के विचार से ज्यों-ज्यों आकार बढ़ाती है, त्यों-त्यों हनुमान् और अधिक बढ़ जाते हैं। दांडी रामायण में वे चार लाख योजन तक बढ़ते हैं तब वह रास्ता छोड़ देती है। मानसकार कहते हैं कि हनुमान् लघु रूप धारण कर उसके मुख में प्रविष्ट हो जाते हैं, फिर बाहर आकर हनु विदा माँग लेते हैं। आगे

मिलती है सिंहका। बलरामदास लिखते हैं कि हनुमान् को वह ग्रस जाती है तो वे उसकी अँतड़ी चीरकर बाहर निकल जाते हैं। मानसकार के अनुसार छाया पकड़ते ही हनुमान् ने मुष्टिका प्रहार से उसका हनन कर दिया। यह प्रसंग तुलसीदास की अध्यात्म और वाल्मीकीय—दोनों रामायणों का मिला-जुला रूप है, जबकि बलरामदास का वर्णन वाल्मीकि प्रभावित है।

सागर पार कर वे सुबेल पर्वत पर पहुँचते हैं। तुलसी ने पर्वत का नाम नहीं दिया, वाल्मीकि और अध्यात्म रामायणों में त्रिकूट पर्वत का नाम आता है।

लंका प्रवेश का वर्णन बलरामदास ने कुछ चतुरतापूर्वक दिया है। पहरेदार हनुमान् को वानर रूप में देख उपेक्षा कर देते हैं, परंतु लंकिनी बाद में उनका रास्ता रोक लेती है। वह मार खाकर उन्हें वर दे ब्रह्मा की भविष्यवाणी याद करती है। तुलसी के अनुसार वे मशक रूप धारण कर प्रवेश करते हैं, लेकिन लंकिनी उन्हें पकड़ लेती है। आगे का वर्णन प्रायः दोनों में समान है।

हनुमान् के आगमन की बात लंका देवी स्वप्न में आकर रावण को बताती है। हनुमान् अशोक वाटिका में जाकर छुपे हुए देखते हैं—रावण सीता के आगे प्रेम निवेदन करता है। परंतु सीता बदले में तीव्रता से उसे फटकारती है। अतः कुपित होकर खड़गोत्तोलन करता है। त्रिजटा उसका निवारण करती है। परंतु मानस (वाल्मीकि के अनुसार एक माह और दांडी रामायण के अनुसार दो माह) निश्चित कर राक्षसियों को नियुक्त कर चला जाता है। वाल्मीकि के अनुरूप इन दोनों रामायणों में त्रिजटा की भूमिका सीता के लिए सहायक होती है। स्वप्न की बात कहकर वह सीता को ताड़ना देने से राक्षसियों को रोकती है। मानस में सबके जाने के बाद हनुमान्-सीता की भेंट होती है। परंतु दांडी रामायण में कुछ स्वतंत्र कल्पना का आश्रय लिया गया है। प्रातःकाल हो गया है, स्नान के लिए सीता उद्यत है, तभी हनुमान् भ्रमर रूप धारण कर आते हैं, सीता के ऊपर से उड़कर नदी किनारे शीशम के वृक्ष पर जा बैठते हैं। वहाँ सीता के आने पर वे राम गुण गाते हैं। सीता आनंद मग्न होती है। तब हनुमान् अपने रूप में आकर परिचय देते हैं, सीता को मुद्रिका प्रदान करते हैं। अंत में वे गुप्त प्रसंगों का परिचय देते हैं। तब जानकी को हनुमान् पर विश्वास होता है। यहाँ तुलसीदास ने विभीषण से हनुमान् भेंट की अपूर्व कल्पना की है। न वाल्मीकि रामायण और न अध्यात्म रामायण में यह प्रसंग है। सीता का निवास-स्थल अशोक वाटिका है, यह बात हनुमान् को लंकिनी बताती है। परंतु मानसकार के अनुसार हनुमान् को सारी लंका में खोज आने पर विभीषण से यह सूचना मिलती है। संभवतः विभीषण में राम के प्रति पहले से ही दृढ भक्ति

है, इस कल्पना को रूप देने के लिए तुलसीदास ने इस प्रसंग की अवतारणा की है।

दांडी रामायण में हनुमान् सीता से भेंट, कुशल-वार्त्ता के उपरांत मधुवन (मानस में इसे अशोक वाटिका ही कहा है) ध्वंस करते हैं। बलरामदास ने इसी बीच शिव द्वारा रावण सभा में तांडव नृत्य की कल्पना की है। यह अवतरण संस्कृत रामायणों में कहीं नहीं मिलता। लगता है, रावण की सभा में देवताओं द्वारा सेवा-अर्चना करना और उसी अवसर पर शिव द्वारा तांडव की कल्पना से यह प्रसंग प्रेरित है। वाटिका विध्वंस से लेकर इंद्रजित् के ब्रह्मपाश में बँधने तक के प्रसंग में कथा का निर्वाह दोनों ने वाल्मीकि के अनुरूप किया। ब्रह्मपाश (बलराम ने इसे नागपाश कहा है) में बँधने का कारण बलराम इस प्रकार बताते हैं—हनुमान् ने बचपन में सूर्य को पूँछ में बाँधा था, अतः शापवश स्वयं बँध गए हैं। परंतु तुलसी की कल्पना है कि हनुमानजी ने ब्रह्मशर का सम्मान किया है, अतः इसमें बँध गए हैं। वाल्मीकि में भी यही कारण दिया है, अन्यथा उन्हें तो ब्रह्मा से वर मिला हुआ था कि वे एक क्षण में ही उस अस्त्र से मुक्त हो सकते हैं।

मेघनाद कहता है कि नगर से बाहर जाकर जैसे भी हो इसे, मार दो। तब हनुमान् कहते हैं कि मैंने बचपन में दुष्टता की है, अतः मुझे शाप है कि मैं अग्नि में दग्ध हो जाऊँगा। बलरामदास की इस कल्पना से भिन्न मानसकार ने विभीषण को उपस्थित किया है। वह रावण को हनुमान् वध के उद्यम से निवृत्त करता है। तब रावण अंग भंग के उद्देश्य से पूँछ जलाने का आदेश देता है। बलरामदास ने यहाँ रावण की आशंकाओं का चित्रण किया है—

1. रावण को नंदीश्वर ने शाप दिया था कि तू इन्हीं वानरों से एक बार पराभव पाएगा।
2. राम के पूर्वज अरण्य राजा ने शाप दिया था कि तुम्हें मेरे ही वंश का कोई मानव मारेगा।
3. बालि जैसे महाबली को भी एक ही बाण से मार गिराया।
4. प्रहस्त की तलवार ही इस पर गिरकर टूट गई।
5. अब लंका का भेद पा गया, लौटने पर राम का यहाँ आना सहज हो जाएगा। अतः रावण अपना भय और आशंका मेघनाद के आगे प्रकट करता है। लेकिन मानस में ऐसा वार्त्तालाप नहीं मिलता। संस्कृत रामायणों में भी इस अवसर पर विशेष नहीं लिखा गया।

राक्षस पूँछ में वस्त्र लपेटकर आग लगा देते हैं तो हनुमान् ने सारी लंका ही जला डाली। परंतु बलराम ने कल्पना की है कि यह आग हनुमान् ने अपने मुख से

निकाली। लंका दहन के बाद ब्रह्मा आकर निवेदन करते हैं तो वे वह अग्नि पुनः जठर में धारण कर शमन कर लेते हैं।

तुलसीदास कहते हैं कि विदा के समय सीता ने हनुमान् को चूड़ामणि उतारकर दी, बलरामदास ने लिखा है कि सिर्फ मणि उतारकर चिह्न स्वरूप दी तथा कुछ गुप्त कथाएँ कहीं, ताकि राम को विश्वास हो जाए। यहाँ काक (जयंत) द्वारा पैर में चोंच मारने का प्रसंग बताती है। इसके बाद में सीता चूड़ामणि उतारकर देती हैं। परंतु संस्कृत रामायणों में यह प्रसंग लंका दहन के पूर्व ही है।

बलराम कहते हैं—अब रावण का मनोबल कमजोर हो गया है। तब देवता उसके पास विश्वकर्मा को भेजते हैं। उसे चंद्रकांतमणि धारण करने के लिए देते हैं और वे उसकी लंका का पुनः निर्माण करते हैं। तब रावण पुत्र, नगर आदि का शोक भूलकर स्वस्थ चित्त होता है।

हनुमान् लौटकर विंध्य पर अश्वसेणा से मिलकर मधुवन में खूब आनंदोत्सव मनाते हैं। तब राम के पास जाकर सीता की सूचना देते हैं। राम के मन में अपार हर्ष और सागर तक सेना सहित पहुँचने का प्रसंग दोनों रामायणों में वाल्मीकि से साम्य रखता है।

दांडी रामायण के अनुसार लंका में विभीषण को निर्वासन का कार्य महिरावण के हाथों होता है। बलराम के इस वर्णन से हटकर तुलसी ने लिखा है कि लात खाकर लांछित होकर विभीषण वहाँ से चला आता है। यहाँ लांछना माल्यंवत की भी होती है, परंतु वह तो घर चला जाता है और विभीषण राम की शरण। दांडी रामायण में इस अवसर पर हनुमान् सीता के आगे विभीषण पत्नी त्रिजटा के सद्भाव का वर्णन राम से करते हैं। इस प्रकार विभीषण और राम की मैत्री में भी हनुमान् की पूर्व-भूमिका महत्त्वपूर्ण हो गई। परंतु तुलसी ने इस प्रसंग का कोई उल्लेख नहीं किया। वे तो विभीषण के हृदय में मूल से राम की दृढ भक्ति की ही आस्था मानते हैं।

राम के दल में रावण का दूत आकर बाँध लिया जाता है। लक्ष्मण दया से उसे मुक्त कर रावण के पास संदेश भेजते हैं—आगे तुलसी ने रामादल के कुछ सेना-नायकों द्विविद, मयंद, नील, नल...के नाम की संक्षिप्त सूची दी है। परंतु बलरामदास ने शुक-शारण दो चरों के माध्यम से पूरे दल की शक्ति आँकी है। वाल्मीकि रामायण में रावण ने शुक को भेजा है। अध्यात्म रामायण में शुक आकर सुग्रीव को रावण का संदेश देता है और उसका राम से मिलना अनुचित बताता है।

मानस में अब सागर को पार करने के लिए राम उसकी वंदना करते हैं। तीन दिन उपवास करने पर भी निष्फल रहते हैं। तब वे सागर पर कोप करते हैं। सागर

आकर नल, ब्रह्मा के पुत्र, की बात बताते हैं। बलरामदास नल का प्रसंग विस्तार से सुनाते हैं—वह बचपन में मुनियों की तपस्या की सामग्री जल में डाल देता था, तो उन्होंने शाप दिया कि अब तू जो वस्तु जल में डालेगा, कुछ भी नहीं डूबेगी। फिर बलराम ने नल के जन्म का वृत्तांत दिया है। विच्छेद कपि की भार्या इंदुमती रज के बाद स्नान से शुद्ध होकर आई तो विश्वकर्मा ने पकड़ लिया, उससे नल का जन्म हुआ था। उसे ब्रह्मा ने सेतु बाँधने की विद्या सिखाई थी। कृत्तिवास ने भी इस प्रसंग का उल्लेख किया है। बलरामदास ने सेतु बाँधने के अवसर पर एक अन्य उपकथा की कल्पना की है। सब वानर पुल के लिए पर्वत से पत्थर ला रहे थे, उसी समय हनुमान् ने कहा—मेरे पर्वत को छू दो। नल ने अपने स्पर्श के लिए बायाँ हाथ बढ़ाया तो हनुमान् इस असम्मान पर क्रोधित हो उठे। राम ने आगे बढ़कर इस अभिमान भरे कोप को शांत किया। कृत्तिवास में भी थोड़े हेर-फेर के साथ यह प्रसंग आता है। परंतु किसी संस्कृत रामायण में इसका सूत्र नहीं मिलता। मानस में भी ऐसा वर्णन नहीं है। दरअसल तुलसी के फ्रेम में हनुमान् का जो रूप है, वह इस प्रकार का कोई कल्पित नहीं हो सकता। हनुमान् में षड्विकारों का होना उनकी दृष्टि से असंभव है। वे तो विनय के अवतार हैं। अत: मौन भाव से रामकाज में तल्लीन हैं। बलराम की दृष्टि इससे कुछ भिन्न है। इस मानवी लीला में वह सहज ही समा जाता है।

राम ने शिव की पूजा की, वह स्थल रामेश्वर के नाम से प्रसिद्ध हो गया। गिलहरी द्वारा पुल बाँधने के दुष्कर कर्म में सहायता का उल्लेख करना भी बलराम नहीं भूलते। जब गिलहरी बालू में लोटकर कुछ कण ले जा रही है, हनुमान् उसे ले जाकर राम के आगे उपस्थित करते हैं। कृपावश करुणासिंधु ने अपने हाथों से उसको स्पर्श कर दिया। वही अँगुली स्पर्श अक्षय हो गया। कृत्तिवास ने भी इस प्रसंग का उल्लेख किया है। दोनों कवियों (बलराम और कृत्तिवास) ने यह प्रसंग लोककथाओं से संगृहीत किया होगा। परंतु तुलसी में यह प्रसंग अनुपलब्ध है।

रामेश्वर की स्थापना और शिव-लिंग पूजन की कथा पर आकर बलराम ने सुंदरकांड समाप्त किया है, जबकि तुलसीदास ने सागर द्वारा विनय तक ही सीमित रखा। अध्यात्म रामायण में यह सीमा और संकुचित हो जाती है। हनुमान् लौटकर सीता की खोज का विवरण राम के आगे प्रस्तुत कर देते हैं और कांड समाप्त हो जाता है। वाल्मीकि रामायण में सुंदरकांड में हनुमान् सीता से विदा लेकर चल पड़ते हैं। बाकी कथानक लंकाकांड में आता है। इस प्रकार वाल्मीकि और अध्यात्म रामायण के अनुसार तुलसी की कथा इस कांड से विश्राम लेती है।

लंकाकांड

यद्यपि भाषा रामायणकारों ने इसे लंकाकांड नाम दिया है, संस्कृत के रामकथाकारों ने 'युद्धकांड' कहा है। इस कांड में प्रमुख 'कार्य' या 'घटना' युद्ध है, लेकिन रामकथा में कांडों के अधिकांश नाम उस स्थान के आधार पर रखे गए हैं, जहाँ पर प्रमुख कार्य हुए हैं। अतः अयोध्या , किष्किंधा, अरण्य आदि की तरह इस कांड का नाम 'लंकाकांड' रखना 'युद्धकांड' की अपेक्षा अधिक तर्कसम्मत लगा। परंतु भाषा रामायणकारों ने इस कांड में यथेष्ट स्वाधीनता से विवरण दिए हैं। बलरामदास के संदर्भ में यह स्वाधीनता और अधिक उभरकर आई है। अतः यह कांड दीर्घतम हो गया है। रावण-इंद्रजित् आदि के बारंबार शोकग्रस्त होने, उनकी युद्ध प्रस्तुति का बार-बार दीर्घ वर्णन कलेवर की इस दीर्घता का कारण है। फादर बुल्के का कहना है कि वाल्मीकि रामायण के इस कांड में यथेष्ट प्रक्षेप जोड़े गए हैं। मात्र पुनरुक्ति कहने से स्थिति स्पष्ट नहीं होती। मूल रचना के बाद में समय-समय पर भिन्न-भिन्न व्यक्तियों ने प्रसंगों की जोड़-तोड़, अदला-बदली की है। अतः यहाँ कथानक में कसाव नहीं रह सका। परंतु यथास्थिति के आधार पर ही तुलना की जा रही है। मानस में भी इसी प्रकार के बिखराव के पीछे ये प्रक्षिप्तांश है। वाल्मीकि रामायण के विश्लेषण के अवसर पर फादर बुल्के इस निष्कर्ष पर पहुँचते हैं—

आदि रामायण में युद्ध का वर्णन इस प्रकार विभक्त किया गया था—1

पहला दिन	:	सामूहिक युद्ध
दूसरा दिन	:	कुंभकर्ण वध
तीसरा दिन	:	इंद्रजित् वध
चौथा दिन	:	रावण वध

परंतु भाषा रामायणकारों के वर्णनों से यह बात स्पष्ट दिख जाती है कि राम-रावण का युद्ध चार दिन में समाप्त नहीं हो सकता।

कांड के आरंभ में बलरामदास ने शुक-शारण दूतों द्वारा राम की सेना के संबंध में पता लगाने का वर्णन दिया है। रावण बाद में उन्हें फटकारकर शार्दूल को भेजता है। लंका की सुरक्षा के लिए विभिन्न दिशाओं में सेनापति भेजकर रावण स्वयं उत्तर दिशा में जाने का संकल्प लेता है। इनमें वाल्मीकि का अनुसरण यहाँ स्पष्ट है।

युद्ध करने से पूर्व रावण माया के राम का सिर काटकर सीता के आगे प्रस्तुत करता है। तुलसी इस प्रसंग की उपेक्षा कर गए हैं। कृत्तिवास ने नहीं छोड़ा। सीता का प्रलाप इस अवसर पर अत्यंत मार्मिक बन पड़ा है। सांत्वना देने के लिए विभीषण

पत्नी त्रिजटा आती है। वाल्मीकि ने विभीषण की पत्नी सरमा को बताया है। बलराम ने कई जगह त्रिजटा को ही बताया है।

इसके आगे बलराम ने युद्ध का वर्णन शुरू कर दिया। रावण पुष्पक यान में चढ़कर लाखों छत्र धारण किए युद्ध करने आ रहा है। पहली बार वह गदा चलाता है तो हनुमान् रोक लेते हैं। इसी समय राम बाण से उसके छत्र काटकर अंधकार दूर कर देते हैं। रावण चिंता में पड़ जाता है। मानस में यह प्रसंग कुछ अन्य प्रकार से वर्णित है। राम सुबेल पर्वत से रावण का दर्प देखकर बाण से उसके छत्र मुकुट काटकर उसका दर्प चूर्ण कर देते हैं। वाल्मीकि रामायण में रावण से पहली बार सुग्रीव लड़ने के लिए उड़ते हैं। वहाँ वे क्रोध कर उसके मुकुट छीन धरती पर फेंक देते हैं। माया युद्ध होने से पूर्व ही वे राम के पास लौट आते हैं। यही क्रम अध्यात्म रामायण में मिलता है।

अभी तक राम ने युद्ध शुरू नहीं किया है। वे पहले अंगद को पत्र देकर दूत के रूप में वहाँ भेजते हैं। वे रावण को समझाते हैं, परंतु रावण उलटकर उन्हें मार डालने की आज्ञा देता है। अब अंगद इतने कटु शब्दों का प्रयोग करते हैं और रावण के पराभव की बात कहते हैं कि रावण का उत्तेजित होना स्वाभाविक लगता है। मानस में अंगद शुरू-शुरू में तो रावण के सामने नपे-तुले शब्दों में बातें कहते हैं, लेकिन आगे चलकर स्थिति बिगड़ने पर वे व्यंग्य बुझे बाण छोड़ते हैं। रावण एकदम क्रोध में भर जाता है। अपना पैर रोपकर अंगद खड़े हो रावण की भरी सभा को ललकारते हैं। कोई उनका पैर न हिला सका तो रावण को लज्जित कर शिविर लौट आते हैं। मानस की अपेक्षा दांडी रामायण में अंगद का वाद-विवाद अधिक व्यंग्यपूर्ण हुआ है।

दांडी रामायण में इसके बाद सीधे युद्ध प्रारंभ हो जाता है, परंतु मानस में रावण को समझाने का एक और प्रयास होता है। मंदोदरी राम को सीता लौटा देने के लिए समझाती है। परंतु वह भी असफल रहती है। दांडी रामायण में मंदोदरी का प्रसंग युद्ध आरंभ होने और धूम्राक्ष वध हो चुकने के बाद आता है। वहाँ भी मंदोदरी रावण से निवेदन करती है—सीता को लौटा दो, राम की शरण चले जाओ। परंतु इस पर अपमान अनुभव कर रावण क्रोध में भरकर इनकार कर देता है।

तदनंतर राक्षसों और वानरों के बीच प्रबल युद्ध प्रारंभ हो जाता है। तुलसी कहते हैं कि पहले दिन अंगद, हनुमान् आदि लंका में घुसकर युद्ध करते हैं। बलरामदास ने पहले दिन हनुमान् और इंद्रजित् के युद्ध का वर्णन किया है। इसमें रावण के चार पराक्रमी सेनापति मारे जाते हैं। संध्या समय राम शतबलि रीछ को

बुलाकर सुबलया पर्वत पर संध्या करते हैं। इधर राम और उधर रावण दोनों युद्ध की समस्या पर शिविर में मंत्रणा करते हैं। मानस में माल्यवंत (रावण के नाना) आकर समझाते हैं, परंतु असफल होकर लौट जाते हैं। दांडी रामायण में इसके बाद हनुमान् के दूत बनकर जाने का वर्णन है। ताड़पत्र लेकर वे रावण के आगे जाते हैं। यहाँ बलरामदास ने एक अपूर्व कल्पना का सहारा लिया है—हनुमान् जब रावण से मिलते हैं तो वह ऊँचे आसन पर बैठे हैं, अतः हनुमान् स्वयं भी अपनी पूँछ से कुंडली बनाकर उससे ऊपर बैठ रावण के बराबर आ जाते हैं। तब बराबरी के स्तर पर दोनों के बीच वार्त्तालाप होता है। यहाँ दांडी रामायण में हनुमान् की वाग्विदग्धता मानस में अंगद की प्रत्युत्पन्नमतिता के साथ तुलनीय है। मानस में रावण जब अंगद को बहुत व्यंग्य कर कहता है तो अंगद भी रावण के पूर्वकृत्यों का स्मरण करा देते हैं, दांडी रामायण में हनुमान् ने पूँछ की कुंडली डालकर स्वाभिमान का उत्कृष्ट परिचय दिया है। आनंद रामायण में उल्लेख है—अंगद जब दूत बनकर गए थे तो ऐसी ही पूँछ की कुंडली बनाई थी।

राम और रावण की युद्ध प्रस्तुति और युद्ध के लिए प्रस्थान संबंधी विवरणों का एकाधिक बार उल्लेख आता है। कपि सैन्य की रक्षार्थ राम राक्षसों की रचाई घोर माया काटते हैं।

मानस में फिर लक्ष्मण-मेघनाद युद्ध का प्रसंग आता है। लक्ष्मण को शक्ति-बाण लगता है। बलराम यहाँ थोड़ी नाटकीयता का समावेश कर गए हैं। रावण और लक्ष्मण घोर युद्ध करते हैं, लक्ष्मण के बाणों से रावण के मुख से रुधिर बहता देख मेघनाद शक्ति से प्रहार कर लक्ष्मण को मोहग्रस्त कर देता है। इधर राम-रावण जूझते हैं, मेघनाद लक्ष्मण को उठाना चाहता है, परंतु हनुमान् की स्तुति काम आ जाती है। अतः वह लक्ष्मण को नहीं उठा पाता। लक्ष्मण को मृतक मानकर उस दिन युद्ध विराम हो जाता है। परंतु वह घाव गहरा न होने के कारण जामवंत ही फूँककर स्वस्थ कर देते हैं। वाल्मीकि रामायण में लक्ष्मण स्वतः स्वस्थ हो जाते हैं। परंतु मानस में यह प्रसंग विस्तृत भाव से वर्णित है। हनुमान् सुषेण वैद्य को लंका से लाते हैं। द्रोणगिरि से जड़ी लेकर लौटते हैं, मार्ग में कालनेमि, मकरी, भरत आदि से वार्त्तालाप का वर्णन है। कुछ विलंब होने पर राम का करुण विलाप यहाँ अत्यंत मर्मस्पर्शी हुआ है। कुछ सीमा तक यह अंश अध्यात्म रामायण का ऋणी है। मानस के इस सारे प्रसंग में हनुमान् के चरित्र पर अधिक प्रकाश डालने का प्रयास किया गया है।

इस प्रसंग की पूर्ति बलराम ने राम-लक्ष्मण के नागपाश में बँधने के अवसर

पर की है। वाल्मीकि के अनुसार ही यह प्रसंग प्रगति करता है। अंतर यही है कि वाल्मीकि रामायण में इंद्रजित् अंगद से पराजित होकर क्रोध में राम-लक्ष्मण को नागपाश में बाँध देता है। जबकि दांडी रामायण में राम-लक्ष्मण के वीरत्व की प्रशंसा से क्रुद्ध होकर इंद्रजित् उन्हें नागपाश में बाँध देता है। तब वानर कहते हैं और हनुमान् गरुड़ को लेकर आते हैं। इसी समय पुष्पक में सीता आकर देखती है और विलाप करती है, त्रिजटा उन्हें समझाती है। गरुड़ आकर नागपाश से सबको मुक्त करते हैं। बलराम ने गरुड़ का प्रशस्त स्तुतिगान किया है। फिर गरुड़ भी श्रीराम की वंदना करते हैं। राम नागों से कृष्णावतार में निपटने का शाप देते हैं। मानसकार यह कथावस्तु कुंभकर्ण के वध के उपरांत लिखते हैं। अब धूम्राक्ष का युद्ध और वध होता है। तब रावण की चिंता बढ़ जाती है। कुंभकर्ण को याद करता है। वाल्मीकि रामायण में इससे पूर्व बज्रदंष्ट्र, अकंपन और प्रहस्त वध की विस्तृत भूमिका निर्मित हुई है। बलराम ने इसका संकेत इन शब्दों में किया है—

धूम्राक्ष जे अकंपन, वज्रधूष्टि भले

मानस में यहाँ संकेत रावण देता है—

दुर्मुख सुररिपु मनुज अहारी। भट अतिकाय अकंपन भारी॥
अपर महोदर आदिक बीरा। परे समर महि सन रनधीरा॥

कुंभकर्ण को जगाते समय रावण युद्ध की स्थिति का वर्णन देता है। बहुत विचार-विमर्श के उपरांत उसे जगाने का निर्णय लिया गया है। बलरामदास ने तो उसकी विराट् नींद और भयंकर क्षुधा का विस्तृत वर्णन किया है। उठने पर पहली बार वह रावण के कृत्यों से परिचित होता है। किंतु असहमत ही जान पड़ता है। विभीषण के बारे में उसकी उक्तियों में मानस और दांडी रामायण का वर्णन भिन्न है। बलरामदास कहते हैं—

विभीषण चांडाल जे हीन बुद्धि कला।
शत्रुर पादरे जाइ शरण पशिला।

इसके विपरीत मानस में वह प्रशंसा करता है। विभीषण से कहता है—

बंधु बंस तैं कीन्ह उजागर। भजेहु राम सोभा सुख सागर॥

अब कुंभकर्ण भयंकर युद्ध करता है। वानर सेनापतियों को त्रस्त कर देता है। बलराम कहते हैं—अंत में राम वही बाण छोड़ते हैं, जिससे सप्तशाल वेधे थे। वह नहीं मरा। युद्ध के दौरान सुग्रीव को काँख में दबाने का विवरण दोनों रामायणों में मिलता है। नाक-कान सुग्रीव ने नहीं काटे, राम ने हाथ काटे, फिर धड़ काट डाला और इंद्रास्त्र छोड़ा तो मस्तक भूलुंठित हो गया। उसकी मृत्यु पर तुलसी का भक्त

हृदय कहता है—राम ने कुंभकर्ण को निज धाम दिया। उसी तरह दांडी रामायण में विभीषण ने कहा—

विभीषण छोइला तोहर सेहि बंधु।
तीर शर छड़ाइला पाप तार बंधु।

मानस में कुंभकर्ण के बाद मेघनाद युद्धभूमि में अवतीर्ण होता है। दांडी रामायण में महापार्श्व। वाल्मीकि रामायण में नरांतक, देवांतक, त्रिशिरा, महोदर वध के बाद महापार्श्व वध का प्रसंग दिया है। वाल्मीकि ने एक-एक कर रावण के छह पुत्रों के युद्ध का विस्तृत विवरण दिया है। बलराम इतने विस्तार में नहीं गए। पुत्रनाश पर रावण घोर शोक में डूब जाता है। तब इंद्रजित् क्रोध में भरकर युद्ध करने आता है। मानस में मात्र माया-युद्ध की बात कही है। दांडी रामायण में वाल्मीकि के अनुरूप माया सीता का वध करता है। इससे राम शोक में डूबते हैं। बलराम ने एक स्वप्न का वर्णन दिया है, जिसमें शुभ सूचनाएँ पाकर वे शोक रहित हो गए। राम-लक्ष्मण पर ब्रह्मास्त्र चलाने का वर्णन दिया है। हनुमान् गंधमादन पर्वत को जाकर लाते हैं। सुषेण और जांबवान मिलकर महौषधि सुँघाकर उन्हें स्वस्थ करते हैं। फिर मेघनाद देखता है कुंभ, निकुंभ आदि षड् रथी भी मारे गए, उसका निकुंभिलावट के नीचे यज्ञ संपूर्ण नहीं हो पाया, कोई माया नहीं चली, वह अत्यंत क्रोध में भर अंतिम युद्ध के लिए लक्ष्मण से जूझता है। लक्ष्मण और इंद्रजित् संवाद का वर्णन दोनों रामायणकारों में प्राय: समान ही मिलता है, क्योंकि यह वाल्मीकि के अनुसरण पर चलता है। दांडी रामायण के अनुसार मरते ही इंद्रजित् का सिर धरती पर गिरता है। परंतु मानस में वह सिर उछालकर रावण के सामने गिरना दिखाया है। देवताओं के मन में उपजा आनंद, रामादल में आह्लाद की लहर और शोकग्रस्त रावण का वर्णन दोनों कथाकारों में साम्य रखता है। मानस के अनुसार तो रावण यह दृश्य देख शोक से मूर्च्छित हो जाता है।

रावण क्रोधांध होकर खड्ग खींच लेता है। त्रिजटा प्रबोध देकर सीता वध से निवृत्त करती है। वाल्मीकि रामायण में उक्त अवसर पर सुपार्श्व आता है। मानस में तो रावण कहता है—

निज भुजबल मैं बयरु बढ़ावा। देहउँ उतरु जो रिपु चढ़ि आवा॥

अब अंतिम युद्ध के लिए क्षेत्र प्रस्तुत हो गया। दांडी रामायण में कृष्ण पक्ष चतुर्दशी के दिन रावण शिवपूजन करता है। मंत्रीगण सैन्य सजाते हैं। वह स्वयं वीरवेश में सुसज्जित होता है। उत्तर द्वार से बाहर आता है। राम भी सारा संवाद पाकर तैयार हो जाते हैं। दोनों सेनाएँ आपस में जूझती हैं। मानस में उक्त अवसर

पर अपशकुनों की कल्पना की गई है, ताकि रावण का मनोबल टूट जाए। परंतु वह उधर ध्यान ही नहीं देता। बलरामदास ने उसे बहुत लगन से वीरवेश रचना में लीन दिखाया, पूर्ण उत्साह से वह युद्ध में अवतीर्ण होता है।

बलरामदास कहते हैं कि पहले उसका क्रोध विभीषण पर है। लक्ष्मण को वह मारना नहीं चाहता। अतः एकघ्नी बाण विभीषण पर चलाता है। लेकिन लक्ष्मण आगे आकर उसे अपने ऊपर लेते हैं। तुलसीदास की कल्पना कुछ भिन्न है। रावण द्वारा चलाई गई शक्ति से विभीषण की रक्षा कर राम उसे स्वयं झेलते हैं। क्षण भर के लिए मूर्च्छित होकर वे पुनः लड़ने लगते हैं। फिर विभीषण, हनुमान् आदि को रावण से भयंकर युद्ध में साहस और बल प्रदान करते हैं। रावण की फैलाई माया को भी राम काट देते हैं। बलराम ने लक्ष्मण मूर्च्छा का वह प्रसंग अब उठाया है, जो तुलसीदास ने मेघनाद की शक्ति के अवसर पर लिखा है। हनुमान् गंधमादन पर्वत पर जाते हैं, कुंभीरी को मारते हैं, कालनेमि को समाप्त कर देते हैं। राक्षसों से लड़कर गंधमादन पर्वत उठा लंका ले आते हैं। मार्ग में भरत बाटुलि (एक प्रकार का तीर) से गिरा देते हैं। परंतु परिस्थिति जानकर वे लज्जित होकर निश्चय करते हैं—

इसकी चर्चा दोनों के आगे नहीं करेंगे। हनुमान् औषधि लेकर आ पहुँचते हैं। सुषेण के कहने पर हनुमान् स्वर्ग जाकर ब्रह्मा के भंडार से मणिशिला और एकस्तनी तारा को ले आते हैं। औषधि उस शिला पर पीसकर एकस्तनी के दूध में मिलाकर देते हैं, लक्ष्मण स्वस्थ हो जाते हैं। वरन् वनौषधियों की सुगंध से ही स्वस्थ हो जाते हैं।

यहाँ पर उल्लेखनीय अंतर संत पंडा उपाख्यान को लेकर है। पार्वती शिव के आगे शंका करती हैं कि हनुमान् गंधमादन लाए, स्वर्ग से एकस्तनी और मणिशिला लाए। इतना सारा कार्य एक दिन में कैसे संभव हुआ? शिव उत्तर में यह उपाख्यान कहते हैं—एक ब्राह्मण पंडा के मन में पुनः विवाह की इच्छा थी। उसने बलपूर्वक एक पंडित की कन्या का हरण कर उस पर बलात्कार किया। अतः उसे कुष्ठ हो गया। एक दिन उसने गणिकाओं को देखा तो कामेच्छा जाग्रत् हो गई। उसकी पत्नी को पता चला तो उसने सेवा-शुश्रूषा के द्वारा उन्हें प्रसन्न किया। रात में पति को कंधे पर बैठाकर वह वेश्या के घर ले जा रही थी, तो रास्ते में शूल मुनि (बचपन में टिटिहरी को यों ही शूल चुभोई थी। राजा का धन चोर ले गए थे, उन मुनि के पास वे लोग बरतन छोड़ गए थे, राजा ने उस मुनि को ही चोर समझ शूलों पर डाल दिया, अतः शूल मुनि कहलाए) को अँधेरे में पैर से ठोकर लग गई, उन्होंने शाप दिया कि तू सूर्योदय तक मृतक हो जाएगा। परंतु सती के कारण सात दिन, सात

रात तक सूर्योदय न हो सका। बाद में ब्रह्मा गए तब अमृत देकर समाधान हुआ। इस प्रकार सती के प्रभाव से रात लंबी हो जाती है और इसी में हनुमान् ने इतना सब किया। अनेक किंवदंतियों और लोककथाओं में इस प्रकार के सती महिमा संबंधी उपाख्यान मिलते हैं। मेघनाद वध के बाद सती सुलोचना का प्रसंग कई रामायणों में मिलता है। वहाँ सुलोचना पातिव्रत्य की शक्ति परीक्षा का वर्णन आता है।

दांडी रामायण में इस प्रसंग के बाद दो और वीरों का युद्ध वर्णित है। पहले स्थूल जंघ युद्ध में मारा जाता है। तब दूत कैलास जाता है। वीरबाहु राम का नाम सुनते ही कैलास में तप करना छोड़ लंका आता है। वह जानता है कि राम के हाथ से बचना असंभव है। घोर युद्ध में वह लक्ष्मण को मोहग्रस्त कर देता है। भक्त के कारण एक बार तो मानो राम युद्ध से विरत हो जाते हैं। परंतु वीरबाहु युद्ध के लिए प्रस्तुत होकर आह्वान देता है—मारो या मरो। राम को भी एक बार तो मोहग्रस्त कर देता है। वीरबाहु पुनः राम की स्तुति करता है। राम स्वयं कहते हैं—

बाइ कि होईलु कुमार चूड़ामणि।
तुम्भ भकत, धनु कि तोरि पांइ घेनि।
शर कि बिंधिबि मो हस्त न चलइ
भक्त शिरोमणि रे रावण तनयि।

भाइ लक्ष्मणहुं जे अधिक अटु तुहि
जनम नंदिनी सीता प्रति न जोगइ।
जे मोर भक्त से मो तहुं का बाण।
तुहि सुज्ञानी पंडित जे बिचक्षण।

इस प्रकार भक्त की महिमा को बलरामदास ने अद्‌भुत महिमा प्रदान की है। युद्धभूमि में भक्त और भगवान् आमने-सामने खड़े हैं! देवता अपने चिराचरित पंथ को ग्रहण करते हैं—सरस्वती राम के पास और खल वीरबाहु के पास आते हैं। तब जाकर यह गतिरोध समाप्त होता है। राम स्वयं रामतारक मंत्र जपते हैं और वीरबाहु का वध संभव होता है। वाल्मीकि में वीरबाहु का वर्णन नहीं है। कृत्तिवास ने तरणीसेन के बाद वीरबाहु भक्त के युद्ध का वर्णन किया है।

अब रावण मंदोदरी से वार्त्ता करता है। हृदय में गहरा शोक करता है, महाभय उत्पन्न होता है। मंदोदरी रावण को अब भी युद्ध से निवृत्त होने का अनुरोध करती है। मानस में यह प्रसंग युद्धारंभ में ही प्रदत्त है। दांडी रामायण में मंदोदरी के बाद महिषासुर की पुत्री शुभ्रकेशी भी आकर रावण को समझाती है। परंतु वह किसी की

नहीं सुनता, उलटे स्वयं सीता को जाकर समझाता है, वहाँ पर भी फटकार सुनकर लौट आता है। रात में वह और मंदोदरी दुःस्वप्न देखते हैं। मानस में इन सबकी सूचना अपशकुनों के माध्यम से दी गई है।

अंत में वह समूची सेना और सारे सेनापतियों को लेकर युद्ध करने आता है। उधर राम ने रावण का वध करने की दृढप्रतिज्ञा कर ली हैं। दांडी रामायण का यह स्तोत्र वर्णन वाल्मीकि के अनुरूप है। युद्ध में रावण के और भी पुत्र-पौत्रादि मरते हैं, वह और भी घोर युद्ध करता है। स्वयं राम उसका रणकौशल देखकर उसकी प्रशंसा करते हैं। इस अवसर पर देवता विचार करते हैं कि रावण के पास तो रथ है, सारथी है, राम के पास दोनों में एक भी नहीं। अतः वे नंदिघोष (नंदिघोष—जगन्नाथजी के रथ का नाम है। रथयात्रा के समय पुरी में तीन रथ निर्मित होते हैं। जगन्नाथजी के लिए जो रथ बनता है, उसे नंदिघोष कहते हैं) रथ और मातलि सारथी को भेजते हैं। मानस में यह बात विभीषण उठाते हैं—

नाथ न रथ नहिं तन पद त्राना। केहि बिधि जितब बीर बलवाना॥

तब राम अपने रथ, सारथी, धनुष, ध्वजा आदि की अलौकिक व्याख्या करते हैं। राम कहते हैं धर्मरथ के पहिए—शौर्य, धैर्य; ध्वजा-पताका—सत्य; शील; चार घोड़े—बल, दम, विवेक, परोपकार; सौर—दया, क्षमा, समता, सारथी—ईश्वर भजन, ढाल—वैराग्य; तलवार—संतोष; फरसा—दान; शक्ति—बुद्धि; धनुष—श्रेष्ठ विज्ञान; तरकस—निर्मल और अचल मन, बाण—यम-शम-नियम, कवच—गुरु ब्राह्मण पूजन है। तुलसी का यह रूपक अध्यात्म रामायण के अनुरूप है। जबकि बलरामदास की कल्पना वाल्मीकि के अनुसार। मानस में आगे भयंकर युद्ध के बाद इंद्र स्वतः अपना रथ और सारथी के रूप में मातलि को भेजता है।

अब राम-रावण युद्ध चरम उत्कर्ष की ओर बढ़ता है। मानस और दांडी रामायण दोनों में रावण-विभीषण के घोर युद्ध का विवरण है। विभीषण की गदा की चोट से रावण मूर्च्छित हो जाता है तथा सारथी रथ लौटा ले जाता है।

अगले दिन पुनः घोर युद्ध होता है। राम बार-बार रावण के सिर काट रहे हैं। यहाँ दोनों रामायणों में राम की चिंता और निराशा का वर्णन मिलता है। दांडी रामायण में रावण के हृदय में प्राण होने का रहस्य मातलि उद्घाटित करता है, परंतु मानस में यह रहस्य विभीषण राम के आगे कहता है—इसकी नाभि में अमृत है। अध्यात्म रामायण में वर्णन आता है कि पहले तो विभीषण अमृत को अग्निबाण से सोखने की बात कहता है, बाद में मातलि ही वह बाण चलाने के लिए प्रोत्साहित करता है। तुलसी कहते हैं—राम ने इकतीस बाण छोड़े, जिन्होंने अमृत सोखा, फिर

दस बाण, बीस भुजा काट डालीं। बलरामदास लिखते हैं—राम ने ब्रह्मशर का संधान कर मर्मस्थल पर छोड़ा। यह नाराच उन्हें अगस्त्य ने दिया था। वाल्मीकि कहते हैं कि अगस्त्य युद्धस्थल पर आकर राम को श्रमश्रांत देखते हैं, वे उन्हें 'आदित्य हृदय' का पाठ करने का उपदेश देते हैं, इससे राम दृढचित्त होकर रावण का संहार कर डालते हैं।

घोर युद्ध में रावण वध के उपरांत अपार हर्ष का वर्णन तो सर्वत्र मिलता है, परंतु बलरामदास एक अद्‌भुत प्रसंग जोड़ देते हैं—राम को रावण के वध पर ब्रह्महत्या का दोष लगता है। तब राम स्वयं रामतारक मंत्र का जप करके पापमुक्त होते हैं। मानस में रावण के सिर कटते ही उसका तेज राम के आनन में समा जाता है। अब देवता आकर प्रशस्त स्तुतिगान करते हैं। यह स्थल अध्यात्म रामायण के अनुरूप सजाया है।

दशानन वध के बाद मंदोदरी के विलाप प्रसंग में थोड़ा सा अंतर है। रावण का कटा सिर देखकर मंदोदरी विलाप करती युद्धस्थल पर आती है। बलरामदास कहते हैं—वह पहले तो नगरवासियों को सांत्वना देती है, राम सीता लेकर लौट जाएँ, मेरी प्रजा को क्यों मारेंगे, अतः वह दूत भेजकर खबर मँगवाती है। तदंतर पति मृत्यु पर विलाप करती वह समरभूमि तक आती है। घोर रुदन करती है। राम विभीषण को और फिर विभीषण मंदोदरी को सांत्वना देते हैं। रावण का दाह-संस्कार होता है और विभीषण के राजतिलक की तैयारियाँ। इसी अवसर पर मंदोदरी की मनोदशा के विश्लेषण में भी बलराम ने विशिष्टता का परिचय दिया है—सुग्रीव की जैसे रोमा पत्नी बनी, क्या मुझे भी विभीषण की अंकशायिनी बनना पड़ेगा ? वह इस स्थिति के लिए तैयार नहीं है। परंतु देश के लिए यह सब करना पड़ेगा। फिर अन्यान्य रानियाँ भी यही अनुरोध करती हैं, पात्र-मंत्री भी निवेदन करते हैं। अतः बहुमत के आगे सिर झुकाकर नम्रतापूर्वक वह पुनः लंका राष्ट्र की मंगल कामना के लिए पटरानी पद स्वीकार कर लेती है। सारा नगर इस निर्णय पर आनंद मनाता है और राम के दर्शन कर सभी परम सुख का अनुभव करते हैं। मानस में यह प्रसंग नहीं मिलता।

राम हनुमान् को संवाद देकर सीता के पास भेजते हैं। विभीषण को सीता को लाने के लिए आदेश देते हैं। मंदोदरी आदि सुवेश कर वहाँ आती हैं। मानस में यहाँ मंदोदरी का नाम नहीं है। सीता को लेकर आते हैं तो पहरेदार वानर-भालुओं पर प्रहार करते हैं। तब राम के कहने पर सीता पैदल ही आती है, ताकि वानर इनके जननी की तरह दर्शन कर सकें। बलरामदास इस अवसर पर एक और तर्क देते हैं—जिन जानकी के लिए इन्होंने अपने प्राणों की बाजी लगा दी थी, आज उनके

दर्शन तो सब कर लें। जानकी के उपस्थित होने पर तुलसी लिखते हैं कि राम ने कुछ दुर्वाद कहे। इसी बात की बलराम ने विस्तृत व्याख्या करते हुए लिखा है—

असुरर घरे गो जैउ नारी थिला।
से पुणि कुलहु जे केमंत जोनाइ ला।
दश दिग कु जेणे पात तेणे जाऊ।
आउ तु मोते गो मने आशा न बढ़ाउ।

इतना ही नहीं, वे कहते हैं सीते, तू भरत, लक्ष्मण, सुग्रीव किसी के साथ घर बसाकर रहो। इस प्रकार तुलसी ने बहुत मर्यादा में संयमित करके सीता और राम का वार्त्तालाप अध्यात्म रामायण के अनुसरण पर प्रस्तुत किया है, जबकि बलराम ने वाल्मीकि की तरह सत्य को कटुतम यथार्थवादी शब्दों में व्यक्त कर अग्नि-परीक्षा के लिए अवसर उपस्थित किया है। दोनों रामकथाओं में सीता अग्नि के लिए लक्ष्मण से अनुरोध करती हैं। यह वर्णन अध्यात्म रामायण से समता रखता है। मानसकार लिखते हैं—

लछिमन होहु धरम के नेगी। पावक प्रगट करहु तुम बेगी॥
देखि राम रुख लछिमन धाए। पावक प्रगटि काठ बहु लाए॥

तदनुरूप बलराम का कहना है—

किपाइं अग्नि संजोग न करु लखण।
अग्नि जालि दिज मुं पशिबि एहि क्षण॥
रघुनाथ सनमत आणिला लखण।
चार पेषि काठ बहि आणिले बहन॥

मानस में अग्नि-परीक्षा को विशेष महत्त्व नहीं दिया गया। बलरामदास ने उसमें यथार्थवादी भावना भरने का प्रयास किया है। राम ने सीता को अग्नि में प्रविष्ट होने को कह तो दिया, परंतु बाद में इस दृश्य को देखकर विलाप कर उठते हैं। राम यह दारुण दृश्य नहीं सह पाते। अग्निदेव प्रकट होकर सीता की निष्कलंकता की साक्षी देकर राम को समर्पित कर जाते हैं। तुलसी ने माया सीता का अग्नि में विलीन होकर वास्तव सीता का प्रकट होना दिखाया है, जो कि अध्यात्म रामायण के अनुरूप है। वहाँ देवता आकर राम की स्तुति करते हैं। वहीं दशरथ आकर राम का दर्शन करते हैं, दशरथ को मोक्ष-प्राप्ति होती है। इंद्र अमृत वर्षा करते हैं तो वानरादि जी उठते हैं, पर कोई राक्षस नहीं उठता। बलराम कहते हैं कि अमृत सतर्कता से छींटा गया है, परंतु तुलसी का भक्त हृदय अपना अलग ही तर्क देता है—राम के बाणों से राक्षस तो सभी मोक्ष पा जाते हैं, अतः पुनर्जीवित नहीं होते।

वानर-भालू आदि राक्षसों के बाणों से मरे हैं, अतः अमृत वर्षा से वे जी उठते हैं। यह दृश्य विभीषण-सुग्रीव सभी को आनंद में भर देता है।

तदंतर राम की अयोध्या यात्रा शुरू होती है। दोनों रामायणों में पहले युद्धभूमि का भ्रमण होता है। फिर प्रत्यावर्तन करते हैं, रास्ते में सीता हरण के बाद हुए सारे प्रसंगों और स्थानों का राम स्मरण करते हैं एवं सीता को दिखाते हैं। तुलसी कहते हैं—राम पहले सेतुबंध और फिर रामेश्वर की ओर संकेत करते हैं। फिर उनका पुष्पक दंडक वन की ओर आता है, जहाँ अगस्त्यादि ऋषि-मुनियों के दर्शन करते हैं। वे तीर्थराज प्रयाग पहुँचकर त्रिवेणी में स्नान करते हैं। हनुमान् को भरत के पास पहले ही अयोध्या भेज देते हैं, राम भरद्वाज से मिलकर निषादराज से भेंट करते हैं। मानस में यहीं लंकाकांड समाप्त हो जाता है। परंतु दांडी रामायण में संस्कृत रामायणों के अनुरूप कथा का सूत्र और आगे तक जाता है। बलरामदास ने बारंबार 'एहिठारे' कहते हुए प्रत्यावर्तन के समय वे सारे स्थल गिना दिए, जिधर से राम गुजरे थे या महत्त्वपूर्ण राक्षसों का वध किया था। प्रयाग और भरद्वाज आश्रम का विशद विवरण दिया है।

बलरामदास ने इस अवसर पर दो उपाख्यान और सन्निवेशित किए हैं। शिव ने विष्णु से कहा—तुम्हारी विश्वमोहिनी माया दिखाओ। उन्होंने शिव के मुँह फेरते ही सुंदरी युवती का रूप धारण किया। शिव वैष्णवी माया से मोहित हो जाते हैं, तो प्रभु पुनः अपने रूप में आ जाते हैं। उसी प्रकार हनुमान् गर्व कर बैठते हैं कि मैंने राम का इतना बड़ा काम किया है। राम उन्हें एक वन में फल लाने के लिए कहते हैं। वहाँ जीव-जंतु डरकर भागे जा रहे हैं। हनुमान् उन्हें निर्भय कर देते हैं। पूछने पर पता चला कि रात में अष्टक नाम का जंतु आता है। हनुमान् रात में उससे जूझते हैं। अंत में पुकार उठते हैं—रक्षा करो, प्रभु रक्षा करो! राम का स्मरण करते हैं। जब अष्टक जान जाता है कि राम पास ही हैं तो वह डरकर भाग उठता है। तब हनुमान् को बुद्धि आती है। वे सुबह राम के आगे जाकर क्षमा-याचना करते हैं। राम उन्हें अयोध्या भेज देते हैं। तुलसी के हनुमान् में गर्व की कल्पना तक कठिन लगती है। अतः ऐसे प्रसंगों से बहुधा बचकर निकल जाते हैं। भक्त शिरोमणि हनुमान् का चरित्र निष्कलंक ही रखा।

मानस में चूँकि रामकथा की चरम परिणति राम के राज्याभिषेक में है, अतः वे यह प्रसंग अंतिम कांड के लिए रख छोड़ते हैं। बलरामदास ने कथानक को और भी आगे बढ़ाया है, अतः वाल्मीकि रामायण के अनुसार इसी कांड के अंतर्गत रखा है। कृत्तिवास ने भी कांड संयोजन बलरामदास के अनुसार ही किया है।

उत्तरकांड

पिछले कांड में रामजन्म अपना मुख्य उद्‌देश्य पूरा कर चुका है। अब उसकी प्रतिष्ठा के आनंददायी क्षण अवशिष्ट हैं। बलरामदास ने उनकी अवतारणा पिछले पर्व में ही कर दी है, मानसकार इसे प्रस्तुत कांडांतर्गत ले आए हैं। वैसे यह भी अधिक उपयुक्त जान पड़ता है कि रावण वध के साथ एक कांड समाप्त हो जाए, फिर लंका की प्रमुख घटनाओं रावण वध, सीता का प्रत्यावर्तन और विभीषण का राज्याभिषेक के बाद लंका में कोई कार्य-कलाप नहीं रह जाता। घटना चक्र तो राम को लेकर ही चल रहा है। अत: अवशिष्ट घटनाक्रम के लिए अलग कांड रखना ही युक्तियुक्त लगता है।

भरत तीव्रतापूर्वक राम के लौटने की प्रतीक्षा कर रहे हैं। मानस के राम अकेले राम आगमन की घड़ी की व्यग्रता से प्रतीक्षा में बैठे हैं। हनुमान् से वार्त्ता पाते ही वसिष्ठ तक जाते हैं संवाद देने के लिए। दांडी रामायण में भरत अपनी व्यथा वसिष्ठ के आगे प्रकट करते हैं। मानस में राम लौटते समय गुह से मिलते हैं। दांडी रामायण में गुह अयोध्या चले आते हैं, राम से भेंट करने के लिए। हनुमान् के बाद राम नंदिग्राम पहुँचते हैं, वे सबसे आनंद में भरकर मिलते हैं, समारोहपूर्वक राम का स्वागत होता है। पुष्पक को यहीं विदा कर देते हैं। बलरामदास ने इसमें थोड़ा विलंब किया है।

दांडी रामायण में एक गुहार करनेवाले का प्रसंग दिया है। वह राम के आगे भरत के विरुद्ध शिकायत करता है—ये झूठ-मूठ दिन में जटा-जूट बाँधे रहते, रात में अन्न खाते थे, इन्होंने प्रजा की संपद् का हरण किया। सारी बात सुनकर राम ने इन अभियोगी की सत्यता जाननी चाही। पता चला कि आज यहाँ अधिक लोग थे अत: लोगों को भेजकर अधिक फल मँगवाए गए। इसलिए यह अभियोग लेकर आ गया है। राम सत्य जानकर उसे भगा देते हैं। भरत उस पर क्रोध कर अभिशाप देते हैं—जाओ, कलियुग में तुम्हारा प्रभाव बढ़ेगा। ये भेदकारी लोग तब अशांति फैलाएँगे। दु:ख भोगेंगे। फिर उसे वहाँ से निकाल दिया जाता है।

राम के राज्याभिषेक की तैयारियाँ होती हैं। तुलसी की अपेक्षा बलरामदास ने उक्त अवसर के सूक्ष्मातिसूक्ष्म अंगों को भी उद्‌घाटित किया है। विस्तृत वर्णन किया है। सामग्री एकत्रीकरण, नगर मंडन, राम के लिए लग्न शोधन, नंदीग्राम से प्रस्थान, अयोध्या प्रवेश, सीता का सास एवं बहिनों सहित नगर प्रवेश, ऋषियों का आगमन आदि प्रसंगों का विवरण दिया है। सारे अयोध्या दर्शन के बाद राम का राज्याभिषेक होता है। मानस में इन सब कार्यों की सूचक चौपाइयाँ, अर्द्धालियाँ मिलती हैं।

अधिकांश वर्णन अध्यात्म रामायण से प्रेरित हैं। बलराम ने वाल्मीकि से प्रेरित होकर इस प्रसंग को विस्तार देकर अत्यंत व्यापकता प्रदान की है। मानस में ब्रह्मा, शिव एवं चारों वेद आकर राम की उच्छ्वसित वंदना करते हैं। दांडी रामायण में स्वर्ग से देवता नाना प्रकार के उपहार लेकर राम के आगे उपस्थित होते हैं। फिर राम वानर-भालुओं को एक-एक कर विदा करते हैं। यहाँ बलरामदास ने एक मनमोहक प्रसंग उत्थापित किया है—सीता अन्न पकाती हैं। ये ही सबको परिवेषण करती हैं। साक्षात् लक्ष्मी आज सीता के रूप में अन्नपूर्णा खड़ी हैं। बलरामदास लिखते हैं—

मायारूप विस्तार तहिं कले। एक होइ अनेक रूप सेहि होइले।

इस प्रकार अन्नपूर्णा असंख्य रूप धारण कर सबको नाना व्यंजन परिवेषण कर तुष्ट करती हैं। अंत में सीता अभिसारिका वेश करती हैं—बलरामदास ने सीता के अपूर्व सौंदर्य और विविध शृंगारों का वर्णन किया है। राम और सीता का मिलन होता है इस कांड (लंकाकांड) के समापन के अवसर पर। यह बलराम की अपनी ओड़िसा परंपरा की अद्‌भुत कल्पना का उदाहरण है। सीता राम वधू ही नहीं हैं, वे एक सुगृहिणी हैं, इस रूप को उद्‌घाटित करने का प्रयास करते हैं। यह वाल्मीकि रामायण या अन्य किसी संस्कृत रामायण में नहीं मिलता। स्पष्टतः ओड़िसा परंपरा की ओर ध्यान आकर्षित करता है।

यहाँ पर दांडी रामायण और मानस की रामकथा के तुलनात्मक अध्ययन का सीमा बिंदु पहुँच जाता है। इसके आगे आधिकारिक कथा भिन्न-भिन्न दिशाओं में जाती है। कथाकारों के उद्‌देश्य इसके आगे एक नहीं रह जाते। बलराम कथा का सूत्र और लंबा खींचना चाहते हैं, जबकि तुलसी यहीं कथा को विश्राम देकर भक्ति-भावना दृढ करने के उद्‌देश्य से रामनाम की महिमा का तात्त्विक वर्णन करते हैं। इसके लिए गरुड़ का प्रसंग उठाते हैं। अतः कथा की चर्चा के समय दांडी रामायण का उत्तरकांड और मानस का उत्तरकांड बहुत बड़ी समस्या खड़ी कर देते हैं। वाल्मीकि की ओर दृष्टिपात करने पर ही बलरामदास का दृष्टिकोण स्पष्ट होता है। उत्तरकांड में बलरामदास ने पहले रावण का चरित्र विस्तृत रूप में वर्णित किया है। रावण के वंश का परिचय, रावण, कुंभकर्ण एवं विभीषण के जन्म की कथा, उनकी तपस्या और वर-प्राप्ति, उनके युद्ध एवं उनकी विजय-यात्रा का वर्णन दिया है। इसी अवसर पर कार्तवीर्य और बालि के हाथों रावण की पराजय होती है। यह सारा वर्णन वाल्मीकि से साम्य रखता है। तब वानर-भालुओं के अयोध्या से विदा लेने का प्रसंग उठाया है। तुलसीदास ने रावण चरित्र संबंधी चौपाइयों को बालकांड में ही स्थान दे दिया है। उत्तरकांड में तो राज्याभिषेक के तुरंत बाद वानर-भालुओं को विदा कर दिया है।

मानस में इसके बाद राम राज्य का भव्य चित्रण दिया है, जबकि बलरामदास ने राजा राम के षड्ऋतु विहार, सीता की वंदना और अयोध्या के यश का वर्णन किया, जिससे कि राम के राजत्व की झाँकी मिल जाती है। यहाँ अनेक जगहों पर दोनों की उक्तियों में अद्‌भुत साम्य मिलता है—

धनेण गरिष्ठ तहि सकल परजा।
सत्ये बात बात हेउ थाइ जहि राजा।
राग न पशइ जे अयोध्या राज्य सीमा।
मृत्यु न पशइ ए श्रीरामंक महिमा।
पापी जन एक तहिं न रहिले केहि।
पुरुषे जे कामदेव प्राय तनु बहि॥

प्रजा की आर्थिक, शारीरिक एवं चारित्रिक स्थिति का चित्रण बलरामदास ने एक-एक पंक्ति में किया है। तदनुसार मानसकार कहते हैं—

चारिउ चरन धर्म जग माहीं। पूरि रहा सपनेहुँ अघ नाहीं॥
राम भगति रत नर अरु नारी। सकल परम गति के अधिकारी॥
अल्पमृत्यु नहिं कवनिउ पीरा। सब सुंदर सब बिरुज सरीरा।
नहिं दरिद्र कोउ दुखी न दीना। नहिं कोउ अबुध न लच्छन हीना॥

इस प्रकार के अनेक उदाहरण प्रस्तुत किए जा सकते हैं, जिनसे यह स्पष्ट होता है कि राम राज्य का आदर्श मानस और दांडी रामायण में विशेष अंतर नहीं रखता। मानस में सनकादि का आगमन होता है, तब भरत संत-असंत भेद पूछते हैं। बलरामदास ने भद्रचार के बारे में कहा। वह गर्भवती जानकी पर लांछन लगाता है। मानस में गरुड़ के मोह और फिर काकभुशुंडि तक जाकर मुक्त होने की कथा आती है। वहाँ वे रामकथा को सार संक्षेप में दुहराते हैं। तदनंतर काकभुशुंडि के पूर्व जन्म के वृत्तांत के माध्यम से तुलसीदास ने कलियुग का वर्णन किया है। यह सारा प्रसंग आधिकारिक रामकथा से संबद्ध नहीं लगता, परंतु आधिकारिक भावधारा का चरम निष्कर्ष तो तुलसीदास ने यहीं दिया है। तुलसीदास ने राम की लीला, भक्ति, यश आदि का वर्णन दिया है। अंतिम प्रसंग में वे सैद्धांतिक आलोचनाओं के माध्यम से राम की महिमा का सार कहते हैं। बलरामदास ने इसके लिए कथा का ही सूत्र पकड़ा है।

दांडी रामायण में सीता की गर्भस्थिति में ही राम विचार-विमर्श के बाद वनवास का आदेश दे देते हैं। लक्ष्मण उन्हें भारी हृदय से गंगा किनारे छोड़ आते हैं। लौटने पर लक्ष्मण को राम समझाने का प्रयास करते हैं। इतनी दूर तक वाल्मीकि के

अनुसार कथा चलने के उपरांत बलरामदास ने स्वर्ण सीता के निर्माण संबंधी कल्पना का समावेश किया है। सीता वाल्मीकि के आश्रम में रह जाती है। राम स्वर्ण की सीता का निर्माण कराते हैं। दासियाँ उसे असली सीता की तरह सम्मान देते हुए राजमहल में उसका सत्कार करती हैं, सेवा-चाकरी करती हैं। चूँकि परनारी का तो वे स्पर्श भी नहीं कर सकते, अतः अभिषेक के निमित्त यह स्वर्ण प्रतिमा बनवाई है। इसे ही जनक दुलारी मानकर सारे कार्य संपन्न होंगे। तब राम को वनवास के अवसर पर तारा का दिया शाप स्मरण हो आता है—बिना कारण तुमने मेरे पति को सीता के लिए मारा, अतः वह सीता तुम्हारे लिए अयोग्य रहेगी।

राम के दरबार में एक कुत्ता आकर गुहार करता है—ब्राह्मण ने बिना अपराध के मुझे पीटा। राम परमसिद्धि नामक उस विप्र को बुलाकर मीमांसा करते हैं। कुत्ते के कहने पर ही वे कालिंजन पर्वत पर उस ब्राह्मण को शिव का पूजक नियुक्त कर देते हैं। कुत्ता बताता है कि इसमें क्या-क्या दोष है, वह स्वयं भी तो इन्हीं दोषों के कारण श्वानयोनि पाता है। मानस में भी ऐसे ही शिवपूजक ही नहीं, विष्णु के निदंक भी थे। अपने गुरु का अपमान करने पर शिव उसे शाप दे देते हैं—सर्प हो जा। गुरु की दया से शिव को प्रसन्न कर वे विभिन्न जन्म पाते हैं, परंतु जन्म-मरण का दुःख नहीं भोगते। अंत में ब्राह्मण का जन्म मिला। ऋषि-मुनियों के समीप जाकर रामभक्ति की चर्चा करते हैं, जबकि वे सब निर्गुण का उपदेश देते हैं। अंत में क्रोधित हो लोमश उन्हें काक होने का अभिशाप दे देते हैं। लोमश सचेत होकर उन्हें वापस बुलाते हैं और राममंत्र देते हैं। इस प्रकार शिव भक्त विष्णु निंदक की विस्तृत कथा का समावेश किया है, इसी बीच तुलसीदास कलियुग के लक्षणों की भी व्याख्या करते हैं। बलरामदास ने उलूक-गृध्र की गुहार के प्रसंग में कलियुग की स्थिति अंकित की है।

शत्रुघ्न का मधुवन विजय, वाल्मीकि आश्रम में आगमन, लव-कुश जन्म, लवणासुर का वध, ब्राह्मण पुत्र की अकाल मृत्यु और इसके लिए उत्तरदायी शूद्र तपी के वध की सारी घटनाएँ बलराम ने वाल्मीकि के अनुसरण पर लिखी है।

अगस्त्य आकर राम को रत्नहार देते हैं। राम गोमती तीर पर आकर अश्वमेध का आयोजन करते हैं। लव-कुश सहित वाल्मीकि यज्ञस्थल में पधारते हैं। लव-कुश रामकथा के कुछ अंश गाते हैं। ऋषि अयोध्यावासियों के निमित्त पुनर्बार परीक्षा देने के लिए राम अनुरोध करते हैं। परंतु दुःखिनी सीता माँ मेदिनी के हृदय में स्थान माँगकर उसी में समा जाती है। यह सारा वर्णन अपने कलेवर के लिए वाल्मीकि का ऋणी जरूर है, परंतु सूक्ष्म कारीगरी बलरामदास की स्वकीय शैली में है।

पहले माताएँ देह त्याग करती हैं, फिर दुर्वासा के शाप से लक्ष्मण अयोध्या त्याग देते हैं, और स्वर्ग गमन करते हैं, वहाँ जाकर सरस्वती एवं लक्ष्मी से भेंट करते हैं। अंत में राम दोनों पुत्रों को राज्य सौंपकर चतुर्भुज रूप धारण कर बैकुंठ प्रस्थान करते हैं। वहाँ लक्ष्मी नारायण का मिलन होता है। फिर अनंत शयन का वर्णन कर कथा को विराम देते हैं। वाल्मीकि रामायण में राम के विष्णु-लोक जाने तक का वर्णन है। भगवान् अपना कार्य संपूर्ण कर पुनः लौट जाते हैं।

इस प्रकार बलरामदास ने वाल्मीकि से बहुत कुछ समता रखते हुए भी अंत को तुलसीदास की भाँति आनंदात्मक रखा है। लक्ष्मी नारायण का मिलन—वह भी इस लोक में कोई क्षणिक भेंट नहीं, परलोक का स्थायी मिलन दरशाया है। इस महामिलन के अनुरूप उनके वर्णन की भव्यता ने महाकाव्य को प्रसादांतक से अधिक आनंद गुण से भर दिया है। तुलसीदास ने भागवत, गीता, विभिन्न रामायणों के तत्त्व-दर्शन को आत्मस्थ करते हुए उत्तरकांड में जटिल और सूक्ष्म दार्शनिक चिंतन का सरल और सुबोध विश्लेषण उपस्थित किया है। बलरामदास ने इस ओर विशेष दृष्टिपात न कर राम की और भी कुछ अतिमानवीय लीला के प्रसंगों को उत्थापित किया है। वाल्मीकि ने जहाँ अवतारवाद को दृष्टि में रख कार्य पूर्ण कर लौटते राम का वर्णन किया है, बलरामदास ने काव्य की दृष्टि से इसको मिलनात्मक बनाया है। तुलसीदास ने राम के जिन लव-कुश पर एक अर्धाली लिखी है, बलरामदास ने उनके चरित्र और महत्त्व का विस्तृत प्रतिपादन किया है। बलरामदास की संघर्षशील चेतना को वनवासिनी के प्रचंड स्वाभिमान और एकाकी जीवन की प्रतिम क्षमता अंकित करने का अवसर मिला है। यह सीता सहज धनुष उठाती नहीं, जरूरत पड़ने पर पुत्र-द्वय को धनुर्विद्या में अजेय वीरों के रूप में गढ़ने में समर्थ होती है। सुवर्ण सीता तो बोल भी नहीं पाती। परंतु वास्तविक सीता वीर है, तेजस्वी है, स्वाभिमानी है, गौरवमयी है। सीता का यह प्राणवंत चरित्र बलराम की देन है। तुलसीदास ने बालकांड में दशरथ के चरित्र पर भी कुछेक चौपाइयों में ही प्रकाश डाला है, जबकि बलरामदास ने उनके पुण्यकर्मों—महान् कार्यों का विस्तृत वर्णन किया है। तुलसीदास का ध्यान अपने इष्ट के गुणगान में ही लगा रहता है, बाकी सब चरित्र उनकी दृष्टि में मानो गौण हो जाते हैं। बलरामदास मानो पिता दशरथ और पुत्र लव-कुश के चरित्रों का समावेश करते हुए, इन दोनों छोरों के बीच प्रवाहित रामकथा की पवित्र मंदाकिनी के दर्शन करा गए हैं।

□

चरित्र विधान

बलरामदास और तुलसीदास अपने ग्रंथों के कथानक के लिए वाल्मीकि के कितने ऋणी हैं, यह बात स्पष्ट हो चुकी है। युगानुसार इस कथा में जिन नवीनताओं का समावेश हुआ, इस ओर भी दृष्टिपात किया जा चुका है। तदनुरूप इन पात्रों के चरित्र विधान की चर्चा भी आवश्यक है।

हाथी देखकर कुछ अंधों ने जिस प्रकार उसका वर्णन किया, रामकथा के पात्रों के चरित्र इस प्रकार विविधता से समृद्ध हैं कि विभिन्न साहित्यकार उन्हें विविध दृष्टिकोणों से ग्रहण करते आए हैं। यद्यपि आदिकवि ने भव्य और विराट् पौरुष का जो प्रतीक खड़ा किया था, आगे चलकर उसकी समग्रता की रक्षा नहीं की जा सकी। भाषा—रामायणों में भक्ति की दृष्टि से देखा गया और समूचा चित्रण भक्तिधारा में रँग गया। राम के चरित्र में से बहुत सी बातें और घटनाएँ छानकर उन्होंने कुछ चुने हुए अंशों को ही अपना चारित्रिक कैनवास भरने में लगाया। अत: रामायण के पात्रों का समग्र व्यक्तित्व तत्कालीन रंग से अछूता न रह सका। फिर भी वाल्मीकि द्वारा स्थापित राम और उनकी कथा के अन्य पात्रों की जो धारणा (सारसश) जनसमाज में बन गई है, उस राजपथ से हटना किसी के लिए खतरे से खाली नहीं, और वह धारणा इतनी व्यापक है कि कोई कवि अपने को उससे मुक्त नहीं रखना चाहता। हाँ, अपने-अपने वातावरण के अनुरूप और अपने व्यक्तिगत दृष्टिकोणवश इन चरित्रों की अनेक सूक्ष्म विशेषताएँ उपेक्षित रह गई हैं, अनेक स्थलों पर नवीनता का समावेश हुआ है। अत: इतनी विविधता होते हुए भी संपूर्ण आधुनिक भारतीय भाषाओं के रामकथा के पात्र आदर्शगत समानता के बानों में उपस्थित हुए हैं। बलरामदास और तुलसीदास के चरित्र विधान में यह बात और भी स्पष्ट रूप में परिलक्षित होती है।

तुलसी जहाँ राम और उनके भक्तों की कथा कहना चाहते थे, बलरामदास

रामकथा के सांगोपांग वर्णन में तल्लीन थे। अतः तुलसीदास की रामकथा में राम के चरित्र पर ही तीव्र आलोकपात होता है। बाकी चरित्र तो इसी आलोक में उद्भासित से लगते हैं। उन्होंने भूमिका भाग में राम से हटकर कुछ औरों के बारे में लिखा है तथा अंत में राम के भक्तों के कुछ चरित्रों का वर्णन किया है। दोनों के बीच सुंदरकांड एक ऐसा स्थल है, जहाँ कार्याधिकता के बल पर हनुमान् का चरित्र उभरा है। अन्यथा शत्रुघ्न, जांबवान जैसों का तो दो-चार बार नामोल्लेखमात्र हुआ है, प्रतिनायक रावण की विजयों की भी कोई विशेष चर्चा नहीं हुई। लगता है चारित्रिक दृष्टिकोण तुलसी ने अध्यात्म रामायण की प्रेरणा पर अपनाया है। बलरामदास ने वाल्मीकि रामायण को आदर्श माना। तदनुरूप बलराम ने दशरथ, शत्रुघ्न, वसिष्ठ, विश्वामित्र आदि के चरित्रों पर भी यथेष्ट प्रकाश डाला है।

एक बात यहाँ पर स्मरणीय है कि मानस पर पाठालोचन संबंधी कार्य बहुत प्रगति कर चुका है। अतः मानस के प्रामाणिक संस्करण प्रस्तुत करने के लिए अनेक ठोस प्रयास हुए हैं। दांडी रामायण के पाठालोचन को लेकर अभी तक एक पूरा निबंध नहीं लिखा गया। अतः दांडी रामायण के प्रामाणिक संस्करण की अभी तक कोई योजना प्रकाश में नहीं आई। प्रो. कृष्णचरण साहु द्वारा संपादित-संकलित संस्करण ही विशेष प्रामाणिक माना जाता है। वैसे धर्मग्रंथ स्टोर, कटक द्वारा पूर्व प्रकाशित ग्रंथ भी खूब प्रचार में है। जिस प्रकार विभिन्न समयों पर मानस में क्षेपक जुड़ते रहे हैं, दांडी रामायण में भी लिपिकारों के हाथों अनेक स्थल जुड़े हैं। वर्तमान में उपलब्ध दांडी रामायण का आकार पंडित ज्वालाप्रसाद मिश्र द्वारा टीका की गई विशाल मानस से भी अधिक है। अतः पात्रों के चरित्र में भी तदनुरूप विस्तार का अवकाश मिला है। गीताप्रेस, गोरखपुर वाला 'मानस' का पाठ देश में सर्वाधिक संपादित मानक एवं प्रामाणिक माना गया है। यहाँ इन्हीं दोनों में उपलब्ध चारित्रिक रूप को ध्यान में रखा गया है।

राम

तुलसीदास ने मानस में राम के चरित्र में ही अपनी सारी शक्ति लगा दी, अन्य किसी पात्र की उनके सामने कोई सत्ता ही नहीं। तुलसीदास के राम आद्यंत बहुत ही संयत और संतुलित नायक हैं। यह संतुलन वे मिथिला में धनुष यज्ञ के समय जनक द्वारा कहे गए कटु वचनों, परशुराम के क्रोध, राज्याभिषेक के समय वनवास पाने, सीता प्राप्त कर लेने, राज्यारोहण जैसे अनेक महत्त्वपूर्ण क्षणों में भी बनाए रखते हैं। सीता हरण और लक्ष्मण के मूर्च्छित होने के दो प्रसंगों को हम सीमा के

भीतर समझ लें तो राम का संयत रूप कभी खंडित होता नहीं दिखता। राज्याभिषेक जैसे भौतिक जीवन में प्राप्ति के चरम क्षणों में अचानक वनवास का आदेश पाकर वे तनिक भी असंयत नहीं होते। इस प्रकार उनके समग्र चरित्र को ही सामाजिक चेतना से युक्त बताया गया है।

इसके परिणामस्वरूप राम का भरत के प्रति सदा निःशंक स्नेह, गुह के साथ निश्छल सखा भाव, शबरी पर अहेतुकी कृपा, ऋषि-मुनियों को निर्भय करने की स्वतःस्फूर्त प्रतिज्ञा, व्यथा के क्षणों में भी अमर्यादित व्यवहार न करना, सीता के प्रति आद्यंत एक समान प्रेम-प्रदर्शन आदि अनेक विशेषताएँ आ सकी हैं। रावण वध के उपरांत भी वे संयत रहते हुए सीता को लेकर अयोध्या लौट जाना चाहते हैं। परंतु वानर-भालू इतने अधिक स्नेह में हैं कि वे राम का साथ छोड़ने की कल्पना तक नहीं कर पाते। अतः राम सीता को सामान्य मानव की तरह आने का अनुरोध करते हैं, ताकि सारे लोग सहज दर्शन कर सकें। फिर सारे जनों का नेह देखकर राम उन्हें पुष्पक विमान में बैठाकर अयोध्या तक ले आते हैं।

मानसकार ने राम का सारा चरित्र दो मोड़ों में प्रस्तुत किया है। जन्म से लेकर सूर्पणखा के आगमन तक और फिर राज्याभिषेक तक। प्रथमाई में राम सामान्य नर रूप में असामान्य लीलाएँ करते हैं—ताड़कादि का वध, शिव धनुष तोड़ना, पिता का आदेश सुनते ही धर्म और नीति के नाम पर सारे राज्य को 'बटाऊ' की तरह निर्विकार भाव से छोड़कर चले जाना, केवट आदि की ओर अनुग्रह कर उसमें मानवोचित गुणों के प्रति आकर्षण पैदा करना। फिर राम मानो स्वयं उद्‌घोषणा करते हैं—

मैं कछु करबि ललित नरलीला।

उत्तरार्ध में फिर वे असामान्य नर के रूप में कुछ सामान्य लीलाएँ करते हैं। यहाँ राम जैसे सर्वशक्तिमान के लिए सीता का पता लगाना, सेतु बाँधना, रावण-मेघनाद-कुंभकर्णादि राक्षसों का विनाश और अयोध्या लौटकर राज्यारोहण आदि अत्यंत सामान्य क्रियाओं के रूप में आती हैं।

बलरामदास ने राम के व्यक्तित्व को ही दो भागों में विभक्त कर दिया है। एक रूप में वे सामान्य नर का आचरण करते हैं, दूसरा रूप अवतारी पुरुष का है, जहाँ वे नारायण के अवतार हैं, इस संबंध में अपनी सामर्थ्य के प्रति सचेतन हैं। जब वे सामान्य नर के रूप में कार्य कर रहे होते हैं, तब उनमें मानवीय विशेषताओं और सीमाओं के स्पष्ट प्रमाण मिलते हैं। ऐसे क्षणों में बलराम ने राम को बहुत विश्वसनीय, यथार्थ और संगतियुक्त चरित्र के रूप में प्रस्तुत किया है। परंतु राम जिन क्षणों में अपने ब्रह्मत्व के प्रति सजग हैं, तब उनके कार्य और चिंतन में अंतर

आ जाता है। तब वे अपने स्वरूप एवं सत्ता की खुलकर उद्घोषणा कर देते हैं।

बलरामदास के चरित्र-चित्रण में वाल्मीकि से बहुत कुछ साम्य है। राम में परब्रह्म की भावना वाल्मीकि की तरह है। परंतु कुछ स्थलों पर राम के मानव रूप की सीमाएँ अंकित की हैं, वहाँ बलरामदास ने युगीन वातावरण के प्रभाव से उनका समावेश किया है। बलरामदास के राम परंपरागत आदर्श और समाज में प्रचलित मान्यताओं के प्रति श्रद्धा रखते हैं, उसी प्रकार वे अपने मन में उठते अनेक प्रतिद्वंद्वी भावों को समय-समय पर संवरित करते हैं। इस प्रकार का अंतर्द्वंद्व राम के अंदर व्याप्त परब्रह्म की भावना के कारण दिखाई देता है। रावण का वध वे अपनी कीर्ति पर लगे कलंक को धोने के लिए करते हैं। बाद में सीता को सशर्त स्वीकार करते हैं। अपकीर्ति की बात सुनते हैं तो पुनः उसे त्याग देते हैं। उक्त दोनों अवसरों पर उनके अंतःकरण में तीव्र संघर्ष उत्पन्न होता है। हृदय में पीड़ा चरम सीमा तक पहुँच जाती है। परंतु राम अपकीर्ति के भय से अपना निर्णय नहीं बदलते। राजगद्दी पर बैठने के बाद लवणासुर वध के लिए शत्रुघ्न को भी इसी भावना से भेज़ते हैं। परशुराम से भेंट होने पर उन पर प्रभाव विस्तार कर लेते हैं। वनवास में आरण्यक जाति के लोगों को अपनाकर राक्षसों का निपात कर देते हैं। फिर अयोध्या के उत्तर में स्थित प्रतिद्वंद्वियों को प्रभुसत्ता के अधीन लाने के लिए शत्रुघ्न को सेना देकर मथुरा की ओर भेजते हैं। यह सारा कार्य उनका परब्रह्म की भावना का सूचक है।

बलरामदास के राम का मानवी रूप तुलसीदास से बहुत कुछ विशिष्ट हुआ है। ये विशेषताएँ न वाल्मीकि के पुरुषोत्तम में हैं और न तुलसी के मर्यादा पुरुषोत्तम में। इस विषय में एक-दो उदाहरण देना उचित होगा।

राम-लक्ष्मण के साथ विश्वामित्र लौट रहे हैं। ताड़का को देखकर विश्वामित्र को भयभीत देखकर वे कहते हैं—

राक्षसी पामरी छार कु जे किपा डरु।[1]

वे कहते हैं कि इसे अगर आज रास्ता दे दिया तो कल यज्ञ की रक्षा कैसे कर सकूँगा? फिर मिथिला में धनुष भंग तो कर देते हैं, परंतु पिता से पूछे बिना सीता के साथ विवाह की अनुमति नहीं देते। वहाँ वे कहते हैं—पिता इस पिंड (देह) का अधिकारी है। इसी भावनावश तो वे राज्य छोड़कर निर्विरोध वन गमन करते हैं। राजा राम का प्रभुत्व उतर जाने पर, पुष्पक विमान में यात्रा करते हुए एक और ही राम दिखाई पड़ते हैं। बलरामदास के राम आभिजात्य के प्रभाव से मुक्त अत्यंत कोमल, मृदु मानव राम वन की ओर जा रहे हैं। वन में प्रवेश करने के बाद ये राम अपनी गृहस्थी वहाँ की स्थिति के अनुकूल ही बसाते हैं। स्वयं मृगया कर लाते

हैं, लक्ष्मण छीलते हैं, सीता नदी से जल भरकर लाती हैं और भोजन बनाती हैं। इस प्रकार एक मनोरम परिवार तृण कुटीर बनाकर वन में निवास कर रहा है। सूर्पणखा रतिदान माँगती है तो एक पत्नीव्रत की बात करते हैं। सीता हरण के बाद उसी पत्नी के विरह में तीव्रतम व्याकुलता के दर्शन होते हैं। स्वप्न में मुक्ताहार टूटने पर सीता को मनाते हैं। सुग्रीव एवं सागर को लेकर क्रोध उपजता है। रावण को मारने के बाद धर्मभीरु राम ब्रह्महत्या का अभिशाप झेलते हैं और उससे मुक्त होने के लिए रामतारक मंत्र का जप करते हैं। विभीषण जब राजवेश धारण करने का अनुरोध करते हैं तो उनके भ्रातृस्नेह में एक अद्‌भुत गहनता दिखाई देती है—

भ्रत कु न देखिवा जाए सुख भोजन नाहिं।

यद्यपि परिस्थितिवश दो बार सीता को वे परीक्षा के लिए कहते हैं, परंतु तुरंत बाद वे खुद को सँभाल नहीं पाते, विलाप करने लग जाते हैं। पहली बार तो जबरदस्ती कोई हरण कर ले जाता है तो वे संग्राम कर ले आते हैं, परंतु दुबारा तो स्वयं उसे वन भेजते हैं। अब इस विरह को कैसे सहें? अतः राजमहल में स्वर्ण सीता का निर्माण कराते हैं। ये सारे प्रसंग बलरामदास ने मानवीय राम की विविध भावनाओं को अंकित करने के लिए सन्निविष्ट किए हैं।

इस प्रकार स्पष्ट हो जाता है कि राम के चरित्र विधान में तुलसीदास और बलरामदास दोनों एक ही धरातल पर नहीं चलते। मानस में राम आदर्श और त्याग के उच्चश्रृंग बन जाते हैं। परिस्थिति के हर झटके से समभाव से सहन करते जाते हैं। दांडी रामायण में राम उतार-चढ़ाव के समय अपनी ऐश्वरीय अलौकिकता से भिन्न दिखाई देते हैं। तुलसी जहाँ उन्हें उदात्तता से मंडित करते हैं, बलराम ने उनमें लौकिकता के रंग अधिकता से भरे हैं। 'मानस' में वे सदैव ब्रह्म हैं, इसलिए उनके चरित्र में कहीं विरोधाभास नहीं है। मानस में राम हर्ष-विषाद से रहित प्रतीत होते हैं, किंतु भाषा-रामायणों में उन्हें हर्ष-विषाद का यथार्थ अनुभव करते देख सकते हैं। हर्ष-विषाद ही नहीं, दांडी रामायण के राम में हर मानवीय अनुभूति के दर्शन करते हैं। यही कारण है कि तुलसी और बलराम द्वारा पुनःसृजित राम जन-जन के हृदय में सदियों से बसे हुए हैं और रहेंगे।

इसके अलावा राम के चरित्र की कुछ सर्व प्रचलित सामान्य विशेषताएँ, जैसे सरल, अक्रूर वीर, पारिवारिक प्रेम के आदर्श, समभावनापन्न अदम्य साहसी आदि की ओर दोनों कथाकारों ने समान न्याय बरतते हुए इन्होंने उनके चरित्र को मानव के लिए स्पृहणीय ऊँचाइयों पर ले जाकर बिठाया है।

लक्ष्मण

चरित्र चित्रण के संदर्भ में दोनों कवियों की विशिष्टताएँ आगे चलकर स्पष्ट हो जाती हैं। मुख्यत: दोनों कवियों ने लक्ष्मण का वही रूप स्वीकार किया है, जो वाल्मीकि ने प्रस्तुत किया था, परंतु उस मूल को पल्लवित और प्रस्फुटित करने में दोनों ने बहुत कुछ स्वतंत्रता से काम लिया है। यह अंतर आदर्श और यथार्थ संबंधी दोनों कवियों की दृष्टि की ओर ही संकेत करता है। जन्म से लेकर राज्याभिषेक तक दोनों के चित्रण में विशेष अंतर के लिए स्थान नहीं है, फिर भी बलरामदास में लक्ष्मण का व्यक्तित्व अपनी कुछ विशेष सत्ता रखता है, मानस में तो वे राम की छाया मात्र बनकर रह जाते हैं।

मानस में लक्ष्मण के सारे नाते, सारे कार्य-कलाप राम के ही कारण हैं। वे सदैव राम के हित की चिंता में लगे रहते हैं। जब कभी इस हित में कोई बाधा उत्पन्न होती है, या राम की मर्यादा पर आँच आती दिखती है, वे बरदाश्त नहीं कर पाते। क्रोध में भर मुखर हो उठते हैं। स्वयंवर सभा में जनक के अपमान भरे वचन सुन, वन में भरत आगमन का उद्देश्य राम को हराना सोचकर, सुग्रीव द्वारा की गई उपेक्षा के समय, सागर के आगे राम के विनती करते समय और राम-रावण युद्ध के समय। अन्यथा लक्ष्मण का स्वभाव विनोदी है, राम के प्रति पूर्ण निष्ठामय है। यह निष्ठा तुलसी ने वन गमन के प्रसंग में इस प्रकार अभिव्यक्त की है—

जहँ लगि जगत सनेह सगाई। प्रीति प्रतीति निगम निजु गाई।
मोरें सबइ एक तुम्ह स्वामी। दीनबंधु उर अंतरजामी॥

मानस के लक्ष्मण में आत्मगौरव भी खूब है। परंतु राम के अनुचर होने में वह समा जाता है। राम से स्वतंत्र होकर आचरण करना या राम की इच्छा के विरुद्ध एक शब्द भी कहना उनके लिए संभव नहीं। परशुराम से निपटते समय वे स्वयं को बड़ी कठिनाई से संयमित कर सके। परंतु राम के संकेत मात्र से मौन हो जाते हैं। तदनुरूप सागर लाँघने के अवसर पर भी वे विभीषण की मंत्रणा से सहमत नहीं हैं। वे अपना मत इन शब्दों में प्रकट करते हैं—

नाथ दैव कर कवन भरोसा। सोषिअ सिंधु करिअ मन रोसा॥
कादर मन कहुँ एक अधारा। दैव दैव आलसी पुकारा॥

यह सुनकर राम उन्हें समझा देते हैं। लक्ष्मण चुप हो जाते हैं। परंतु तीन दिन बाद स्वयं राम रोष करने को बाध्य होते हैं—

अस कहि रघुपति चाप चढ़ावा। यह मत लछिमन के मन भावा॥

अर्थात् लक्ष्मण राम के सामने कितने अंतर्मुखी हो जाते हैं! यद्यपि वीरता की हर घड़ी वे राम के साथ चलते हैं—ताड़का मारने, वन में राक्षस निपात करने या लंका जाकर राक्षसों का वध करने।

बलरामदास के लक्ष्मण इतने अधिक अंतर्मुखी नहीं हैं। उनका सारा जीवन विविध मानवीय गुणों और दुर्बलताओं से भरा है। वे सिर्फ क्रोधी ही नहीं हैं, अधर्माचरण देखकर राम को मौन पाते हैं तो स्वयं खुलकर अपना प्रतिवाद व्यक्त कर देते हैं। पिता द्वारा राम को वनवास दिया जाना उनके लिए एकदम असमंजस की बात है। अतः अपने स्त्रैण पिता के वध की बात तक कह देते हैं—

अस पुरुष से आंभर किस पिता?

राम के साथ वन में जाकर रहने की दृढ आकांक्षा तो दोनों रामकथाओं के लक्ष्मण करते हैं। परंतु इतना तीक्ष्ण प्रश्न बलराम के यथार्थवादी लक्ष्मण ही कर सकते हैं। वही कड़वाहट फिर उभरती है—जब भरत ससैन्य वन में राम को लौटाने के लिए आते हैं। लक्ष्मण इस अनपेक्षित ससैन्य आगमन से शंकित होकर उत्तेजित हो उठते हैं। बाद में स्वर्ण मृग के पुकारने पर सीता ने कटु शब्द कहे तो अपनी प्रतिक्रिया स्पष्ट रूप से व्यक्त करते हैं।

लक्ष्मण की करुणा एवं शांति को भी बलराम ने अत्यंत मार्मिकता से अंकित किया है। राम और सीता वन में तृण सेज पर निश्चिंत सोते हैं, लक्ष्मण सचेत रहे हैं। स्वर्ण मृग को मारकर लौटते समय राम वन में लक्ष्मण को देखकर कटु वचन कहते हैं, परंतु लक्ष्मण इस अवसर पर शांति के अगाध समुद्र की तरह समझाते हैं। तदनंतर कुटी तक लौटने पर अधैर्य राम को लक्ष्मण बार-बार शांत कराते हैं। इसी प्रकार उत्तरकांड में अश्रुल नेत्रों से सीता को वन में गंगा के किनारे छोड़ आते हैं। लेकिन आने पर राम को दुःखी देखते हैं तो अष्टांग योग की बातें कहकर उन्हें समझाते हैं। राम के दहकते विरही हृदय पर योग-साधना का शीतल प्रलेप देते हैं। जब वे ही राम उनका वर्जन कर देते हैं तो लक्ष्मण वन में चले जाते हैं और तपस्यालीन होकर स्वर्ग गमन करते हैं। इस अवसर पर कवि कहते हैं—

अनंत ठाकुर ब्रह्मांड रघुपति।
विष्णुक परम आत्मा तुजे महा योगी॥

इस प्रकार बलरामदास ने लक्ष्मण के चरित्र में अनेक विलक्षणताओं का समावेश किया है। तुलसीदास ने उनका राम के साथ प्रायः हर स्थल पर पूर्ण ऐक्य दिखाया है। जबकि बलरामदास चित्रित लक्ष्मण अपनी स्पष्ट सत्ता का जगह-जगह परिचय देते हैं। राम के हर कार्य पर उनका अपना दृष्टिकोण है, जिसे वे यथा

अवसर व्यक्त करने में कभी नहीं सकुचाते। मानस के लक्ष्मण और दांडी रामायण के लक्ष्मण में यह वैशिष्ट्य स्पष्ट है।

रावण

रामकथा में रावण का स्थान प्रतिनायक के रूप में आता है। यह प्रकृति प्रमुख चरित्र आदर्शवादी, वस्तुवादी, कल्पनावादी नहीं वरन् प्रत्यक्षवादी, संशयवादी, विश्ववादी, धार्मिक और भौतिकभोगी है। परंतु रावण के संबंध में यह वाल्मीकीय दृष्टिकोण तुलसी अपनी भक्ति-भावना के आग्रह के कारण अंत तक निर्वाह नहीं कर पाए। रावण के चरित्र का पैनापन कुंद पड़ गया है। बलरामदास ने यह कठोरता नहीं अपनाई, अत: रावण के चरित्रांकन के समय निर्बाध गति से विभिन्न दिशाओं में परिस्थिति के अनुरूप बहुत दूर तक विविधतापूर्ण बना सके।

वाल्मीकि की तरह बलरामदास ने रावण की विस्तृत कथा उत्तरकांड में दी है। इसमें रावण जन्म, उसकी विभिन्न विजयों के अलावा बीच-बीच में विभिन्न अवसरों पर दिए गए अभिशापों की कथाएँ भी आधिकारिक कथा के साथ सन्निविष्ट है। परंतु मानस में बहुत ही संक्षिप्त विवरण किया गया है। फिर भी ये स्थल उसके चरित्र के विभिन्न आयामों पर यथेष्ट प्रकाश डाल सके हैं।

बलरामदास और तुलसीदास दोनों ने रावण को विज्ञान और सौंदर्य के प्रति सजग बताया है। लगता है जैसे यह एक ऐसा शक्तिसंपन्न भाग्यहीन मनुष्य है, जो गलत आदर्श के पीछे पड़ जाता है और कठोर तप और अभ्यास के द्वारा देवताओं से दुर्दमनीय बल प्राप्त कर लेता है, ताकि विश्व उसकी वासनाओं और अत्याचारों का कहीं भी प्रतिरोध न कर सके। उसके व्यक्तित्व की सर्वोच्च शक्ति निम्नतम प्रवृत्तियों की तुष्टि में ही दिखाई देती है। इस प्रकार रावण भौतिक समृद्धि और इंद्रिय सुख प्रधान सभ्यता की चरम सीमा तक पहुँच चुका है।

दांडी रामायण में रावण का चरित्र कई सर्गों में उल्लिखित है। उसके जन्म की कथा, स्वर्ग विजय, देवों के साथ लंका का संघर्ष आदि की कथाओं को खूब महत्त्व दिया गया है। इस बीच वह काफी अभिशप्त भी हो चुका है। मुख्यत: चार अभिशापों की चर्चा है—1. कुशध्वज की कन्या वेदवती का वह बलपूर्वक स्पर्श कर लेता है तो वह क्रोध में भर शाप दे देती है। 2. कपिलास में उपहास करने पर नंदिकेश्वर वानरों से पराभव का अभिशाप देते हैं। 3. अयोध्या के नृप अनरण्य मरते-मरते अभिशाप देते हैं कि मेरे वंश का कोई तुम्हें मारेगा। 4. रंभा का शील भंग करने पर नल कुबेर अभिशाप देते हैं कि तू अपहरण करने

पर भी बलपूर्वक परस्त्री का भोग नहीं कर सकेगा। इनसे स्पष्ट हो जाता है कि कामुकता और दंभ दो ही उसके चरित्र की सबसे बड़ी दुर्बलताएँ हैं। अन्यथा शक्ति में वह बालि, सहस्रबाहु जैसे एक-दो को छोड़कर स्वर्ग-मर्त्य-पाताल में अजेय है। सीता चुराने का कार्य वह बहुत सोच-समझकर करता है। तभी तो मंदोदरी, शुक-शारण, राम के दूत (हनुमान्, अंगद), उसके अपने सहोदर (विभीषण एवं कुंभकर्ण), अपने पुत्र (वीरबाहु) आदि के असंख्य बार कहने पर भी अपने निश्चिय पर दृढ है। उसने अपने तर्क और अपनी बुद्धि से यह निष्कर्ष निकाला था—

1. राम मानव है और मैं किसी भी मानव से अधिक शक्तिशाली हूँ।
2. वे अयोध्या के राजा हैं और मैं लंका का राजा, फिर शत्रुता कैसी?
3. मेरा राज्य इतनी बड़ी खाई से सुरक्षित है, मेघनाद, कुंभकर्ण आदि वीर इसके रक्षक हैं।
4. ब्रह्मा का वरदान पा चुका हूँ कि छप्पन युगों तक जी सकूँगा।
5. इतने पर भी राम यदि नारायण हैं और मारेंगे तो उन्हें कोई रोक नहीं सकता, वह मेरे हित में ही होगा। परंतु जब वह एक बार शत्रुता ठान लेता है तो मृत्युपर्यंत फिर पीछे हटने की कल्पना तक नहीं करता।

युद्ध कला में रावण पूर्णतः निपुण है। अवसर होने पर वह सभा बुलाकर समस्याओं पर चर्चा करता है, परामर्श करता है। शत्रुदल का भेद लेना, अपना आत्मबल कभी न गिरे इसके लिए छल-कपट का आश्रय लेना, कई बार राम-लक्ष्मण तक को युद्ध में मोहग्रस्त कर देना, उसके शक्ति और बुद्धि के प्रतीक हैं। यथा अवसर अपने शत्रु के शौर्य की प्रशंसा कर सकता है, इतना होते हुए भी हरण कर लाई सीता को वह क्यों नहीं लौटाता? इस बात को लेकर वह निश्चय कर चुका है—

माँगने पर सीता लौटा दूँ तो राम वापस लौट जाएगा, परंतु शत्रु के आगे उपहास का पात्र मैं बनूँगा। अतः मैं जीत गया तो अक्षय यश मिलेगा, और कहीं मर गया तो स्वर्ग जाऊँगा। फिर भी आगे वह राम जैसे वीर के लायक ही प्रतिभा के रूप में उभरता है, बलरामदास ने तदनुरूप ही उसका वर्णन किया है।

मानस में रावण का चरित्र सीमित कर दिया गया है। तुलसीदास ने संक्षेप में उसके प्रताप का वर्णन किया है—

चलत दसानन डोलति अवनी। गर्जत गर्भ स्रवहिं सुर रवनी॥
रावन आवत सुनेउ सकोहा। देवन्ह तके मेरु गिरि खोहा॥

इस महायोद्धा में गहरा आत्मविश्वास है, वह कभी शत्रु के बल-वैभव से

आतंकित नहीं होता। परंतु तुलसीदास ने उसकी विजयों का विशेष विवरण नहीं दिया। चूँकि तुलसीदास ने देवों में अनेक उत्कृष्ट गुणों का समावेश तो किया नहीं, न उन्हें बहुत वीर कहा है। अत: रावण की देवताओं पर इतनी बड़ी विजय भी उतनी विशिष्ट नहीं जान पड़ी। रावण कामी भी है, क्रोधी है और प्रचंड अहंकारी है। परंतु इन तीनों ही बातों में भक्ति का पुट देकर कवि ने इन विशेषताओं में उत्कृष्टता का शमन कर दिया। वह राम के मुकाबले कोई महत्त्वपूर्ण प्रतिद्वंद्वी नहीं रह जाता। यही कारण है कि कई बार आलोचकों में यह धारणा हो जाती है कि रावण सीता की ओर कामुक दृष्टिकोण नहीं रखता वरन् मातृत्व भाव रखता है। दूसरी ओर वह अपने वीरतापूर्ण आत्मसम्मान पर आँच नहीं आने देता। उसके लिए वह असहिष्णुता की चरम सीमा को स्पर्श कर हनुमान् को दंड देता है, विभीषण को लात मार निकाल देता है, मंदोदरी को जली-कटी सुनाने लगता है। मानस में एक-दो स्थल पर अत्यधिक व्यंग्यकार और वाक्पटु पात्र के रूप में भी चित्रित किया गया है। हनुमान् और अंगद जब दूत बनकर आते हैं तो वे बातें स्पष्ट होती हैं। लंका जलाने की सजा सुनाते हुए वह कहता है—

पूँछहीन बानर तहँ जाइहि। तब सठ निज नाथहि लइ आइहि॥
जिन्ह कै कीन्हिसि बहुत बड़ाई। देखउँ मैं तिन्ह कै प्रभुताई॥

जब शुक आकर रामादल की खूब प्रशंसा करता है, उसका प्रशस्त विवरण देता है तो रावण कहता है—

मूढ़ मृषा का करसि बड़ाई। रिपु बल बुद्धि थाह मैं पाई॥
सचिव सभीत बिभीषण जाकें। बिजय बिभूति कहाँ जग ताकें॥

उसी प्रकार शत्रु के दूत के रूप में अंगद उसकी सभा में बहुत कुछ कह देते हैं तो रावण कहता है—

अगुन अमान जानि तेहि दीन्ह पिता बनबास।
सो दुख अरु जुबती बिरह पुनि निसि दिन मम त्रास॥

तुलसीदास ने रावण के चरित्र के विविध आयामों को उतना महत्त्व नहीं दिया। उसके हृदय की गहराई में भक्ति-भावना का समावेश कर उसे आदर्श प्रतिनायक के रूप में उपस्थित किया है। बलरामदास ने उसे वेदाचार युक्त नैष्ठिक ब्राह्मण बताया है, जो अधर्म आचरण से अत्यंत गर्हित पात्र हो जाता है। मानस में रावण हमेशा राम का उपहास करता है, दांडी रामायण में वह प्रत्यक्ष देखने पर राम के गुणों की प्रशंसा करने में पीछे नहीं रहता—

श्रीरामहु चाहिं जे विचारइ रावण
धन्य दशरथ राजा तुहि बड़जान।
धन्य सूर्यवंश कउशल्या राणी।
धन्य एहि ऋक्ष कपि धन्य ए धरणी।
जुवा काले एहार जुझिबार नुहइ।
वीरवर बाना एहा कु जे अछि शोहि॥

रावण के लिए यद्यपि नीच, खल, अधम आदि विशेषणों का प्रयोग दोनों ने जगह-जगह किया है। बीच-बीच में युद्ध के अवसर पर पुत्रों के शोक से मर्माहत रावण का करुण चित्र भी दोनों ने प्रस्तुत किया है।

परंतु मानस में रावण का अंत बहुत ही अद्भुत हुआ है। तुलसीदास कहते हैं कि युद्ध में बाण लगने पर उसका तेज प्रभु के मुख में समा गया—

तासु तेज समान प्रभु आनन। हरषे देखि संभु चतुरानन॥

अर्थात् रावण सायुज्य मुक्ति पा जाता है। बलरामदास ने रावण की मृत्यु को दो प्रचंड योद्धाओं के बीच एक को घमासान युद्ध करते-करते धराशायी होने की तरह दिखाया है। यहाँ तुलसीदास की रावण के प्रति सहानुभूति असंदिग्ध रह जाती है। रामकथा में प्रतिभट के रूप में रावण ही है। मानस में उसे राम में समाने का दृश्य है। दांडी रामायण का चित्र वाल्मीकि के अनुसार युद्धभूमि में पतन का दृश्य है। वह शत्रुपक्ष की भी प्रशंसा में पीछे नहीं। निपुण युद्ध संचालक है। पर राम के आगे हारना नियति है।

सीता

रामकथा के पात्रों में सार्वत्रिक करुण परंतु संतुलित चरित्र सीता का रखा है। यद्यपि वाल्मीकि से प्राप्त सीता का रूप परवर्ती भाषा रामायणकारों के हाथों में सुरक्षित रहा, परंतु इस सती नारी का देश, काल और स्थिति के अनुरूप परिवर्तन-परिमार्जन खूब स्वतंत्रता के साथ होता रहा है। बलरामदास और तुलसीदास दोनों ने उसे समकालीन आदर्श वधू, गृहिणी एवं आदर्श पत्नी के रूप में ढाला है।

मानस में सीता के आविर्भाव के संबंध में विशेष विवरण नहीं मिलता। बलराम ने वाल्मीकि के आधार पर कुछ अंश लेकर सीता के निर्माण की कल्पना इस प्रकार की है—कुशध्वज कन्या वेदवती रावण के स्पर्श से अपवित्र काया अग्नि को समर्पित कर देती है। जनक जब यज्ञ कर रहे होते हैं, रावण उधर जाकर उसकी अर्धदग्ध काया देखकर उठा लाता है। मंदोदरी को उसका व्यंजन पकाने के लिए

देता है। नारद की बात मान मंदोदरी वह अर्धदग्ध देह स्वर्ण मंजूषा में बंद कर समुद्र में बहा देती है, जो कि जाकर जनक की भूमि में लगती है। हल के फाल से टकराकर मंजूषा निकल आती है, उसी से सीता की उत्पत्ति होती है। तुलसीदास उसे आद्याशक्ति जगज्जननी और अभिन्न मानकर कहते हैं—

गिरा अरथ जल बीचि सम कहिअत भिन्न न भिन्न।
बंदउँ सीता राम पद जिन्हहि परम प्रिय खिन्न॥

राम अगर मर्यादा पुरुषोत्तम हैं तो सीता आदर्श नारी रत्न। मारीच की कपट पुकार सुन लक्ष्मण से कुछ कटु शब्द कह देती है, पति के अहित के भय से घबराकर। अन्यथा आद्यंत सीता का चरित्र बिल्कुल निष्कलंक है। सीता का बाल्यकाल और राम राज्याभिषेक के बाद का समय तुलसीदास के वर्णन क्षेत्र से बाहर पड़ता है। परंतु धनुष यज्ञ के अवसर पर पूर्वराग के अत्यंत मधुर क्षणों का तुलसीदास ने बड़ी सतर्कता से वर्णन किया है। कहीं उनका वर्णन अपने उच्च स्तर से एक भी शब्द ऐसा नहीं रखता, जिससे सीता के गौरव पर कोई आँच आती हो। ससुराल हो या पीहर, अत्यंत स्नेह और आदर से पली सीता अवसर उपस्थित होते ही पति के साथ वन जाने के लिए प्रस्तुत हो जाती है। फिर तुलसी ने वन में ग्रामवधुओं के बीच मुसकाकर जाती सीता और बलपूर्वक ले जाती हुई बिलखती सीता के बीच अद्‌भुत चारित्रिक वैविध्य उपस्थित किया है। रामचरणलीन दीन-मलीन छवि ही अशोक वाटिका में नहीं बैठी, वह राम के विरह में प्राणत्याग के लिए भी उत्सुक है।

ऐसे ही अवसर पर रावण उसे आकर्षित करने की चेष्टा करता है तो तृण की ओट में जो वाक्‌बाण छोड़ती है, रावण एकदम तिलमिलाकर तलवार खींच लेता है। निर्भयता की अद्‌भुत मूर्ति उभरकर आती है। यही निर्भयता अग्नि के सामने परीक्षा के क्षणों में दृढता का साक्षात् अवतार वन जाती है। वह आत्मविश्वास की आभा से चमक उठती है। राजकुल की यह आदर्श बहू कई बार अपने व्यवहार से चमत्कृत कर देती है। वैसे—अयोध्या में सास-ससुर की सेवा, देवरों के प्रति सम्मान, परिवार के अन्य लोगों के प्रति सहानुभूति, केवट प्रसंग में राम की मन:स्थिति जान मुँदरी प्रदान, वन में परिवार के सब लोगों की दक्षता के साथ सेवा आदि। तभी वह सबकी श्रद्धा भाजन बन जाती है।

तुलसीदास की नारी विषयक कुछेक अर्धालियों को उद्‌धृत कर कई आलोचक उन पर आक्षेपों की बौछार कर देते हैं। परंतु उन्हीं तुलसीदास ने सीता जैसा एक जगत्वंद्य नारी पात्र मानस में दिया है, जहाँ वे कहते हैं—

सीय राममय सब जग जानी। करउँ प्रनाम जोरि जुग पानी॥

मानस में चित्रित इस आदर्श नारी पात्र के साथ दांडी रामायण की आदर्श और

यथार्थ के समन्वय के रूप में दी गई सीता की तुलना कुछ कठिन है। बलरामदास के पास चित्रण के लिए जन्म से लेकर वन में निर्वासन के समय लव-कुश का पालन करती विरहिणी जननी के रूप तक की विविधतामयी सीता उपलब्ध है।

तुलसी ने सीता का पूर्वराग थोड़ा सा रेखांकित किया है तो बलराम ने उसके विवाहोत्तर प्रणय प्रसंग के मधुर क्षणों का विस्तृत चित्रण किया है। मधुशैया के अवसर पर वह राम को सचेत कर देती है—

जेतिकि दिन थिब ए मोर जुब देह।
तेते दिन मोहठारे करिथिब स्नेह॥
सपतणी मोते जे बोलिबे निंदावान।
तुमे कोप करिब ताहांक बोले शुणि॥
मायार संसार एहु देखु देखु आन।
थोका एक समते तुरिब ए जौबन॥
युबा कन्या संगते करिब तुमें प्रीति।
मोते जे भर्त्सना बाणि बोलिय भूपति॥

अतः सौत से डरकर राम से एक पत्नीव्रत की दृढ प्रतिज्ञा करा लेती है। राम भी एक-दूसरे के प्रति सच्चे रहने की शपथ ले लेते हैं। सौत का डर कुछ समय बाद परशुराम के धनुष की प्रत्यंचा चढ़ाते समय दुबारा उभर आता है—

एबे त ए मुनि जे जाचइ शरासन।
आमंचंते आबर ए देव कन्या दान॥
मासे पक्षे नोहिला मोहर मन तोष।
पुणि विधि विहिलाक सपतणी दोष॥

सीता की वह आशंका देख राम पुनः अपनी शपथ दुहराते हैं कि मैं तो एक पत्नी व्रत लिये हूँ , यह डर निर्मूल है। इसी प्रकार बलराम ने राज्याभिषेक के बाद पुनः सीता के अभिसारिका वेश का भी अद्‌भुत वर्णन किया है।

सीता राजकुल की आदर्श वधू ही नहीं, वह एक महान् राज्य की महारानी भी है। उसकी चिंता अपनी सीमा से निकलकर क्रमशः राज्य तक व्याप्त होती है। वन जाते समय वह वांछावट के आगे माँगती है—

बोइले वृक्ष तु जेबे अटु वट सिद्ध।
स्वामी मोर राजा हेबे त्रिभुवन मध्य॥
विधवा संगे गणिता नोहिबि जे मुंहिं।
जुगे जुगे थिबि जे जुबति रूप बहि॥

शाशु शसुर मोहर कुशलरे थाउ।
पिता जे मोहर, ब्रह्मलोक भेट पाउ॥

पति से लेकर राज्य तक की मंगल कामना करनेवाली यही सीता आगे चलकर और अधिक उदार हो जाती है। जब लक्ष्मण उसे वन में छोड़ जाते हैं तब कहती है—जैसे भी हो राम देह धारण करें, तीनों बहनों को मेरे आने का दुःख होगा, उन्हें भी सुखी रखना, तुम राम की पूरी सेवा करना। इतना ही नहीं, वह दुःख में भी विपरीत परिस्थितियों में लव-कुश का पालन-पोषण पूरी निष्ठा और साहस के साथ करती है। यही कर्तव्यनिष्ठा उसे महान् बना देती है।

यही राजरानी एक आदर्श कुलवधू है। बलराम ने इसके लिए कई अवसरों की कल्पना की है—1. राम अगर उसे अयोध्या में छोड़कर वन चले गए तो वह किसी तरह जी न सकेगी। 2. अनसूया भी सीता के व्यवहार से संतुष्ट होकर अम्लान वस्त्र देती है, उसमें महासती के गुणों को स्पष्ट देख पाती है। 3. वन में वह सारे कष्ट सह लेती है, राम के चरण चाँपती है। राम द्वारा लाए मांस को पकाती है, अवशिष्ट को दूसरे दिन के लिए सहेजकर रखती है। 4. अशोक वाटिका में जब हनुमान् कहते हैं—पीठ पर चढ़ो, मैं राम के पास ले जाकर समर्पित कर दूँगा, तो वह उत्तर देती है—इस प्रकार चली गई तो रावण जीवित रह जाएगा, फिर पति की प्रतिज्ञा पूरी कैसे होगी? फिर मैं परपुरुष का स्पर्श कैसे करूँ? यद्यपि रावण माया कर मुझे हर लाया, परंतु मैं जान-बूझकर दूसरे का स्पर्श कैसे करूँ? 5. रावण जब बलपूर्वक माया से अपहरण कर लाता है तो रास्ते में जटायु रावण को बेहोश कर देता है। सीता भागकर छुप जाती है। वह अपनी रक्षा का पूरा प्रयास करती है। 7. राज्याभिषेक के बाद नाना प्रकार के व्यंजन पकाकर वह सारे विश्वासीजनों को भोजन कराती है, अन्नपूर्णा वेश धारण कर स्वयं परिवेषण करती है।

परंतु यही सीता आगे चलकर स्वाभिमानपूर्ण गर्वोन्नत नारी के रूप में आती है। जिस राम के साथ मधुशय्या की, राजमहल त्यागकर वन में पर्णकुटीर में रही, राजरानी बनकर अभिसार किया, वही राम जब बार-बार शील और चरित्र की परीक्षा देने के लिए कहते हैं, उसका अंतर्द्वंद्व चरम सीमा को पहुँच जाता है। तब जिस राम को देखे बिना वह जी नहीं सकती, उसके सामने आने पर वह उसकी ओर सिर उठाकर देख तक नहीं पाती। अब राम की गोद का आकर्षण समाप्त हो चुका है। जिस सीता ने कहा था (मधुशय्या पर) मैं तुम्हारी जन्म-जन्म की दासी हूँ, वही सीता सिर झुकाए खड़ी है, मान भरी मौन है। आज भी यद्यपि वह दासी राम की ही है, परंतु कहती है—

सहि न पारइ एहि संसारर दुःख।
कांदंति बइदेही न चाहि राम मुख॥

अत्यंत कठिन क्षण है।

करुणासिक्त सीता रो पड़ती है। यह दुःख भार न सहकर वह महासती माँ मेदिनी को दो भाग होने के लिए आकुल आवेदन करती है, ताकि सीता की जननी बाहर आकर विश्व के सामने उसके निष्कंलक चरित्र की साक्षी दे। धरती कहती है—

सीतांकर आगरे कहिले कथा चार।
महासती मानंकर अग्रे लेखा अर॥
जगत् जननी तु विष्णुर पटराणी।
संसार उद्धारिणी तु हर नारायणी॥

धरती ही गोद में लेकर उसे इस यातना से मुक्त करती है। यह वनवास प्रसंग तक कथानक खिंच जाने के कारण करुणा और वेदना की मूर्ति गढ़ने के लिए बलराम को यथेष्ट अवसर मिल गया। तुलसी ने सीता के प्रति सदा पूज्यभाव बनाए रखा, अतः बाध्य होकर कई प्रसंग उन्हें छोड़ देने पड़े और कई महत्त्वपूर्ण प्रसंगों को बहुत अधिक मर्यादित करना पड़ा। इसकी पूर्ति के लिए कुछ अन्य गौण प्रसंगों में रंग भरकर उसके चरित्र का विकास दिखाया है। वाल्मीकि ने सीता का पुत्रवत् पालन किया था, गोस्वामीजी की सीता उनकी आराध्य हैं अतएव दोनों के चित्रांकन में भी तथैव भावों का निरूपण किया गया है। पिता को अपनी पुत्री के गुण-दोष, दोनों की सम्यक् आलोचना करने का पूर्णाधिकार है, परंतु पुत्र अथवा सेवक अपनी माता एवं स्वामिनी के दोषों की ओर ध्यान नहीं देता है।

परंतु बलराम ने एक शुद्ध कवि की तरह निःसंगता बरतते हुए उसके चरित्र के विविध पक्षों पर प्रकाश डाला है। वह अवसर चाहे मधुशैया का हो, नख-शिख वर्णन का हो, वन में गृहस्थ का अथवा अग्नि-परीक्षा के समय राम को उत्तर देने का, बलरामदास ने किसी प्रकार की हिचक या संकोच से काम नहीं लिया। बलरामदास की सजी-धजी सीता ओड़िया वस्त्राभूषण अलंकारों में उत्कलीय ललना है, तुलसी की सीता उसी प्रकार मिथिलांचलीय संस्कारों में मैथिली है।

दशरथ

दुःख पर्यवसायी के रूप में सीता के बाद दशरथ का स्थान आता है। सीता को एक बार तो रावण के घर में पति की शक्ति पर दृढ भरोसा होने के बाद प्राण रखने का आत्मबल मिला था, परंतु दूसरी बार परीक्षा की बात पुनः कही जाने पर

उनका मनोबल पूर्णत: टूट जाता है और वह पृथ्वी की गोद में विश्रांति खोजती है। उसी प्रकार पहली बार विश्वामित्र राम को माँगकर ले जाते हैं तो अनिच्छापूर्वक दशरथ जैसे-तैसे वियोग सह लेते हैं। उन्हें भरोसा है कि विश्वामित्र की तरह के ज्ञानी साथ में है, अत: मोई विपर्यय नहीं होगा। परंतु ये ही राम स्वयं उनके (दशरथ के) वचनों से बाध्य होकर वन जाते हैं तो दशरथ का मनोबल टूट जाता है, वे पुत्र से विछोह नहीं सह पाते और राम-राम कहते हुए प्राण त्याग देते हैं।

मानस के दशरथ वीर हैं, पंचों की बात मानकर कार्य करते हैं, राजकाज में कुशल हैं, पूर्णायु प्राप्त रघुकुल तिलक हैं। लेकिन मानस में इन सबसे ऊपर उनका पुत्र वत्सल रूप ही उभरकर आया है। मनु-शतरूपा श्रीहरि को पुत्र रूप में पाने का वर माँग लेते हैं। वे ही त्रेता में दशरथ और कौशल्या बनकर अवतरित होते हैं। अत: प्रथम तो चौथेपन में पुत्र-प्राप्ति और दूसरे बहुत दिन बाद वरदान की फल-प्राप्ति। दशरथ का आनंद असीम है। उनका हृदय जगत् से सिमटकर एकमात्र सुख पुत्र प्रेम में केंद्रीभूत हो जाता है। इस प्रेम पर जब वरदान के छिद्र से प्रहार किया जाता है, महाराज तिलमिला जाते हैं। इस सारे विपर्यय का उत्तरदायित्व अपने ऊपर लेते हुए कहते हैं—

चहत न भरत भूपतहि भौरें। बिधिबस कुमति बसी जिय तोरें॥
सो सबु मोर पाप परिनामू। भयउ कुठाहर जेहिं बिधि बामू॥

अर्थात् अपने पापों का परिणाम है। अथवा आज विधाता बाम हो गया है? वर माँगने से पूर्व दशरथ की कैकेयी को कही गई वार्त्ता में आलोचकों को स्त्रैणता या कामुकता की गंध आती है। परंतु तुलसी वर्णित उक्त प्रसंग में दशरथ ने जो कुछ कहा, वह काम से अधिक उमंग की तरंग में कही गई गर्वोक्तियाँ हैं। अथवा राम के राज्याभिषेक के अवसर पर आए आनंद के ज्वार में उन्मत्त राजा का हृदय प्रदर्शित है। अचानक एक शोक जैसी हालत उत्पन्न हो जाती है। पहले जितनी उमंग, उत्साह और उद्‌दीपन से भरे हुए दशरथ कैकेयी के पास जाते हैं, कुठाँव चोट खाकर वे उतने ही असहाय, भीरु, करुण और वेदनाग्रस्त हो जाते हैं।

बलरामदास को दशरथ का चरित्र चित्रण करने के लिए और भी अधिक क्षेत्र मिलता है। उनके जन्म के संबंध में लिखते हैं—

कश्यप ऋषि एथर मंचपुरे जाउ।
अजोध्या नगरे राजा दशरथ हेउ॥
अदिति जे देवमाता मोर बोल करु।
कउशल्या नाम बहि मंचे अबतरु॥

यहाँ महाराज शक्तिशाली और दानी हैं, विवेकी हैं, मर्यादावंत हैं, श्रेष्ठ धनुर्धारी हैं।

रबितले नाहिं दशरथकु के सरि।
प्रतिज्ञाबंत राजा से सर्वगुण पूर्ण॥

इनकी 750 रानियाँ थीं। ये सारे विवाह पुत्र की कामना से किए गए हैं। फिर भी वे अपुत्रिक ही रहे। कवि देवताओं के राजा इंद्र की सहायता और शनि के साथ संघर्ष की शौर्यगाथा को विस्तारपूर्वक प्रस्तुत करते हैं। इन्हें वृद्धावस्था में शृंगी ऋषि के यज्ञ के बाद पुत्र-प्राप्ति होती है। पुत्र जन्म सुनते ही वे अंदर दौड़े जाते हैं। प्रसन्नता चरम सीमा तक पहुँच जाती है। बहुत बड़ा महोत्सव आयोजित होता है। वही प्रसन्नता तक उच्छरित होती है, जब मिथिला से राम का लिखा पत्र प्राप्त करते हैं।

बलराम ने राजनीति के ज्ञाता दशरथ का परिचय भी कराया है। राम को राजतिलक देने की जब तैयारियाँ हो जाती हैं, तो वे राम को पास बुलाकर राजनीति की शिक्षा देते हैं। जनता के पालन के नियम, शासन संचालन की रीति, विभिन्न वर्ग के लोगों से व्यवहार की परंपरा आदि का राम को ज्ञान कराते हैं। मानस में इस प्रजापालन की शिक्षा के लिए महाराज ने राम को वसिष्ठ के पास भेजा है।

दशरथ का चरित्र अक्षुण्ण बनाए रखने के लिए बलरामदास ने 'दुर्बल' नामक पात्र की कल्पना की है। देवताओं द्वारा भेजा गया यह पात्र महाराज में प्रवेश करता है और उन्हें कैकेयी के जाल से उभरने में असमर्थ कर देता है। फिर भी उनकी छटपटाहट अपना विशेष महत्त्व रखती है। वन जाते समय कैकेयी वन के वस्त्र राम के साथ सीता को भी देती है तो महाराज यह कार्य न्याय के विरुद्ध कहकर घोर प्रतिवाद कर उठते हैं। इसके लिए वे कैकेयी को खूब फटकारते हैं। यहाँ तक कि एक बार तो राम तक को वन जाने से मना कर देते हैं। झूठ बोलने का पाप ही तो लगेगा, उसे वे सह लेंगे, परंतु राम वन में जाकर इतने कष्ट क्यों सहें ? आखिर विधि के विधान के आगे दशरथ असहाय हो जाते हैं। अंतिम क्षणों में उन्हें जब मुनि के अभिशाप की बात याद आ जाती है, पुत्र-वत्सल महाराज को प्राण त्यागने पड़ते हैं।

फिर भी वाल्मीकि वर्णित दशरथ का चित्र इतना परिव्याप्त है कि बलराम और तुलसी के लिए विकास की कोई गुंजाइश नहीं रह जाती। तभी दोनों कवियों के चित्रण में सीमा का अंतर हो सकता है, अन्यथा विविधता का अभाव ही परिलक्षित होगा। मूलत: दशरथ का रामकथा में अपनी पुत्र-वत्सलता के कारण इतना महत्त्व है। सत्य के प्रति उनकी दृढता भी इसके आगे कहीं-कहीं दब-सी जाती है। यहाँ

दोनों ने दशरथ को मानवीय दृष्टिकोण से अंकित किया है। पुत्रहीनता की मनोस्थिति दशरथ की वीरता, निपुणता, राजनीति आदि गुणों को तिरोहित कर देती है।

हनुमान्

रामकथा में दशरथ अगर वात्सल्य के अवतार हैं तो हनुमान् दास्य-भक्ति के मूर्तिमंत रूप हैं। ये राम के निष्काम दास हैं और राम की सेवा में ही उनके चरित्र का चरम विकास होता है। वैसे देखा जाए तो वाल्मीकि ने हनुमान् में इतने अधिक गुणों का समावेश किया है, उन्हें शौर्य, वीर्य, साहस और निर्भयता की उस पराकाष्ठा पर पहुँचा दिया है कि तुलसी और बलराम किसी के लिए वहाँ तक पहुँचना कठिन हो गया। इन्होंने भक्ति का सहारा लिया। फलतः हनुमान् में भाषा रामायणकारों ने भक्ति का लाल रंग इतना दिया कि और रंग फीके पड़ जाते हैं।

तुलसी कहते हैं—

अतुलितबलधामं हेमशैलाभदेहं,
दनुजवनकृशानुं ज्ञानिनामग्रगण्यम्।
सकलगुण निधानं वानराणामधीशं।
रघुपतिप्रियभक्तं वातजातं नमामि॥

इन्हीं हनुमान् की सागर लाँघते समय सुरसा परीक्षा लेने के बाद कहती है।

राम काजु सबु करिहहु तुम्ह बल बुद्धि निधान।

इस प्रकार लंका में पहुँचने के बाद लंकिनी भी कहती है—

तात मोर अति पुन्य बहूता। देखेउँ नयन राम कर दूता॥

सीता भी उनके कनक भू-धराकार शरीर को देखकर मन में भरोसा करती है। वे ही वीर रावण के आगे कूटनीति की बातें कहते हैं—

जदपि कही कपि अति हित बानी। भगति बिबेक बिरति नय सानी॥

भक्ति, ज्ञान, वैराग्य और नीति चारों से समन्वित बातें कह रहे हैं। तदंतर राम-रावण युद्ध के अवसर पर तो उनकी भूमिका अतुलनीय है—मूर्च्छित लक्ष्मण के लिए संजीवनी लाना, युद्ध में राक्षसों का संहार आदि के द्वारा वे रावण तक के प्रशंसाभाजन बन जाते। जो उनकी हँसी उड़ाता है, वही रावण उनसे घूँसा खाकर कहता है—

मुरुछा गै बहोरि सो जागा। कपि बल बिपुल सराहन लागा॥
धिग धिग मम पौरुष धिग मोही। जौं तैं जिअत रहेसि सुरद्रोही॥

तुलसीदास ने यद्यपि इनके पराक्रम के अनेक प्रसंगों का उल्लेख किया

है, किंतु जीवनी संबंधी आख्यानों की एकदम उपेक्षा कर गए हैं। बलरामदास ने वाल्मीकि की तरह संक्षेप में जन्मकथा और बचपन के कतिपय प्रसंगों की चर्चा की है। राम राज्याभिषेक के उपरांत विभीषण के पूछने पर अगस्त्य मुनि संक्षेप में रामकथा सुनाते हैं। वाल्यावस्था में उन्होंने ऋषि-मुनियों की वेद-पोथियाँ एवं यज्ञादि की सामग्री तोड़ी, खूब उत्पात मचाया तो ऋषियों ने शाप दिया—

थोका काल तोहर बल हत हेउ।
अकारण समये प्राकर्म तोर नोहु॥
देव कार्य पड़िले होइब सामरथ।
एबे ए बल तोर हेउ सर्ब हत॥

तब वे शांत हो किष्किंधा में आकर सुग्रीव के पास रहते हैं। राम के दर्शन से उनका बल लौट आता है, राम उनके कवच-कुंडल देख पाते हैं, अन्यथा किसी को भी वे नहीं दिखते। बाद में तो उनका वर्णन और तुलसीदास का चित्रण प्रायः समानांतर ही चलता है।

बलरामदास ने इस बीच दो-तीन मौलिक प्रसंग जोड़ दिए हैं, जिनसे हनुमान् के चरित्र में कुछ विविधता आ गई है। सेतुबंध बाँधते समय वे पर्वत लाकर नल से स्पर्श कराते हुए समुद्र में डाल रहे हैं, इसी बीच एक बार नल बाएँ हाथ से स्पर्श कर देते हैं (बाएँ हाथ से छूना अपमानसूचक माना जाता है) अतः हनुमान् क्रोध में भर उठते हैं। तुरंत राम आगे आकर बीच-बचाव करते हैं और हनुमान् को शांत कर देते हैं। यह आत्मगौरव की भावना आगे और भी विकसित होती है। राम का शांति संदेश लेकर दुबारा हनुमान् रावण के दरबार में उपस्थित होते हैं, उस समय देखते हैं कि रावण अति उच्च सिंहासन पर बैठा है और स्वयं उससे बहुत नीचे खड़े हैं, इस प्रकार की स्थिति में वार्त्तालाप करना उन्हें अपने और अपने प्रभु के गौरव के अनुकूल नहीं लगा। अतः वे अपनी पूँछ से कुंडली बनाकर एक उच्चासन का निर्माण कर लेते हैं, फिर रावण के समकक्ष ऊँचाई तक आ जाते हैं। तब वे राम का संदेश समता के स्तर पर सुनाते हैं, रावण को नाना प्रकार से समझाते हैं।

युद्धोपरांत प्रत्यावर्तन के समयानुमान सोचते हैं कि राम की विजय मेरे कारण हुई है। राम तो कभी अपने भक्त में गर्व नहीं रहने देना चाहते। अतः उन्हें फल लाने वन में भेजते हैं। अष्टक के आगे उनका पराभव हो जाता है, जब निगल जाने को है, तभी रामनाम स्मरण करते हैं और अष्टक भयभीत हो उठता है, उन्हें राम का सेवक जानकर। हनुमान् अपनी भूल समझकर पश्चात्ताप करते हैं और राम के चरणों में आगर गिर पड़ते हैं। इस प्रकार बलरामदास ने भक्तप्रवर हनुमान् को

अभिमान आदि सभी अवगुणों से मुक्त कर दिया है।

मानस में यह स्वाभिमान कहीं वर्णित नहीं है। गर्व की तो तुलसी उनमें कल्पना तक नहीं कर सकते। क्योंकि वे जानते हैं कि हनुमान् का सारा बल और उनकी सारी सामर्थ्य राम को लेकर है। बलरामदास ने जहाँ हनुमान् के चरित्र में कुछ अवगुणों की चर्चा कर उन्हें यथार्थ के समीप लाने का प्रयास किया है, तुलसी ने रामभक्ति का अथाह समूह भरकर उन्हें उदात्त भक्त के रूप में अंकित किया है।

यहाँ बहुत सीमित पात्रों को लिया है अन्यथा बलराम ने अन्य अनेक पात्रों का विस्तृत चित्र आँका है। तुलसी के कौशल्या, भरत, शवरी, केवट आदि अतुलनीय पात्र हैं। बलराम दास की कथा में जराकुशा जैसे दुर्लभ पात्र हैं, जिसमें देश और समाज–भक्ति सर्वोपरि है, उसी प्रकार व्यक्तिगत उपलब्धि का समाजहित में न्योछावर किए बिना कोई महान् नहीं रहता, यह दृष्टि वेश्या समाज के सामने शृंगी आनयम प्रसंग में रखते हैं। पात्रों का निर्माण अपने वातावरण के अनुरूप होने के कारण भिन्न हो जाता है। दोनों का समाज इसे स्पष्ट कर देता है। जो हो, दोनों में रामकथा ये पात्र उदात्त रूप निर्मित करने हेतु अवतरित हुए लगते हैं, यही प्रमुख निष्कर्ष मिलता है।

□

दार्शनिक विश्लेषण

बलरामदास और तुलसी के समय में भारतीय दर्शन के प्राय: सभी संप्रदायों की उपस्थिति थी। विशेषत: वैष्णव विचारधारा का प्रभाव निर्विवाद रूप से सर्वाधिक था। इधर शंकर का अद्वैतवाद था, तो दूसरी ओर इसलाम का एक अल्लाह का प्रचार भी हो रहा था। इस प्रकार भारतीय जनसमाज के जीवन में आध्यात्मिक समस्या उपस्थित हो गई थी। इन ग्रंथों की रचना यही दृष्टिकोण रखकर की गई है। ईश्वर के अस्तित्व को लेकर जो बहुत बड़ी असमंजस की स्थिति उत्पन्न हो गई थी, इन्होंने भक्ति का मार्ग अपनाकर उसे एक तरफ कर दिया।

बलरामदास के संबंध में अनेक प्रकार के भ्रम खड़े किए जाते हैं। यही स्थिति तुलसीदास के दर्शन को लेकर भी उत्पन्न हो जाती है। इन दोनों कवियों के कुछ उदाहरण रामकथाओं से लेकर या इनकी अन्य रचनाओं से उद्धृतियाँ देकर इनको इस या उस पंथ के अंतर्गत रखा जाता है। इस संदर्भ में डॉ. भंडारकर की बात प्रणिधान्य है—(The Hindu habit of thought of identifying one God with others by regarding the latter either as forms of incarnations of the former, and thus evolving monotheism out of polytheism. Led to the identification of this wasudeva with other Gods and with the boy krsna of Gokula.)

वासुदेव के साथ गोकुल के कृष्ण के identification की, जो बात भंडारकर ने कही, बलरामदास और तुलसीदास के राम और नारायण के लिए भी वही बात प्रयुक्त होती है।

बलराम के राम का श्रीजगन्नाथ के साथ यह तादात्म्य अथवा तुलसी के राम का ब्रह्म के साथ एकात्म भाव उन्हें किसी निर्दिष्ट पंथ की ओर नहीं खींच सकता। ओड़िया धारा में पंचसखाओं के धर्म की चर्चा के समय विशिष्ट चिंतक चित्तरंजन दास सतर्क करा देते हैं कि धर्म के इतिहास में कोई मार्का लगे आधार (thought packets) नहीं हैं। अत: धर्म का नाम आते ही मन में नाना कोठरियाँ बनाकर किसी चर्चा में केवल मार्का लगाने की चेष्टा से अभ्रांत आलोचना नहीं हो सकती। वास्तव में बलराम और तुलसी पर कोई भी मार्का लगाकर उन्हें किसी एक कोठरी में बंद नहीं किया जा सकता। बलराम को विद्वानों द्वारा बौद्ध (अथवा प्रच्छन्न बौद्ध) नाथपंथी, वैष्णव आदि विभिन्न धार्मिक विचारधाराओं के अंदर सीमित करने की चेष्टा हुई है। परंतु कुछ-न-कुछ खटकता रहा, अत: अपनी बात को तर्कसंगत बनाए रखने के लिए कई आनुषंगिक तर्क साथ में देते गए। वस्तुत: मनोवैज्ञानिक दृष्टि से देखा जाए तो वैदिक, तांत्रिक या बौद्ध नाम का विशेष मार्का नहीं। साहित्य चर्चा के क्षेत्र में ऐसे संप्रदाय वेशों का मार्का लगा देने से भ्रांति ही उत्पन्न होगी। अधिकांश विद्वानों ने बलरामदास को वैष्णव बताया है। उत्कलीय विद्वानों ने तत्कालीन चैतन्य प्रचारित 'ओड़िसी वैष्णव' धारा के अंतर्गत उन्हें रखने का प्रयास किया है। कहा जाता है कि वे चैतन्य के परिकर थे। चैतन्य के प्रभाव और उनकी ओड़िसा प्रीति को देखते हुए उन्हें चैतन्य का परिकर बताया जाता है। बलराम के संबंध में अभी तक निश्चित रूप से बहुत कम बातें कही जा सकती हैं। ओड़िसा में बलरामदास नाम के एकाधिक कवियों की सूचना मिलती है। संभवत: एक कवि के ग्रंथों को दूसरे की रचना मानकर बड़ी भ्रमात्मक स्थिति पैदा हो गई है। दांडी रामायणकार ने कौन-कौन से ग्रंथ लिखे और बलरामदास नाम से लिखनेवाले कवि के और कौन से ग्रंथ हैं। दांडी रामायण के धर्म और दर्शन में तथा बलरामदास रचित कहे जानेवाले अन्यान्य ग्रंथों में बहुत अधिक अंतर है। अत: आलोचक या तो किसी ग्रंथ के आधार पर उनके तत्त्व की चर्चा करते समय दूसरे की तदनुसार संगति बैठाते हैं या फिर दूसरों को हम बलराम का होने से इनकार कर देते हैं। इन कठिनाइयों के अलावा एक और समस्या ओड़िसा में 'वैष्णव' शब्द की सीमा को लेकर आती है। उत्तरी भारत में वैष्णव धारा जिस प्रकार स्पष्टत: अयोध्या और वृंदावन दो स्थानों को केंद्र कर रामभक्ति और कृष्णभक्ति के रूप में विभक्त होती दिखाई पड़ती है, ओड़िसा में वैसा विभाजन आज भी संभव नहीं होगा। इसके मूल में श्रीजगन्नाथ और पुरी है। चूँकि यहाँ सारी भावधारा और चिंतन के मूल में श्रीजगन्नाथ हैं, अत: रामभक्ति की बात कहें या कृष्ण भक्ति की वे सभी श्रीजगन्नाथ तक आकर एक हो जाती हैं।

इन परिस्थितियों में बलराम की चर्चा के समय सतर्कता बरतनी पड़ेगी। बलराम के इष्टदेव, परमाराध्य, गुरु, शक्तिस्रोत श्रीजगन्नाथ हैं। उनके दर्शन करने के लिए विद्वान् युगों से पुरी आते रहे हैं। इन बातों के भी यथेष्ट प्रमाण मिलते हैं कि श्रीजगन्नाथ क्षेत्र में इतनी उदारता रही है कि समय-समय पर इन धर्म-

ध्वजाधारियों, संतों, सिद्धों, साधकों की बहुत सी वार्त्ता को श्रीजगन्नाथ में समाहित किया गया है। बलराम के समय तक ओड़िसा और विशेषतः श्रीजगन्नाथ से बौद्ध प्रभाव समाप्तप्राय था। महाराजा प्रतापरुद्र देव ने वैष्णव दीक्षा ली थी। दक्षिण में राय रामानंद को उन्होंने राजमहेंद्री का शासक भी नियुक्त किया था, जो कि तब वैष्णवों में अग्रगण्य माने जाते हैं।

रामानुजन ने बारहवीं सदी में ओड़िसा आकर धर्म प्रचार का कार्य किया था। उनका उत्कल प्रवास 1122 ई. और 1137 ई. के बीच माना जाता है। 'मन्नाथ' कहने से राामानुज समझे जाते हैं। तमिल में इसका अर्थ है, 'एम-पेरु-मान्-आर' जो क्रमशः 'एंबार' और फिर 'मार' हो गया। इस प्रकार पुरी में रामानुज संप्रदाय के 'एमार मठ' के नाम की व्याख्या की गई है। उसी प्रकार अल्लालनाथ के मंदिर (ब्रह्मगिरि जि. पुरी) के संबंध में अनुमान किया जाता है कि यह तमिल के अलवार संतों का अपभ्रंस रूप है। वहाँ उसी संप्रदाय से संबंधित विचारधारा का प्रभाव स्पष्ट है। कहा जाता है कि रामानुज के प्रभाव से जगन्नाथ मंदिर की परिसीमा (बेढ़ा) में ही लक्ष्मी का मंदिर बनवाया गया। श्रीजगन्नाथ को नारायण मानकर उनके मंदिर के बाईं ओर समानांतर रूप में लक्ष्मी मंदिर निर्मित कर लक्ष्मी और नारायण की भावधारा को प्रकट रूप में प्रतिष्ठा दी गई थी।

मध्वाचार्य का उत्कल आगमन भी महत्त्व रखता है। इस संप्रदाय का मठ पुरी में मिलता है। वैष्णव भक्तिधारा के प्रचारक मध्व के बारे में एक कथा प्रचलित है। इनके कुछ प्रमुख शिष्य ये पद्मतीर्थ, नरहरितीर्थ, मध्वतीर्थ एवं अक्षोभ्यतीर्थ। नरहरितीर्थ को उन्होंने श्रीजगन्नाथ धाम भेजा था। उन्होंने क्हा—श्रीजगन्नाथजी से राम और सीता की आदिमूर्तियाँ लेकर आओ। कहा जाता है ये नरहरितीर्थ ही तत्कालीन ओड़िसा के राजा नरसिंह देव द्वितीय थे, जिन्होंने 1228-1309 के बीच शासन किया था।

इसके बाद रामानंद (15वीं सदी) का आगमन महत्त्वपूर्ण है। रामानंद स्वामी अपने समय के बहुत बड़े क्रांतिकारी वैष्णव संत थे। उनकी तीन बातें ऐसी थीं, जिनका उल्लेख यहाँ प्रासंगिक होगा—1. नीच कही जानेवाली जातियों के प्रति (खासकर हिंदुओं में) विशेष सहानुभूति दिखाई। फलतः कबीर (जुलाहा), धन्ना (जाट), रैदास (चमार) जैसे बहुत से अछूत कही जानेवाली जातियों के लोग इनके शिष्य बने और महान् वैष्णव भक्तों में स्थान पा सके। 2. रामानंद ने पहली बार जनभाषाओं में धर्म, दर्शन को धारण या व्यक्त करने पर जोर दिया था। फलतः उनके भक्तों और तत्कालीन अधिकांश साहित्य का माध्यम ये लोकभाषाएँ

(Vernaculers) बन गईं। ओड़िसा में उनके समकालीन शूद्र मुनि सारलादास ने ओड़िसा में महाभारत की रचना कर एक बहुत बड़ा साहसिक कदम उठाया था। बाद में इसी परंपरा को और अधिक बल प्रदान किया था बलरामदास ने। 3. उन्होंने कृष्ण और राधा के स्थान पर राम और सीता की विशुद्ध (Chaste) और निर्मल (Purer form) रूप में पूजा पर बल दिया था।

इस प्रकार श्रीजगन्नाथ के पास रामभक्ति धारा का प्रवाह बहुत पहले से रहा है। पुरी में इनका महत्त्व बहुत समय तक रहा। ओड़िया साहित्य पर यह प्रभाव तदनुरूप स्पष्ट अभिव्यक्ति पाता रहा है। सारलादास का कार्य इस संबंध में अग्रणी है। 'विलंका रामायण' में उन्होंने सहस्रशिरा रावण के वध में राम को दी गई सीता की सहायता का विशेष वर्णन किया है। परंतु परंपरा में मान्य रामकथा के बहुत से अंश महाभारत (वनपर्व-संक्षिप्त रामायण) में सन्निविष्ट हैं। बाद में मार्कंडदास (मार्कंडेयदास) के काव्य ग्रंथ 'महाभास' में रामकथा का संक्षेप में वर्णन मिलता है। बलराम के समकालीन जगन्नाथदास ने भी भागवत (नवम स्कंध) में रामकथा की चर्चा की है। परंतु इन सबके बाद पहली बार रामकथा अपने विराट् रूप, वैभव और विस्तृत पट्टभूमि के साथ बलराम की लेखनी से ही 'जगमोहन रामायण' या 'दांडी रामायण' के रूप में अवतरित होती है। हिंदी में इस प्रकार का कार्य तो और भी पचास वर्ष बाद में हुआ। बँगला में डेढ़ सौ वर्ष देर से कृत्तिवास का ग्रंथ रचा गया। मराठी में एकनाथ ने भवार्थ रामायण सोलहवीं सदी में रचा। असमिया में माधवकंदली और शंकरदेव ने भी इसी सदी में बाद में रचा। यह सारा वैष्णव साहित्य तत्कालीन भारतीय धर्म-साधना में रामभक्ति धारा की प्रमुखता की ओर संकेत करता है। ओड़िसा में रामकथा को लेकर इतनी सशक्त रचना का धनी राम के प्रति समर्पित होगा, इसमें दो मत नहीं हो सकते। यद्यपि उन्होंने अपने राम के दर्शन निराकार, शून्य, निरंजन कहे जानेवाले श्रीजगन्नाथ में किए थे। श्रीजगन्नाथ ही राम थे, राम ही श्रीजगन्नाथ थे, ब्रह्म-जीव-जगत् आदि के संबंध में बलराम के दृष्टिकोण के संबंध में दांडी रामायण में बहुत सारी सूचनाएँ और संकेत उपलब्ध हैं।

उत्तरी भारत में बल्लभाचार्य के प्रभावस्वरूप वृंदावन में कृष्णभक्ति और रामानंद के प्रभावस्वरूप काशी और अयोध्या में रामभक्ति—इस प्रकार वैष्णवों का प्रभाव व्यापक हो चुका था। विशेतः कृष्णकाव्य के माध्यम से माधुर्य और सौंदर्योपासना को प्रधानता मिली हुई थी। ये उसके प्रभाव से परिचित थे। अतः उन्होंने भगवान् के लोकमंगलकारी रूप को भक्तिसाधना का लक्ष्य नियत किया।

इस संबंध में रामानुज द्वारा निर्दिष्ट मार्ग की अनेकानेक दिशाएँ उन्मुक्त करने का श्रेय रामानंद को जाता है। इसी भक्तिवाद के परिणामस्वरूप उन्होंने विभिन्न वर्णों, नाना संप्रदायों और अनेक पंथों को एकता के सूत्र में बाँध दिया। साथ-ही-साथ व्यक्तिनिष्ठ ईश्वर को परमाराध्य ही नहीं, वरन् परमब्रह्म के रूप में ग्रहण कर लेने से औपनिषदिक आत्मवाद भक्ति का अंग बन गया और आत्मवादी संस्कृति के नैतिक उपकरण स्वत: ही भक्तिवाद के उपकरण बन गए। उधर इसलाम के संघात को आत्मसात् किया जा सका और उस दिशा में नया समन्वय हुआ। वे शिव और राम में अभेद स्थापित करा देते हैं। उस युग में शिवजी की नगरी काशी वैष्णव-शैव द्वंद्व की प्रमुख पीठस्थली बनी हुई थी। तुलसीदास ने अयोध्या में रामकथा का आरंभ कर काशी को अपना कर्मक्षेत्र चुना। यहाँ आकर उनके सामने यह समस्या आई होगी। तभी तो उन्होंने शिव में राम और राम में शिव के दर्शन किए। इस संदर्भ में उनकी सिर्फ दो उक्तियाँ उद्धृत करना उचित होगा—राम कहते हैं—

सिव द्रोही मम दास कहावा। सो नर सपनेहुँ मोहि न पावा।

फिर शिव के बारे में कवि लिखते हैं—

औरउ एक गुपुत मत सबहि कहउँ कर जोरि॥
संकर भजन बिना नर भगति न पावइ मोरि॥

तुलसी ने धर्म और समाज की उपयुक्त व्यवस्था के लिए शिव को उतना महत्त्वपूर्ण माना है जितना कि राम को। यद्यपि तुलसी ने मानस में राम की ही चर्चा प्रमुख रूप से की है और राम के ही वे अनन्य भक्त हैं, परंतु उनके राम काशी में शिव से किसी प्रकार की टक्कर नहीं लेते। न उनमें कोई द्वेष है और न प्रतिद्वंद्विता। उलटे शिव कहते हैं—

सोइ मम इष्टदेव रघुवीरा। सेवत जाहि सदा मुनि वीरा॥

बलरामदास के सामने यह कोई समस्या नहीं थी। महानदी उपत्यका में शैव और वैष्णव संघर्ष की स्थिति में नहीं थे। यहाँ हरिशंकर (जि. बलांगीर) से लेकर श्रीजगन्नाथ पुरी तक हरि-हर में आपसी सामंजस्य स्थापित करने का अद्भुत प्रयास दिखाई पड़ता है। रत्नसिंहासन पर इनकी चरम परिणति हुई है—यहाँ श्रीजगन्नाथ और बलभद्र क्रमश: हरि और हर के रूप में अवस्थित हैं। सुभद्रा तांत्रिक और शाक्तधारा की प्रतीक भैरवी एवं भुवनेश्वरी मानी जाती हैं। अत: बलराम की रचना में इस ओर बिल्कुल ध्यान देने की आवश्यकता न थी। उन्होंने इसके लिए कोई सचेतन प्रयास कहीं भी नहीं किया। इस परिप्रेक्ष्य में दोनों के दर्शन और तत्त्व का विश्लेषण करना अधिक समीचीन होगा।

ब्रह्म निरूपण

वेदों ने परमात्मा को सर्वव्यापक और सर्वांतर्यामी बताया है। उनके अनुसार एक ही पुरुष पूर्ण और सनातन है। वही सत्-चित् और आनंद है। 'पुरुष ब्रह्म' या ईश्वर के दो रूप स्वीकार किए गए हैं—निर्गुण और सगुण। यथार्थ में जब हम सृष्टि के मूल में स्थित एक तत्त्व पर विचार करते हैं तो अपनी इंद्रियों से दृष्टिगोचर होनेवाले दृश्यों से परे की वस्तु को ग्रहण करने का प्रयास करते हैं। तब मानवी इंद्रियों की सापेक्ष दृष्टि छोड़ देनी पड़ती है और जितना हो सके, उतना बुद्धि से ही अंतिम विचार करना पड़ता है। ऐसा करने से इंद्रियों को गोचर होनेवाले सभी गुण आप ही छूट जाते हैं और यह सिद्ध हो जाता है कि ब्रह्म का नित्य स्वरूप इंद्रियातीत अर्थात् निर्गुण एवं सर्वश्रेष्ठ है। ब्रह्म के इसी निर्गुण स्वरूप में मनुष्य को अपनी इंद्रियों के योग से सगुण दृष्टि की झलक दिख पड़ती है। यहाँ फिर प्रश्न होता है कि निर्गुण को सगुण करने की शक्ति इंद्रियों ने कहाँ से ली? इस प्रकार अद्वैत वेदांत शास्त्र का यह उत्तर है कि मानवी ज्ञान की गति यहाँ तक है, फिर निर्गुण ब्रह्म सगुण जगत् का दृश्य देखना यह उसी अज्ञान का परिणाम है। अथवा यहाँ अनुमान करके निश्चित हो जाना पड़ता है कि इंद्रियाँ भी परमेश्वर की सृष्टि की ही देन हैं। इस कारण यह सृष्टि (प्रकृति) निर्गुण परमेश्वर की ही एक देवी माया है। अर्थात् ब्रह्म का स्वरूप ग्रहण हम इंद्रियों से नहीं कर सकते। अतः उसे निर्गुण, अव्यक्त अथवा अगोचर कहते हैं। उसका दूसरा स्वरूप जो अखिल ब्रह्मांड में तथा उसके परे व्याप्त है, वह भी उसी का रूप है, उसे इंद्रियों से ग्रहण कर सकते हैं। अतः उसे सगुण कहते हैं। अर्थात् ब्रह्म सगुण भी है और निर्गुण भी।

मध्यकालीन संतों और भक्तों ने इन्हीं अर्थों में ब्रह्म, पुरुष, नारायण, विष्णु का स्वरूप कहा है। इसी अर्थ में वे ब्रह्म को बार-बार सगुण और निर्गुण कहते हैं। बलराम तथा तुलसी द्वारा प्रयुक्त विशेषणों को देखें तो यह बात और भी स्पष्ट हो जाती है—

दांडी रामायण—निरंजन, निराकार, अक्षय, अव्यय, अच्युत, अनादि, अनंत, महतत्त्व, ओंकार, निर्गुण, अलक्ष्य, अगोचर, निरुपम, शून्य।

मानस—निरुपाधि, अविगत, अकथ, वचन-अगोचर, अगुण, अरूप, अलख, अज, अविनासी, अनादि, अनूप। ब्रह्म के लिए दोनों रामायणों में प्रयुक्त शब्दावली को देखने पर लगता है दोनों में यथेष्ट समता है। यह शब्दावली बहुत कुछ औपनिषदीय लगने पर भी इसकी अधिक साम्यता अध्यात्म रामायण में वर्णित ब्रह्म निरूपण और शंकराचार्य द्वारा दिए गए भाष्य से है—

रामं विद्धि परं ब्रह्म सच्चिदानंदमद्‌यम्।
सर्वोपाधि विनिर्मुक्ति सत्तामात्र गोचरम्।
सर्वव्यापिनमात्मानं सर्वप्रकाश्य कल्मषम्।

राम को अद्वैत परमब्रह्म सच्चिदानंद समझो, जो कि सब उपाधियों से रहित, सत्य स्वरूप, इंद्रियातीत, आनंदस्वरूप निर्मल, शांत, विकार रहित, निरंजन, सर्वव्यापी, आत्मरूप, स्वयं प्रकाश रूप निष्पाप है।

इसके साथ कथन तुलनीय है—

अतः परं ब्रह्म सद्‌द्वितीयं विशुद्ध विज्ञान धनम् निरञ्जनम्।
प्रशान्तयाधन्तवहिनमक्रियं निरन्तरानंद रसस्वरूपम्।
निरस्त मायाकृत सर्व मिदं नित्यं सुखं निष्किलयप्रमेयम्।
अरूपमव्यक्त मनास्यमव्ययम् ज्योतिः स्वयम् किचिदिदं चकास्ति॥

अध्यात्म रामायण और मानस के आध्यात्मिक विचारों का तुलनात्मक अध्ययन करने से यह स्पष्ट हो जाता है कि तुलसी को अध्यात्म रामायण में सिद्धांत रूप में जो मिला, उसका उन्होंने एक तर्कसंगत विकास किया। चूँकि रामभक्तिमूलक संस्कृत ग्रंथों में अध्यात्म रामायण का स्थान सर्वोपरि है, अतः मानस और दांडी रामायण उभय में ब्रह्म संबंधी इस धारणा का प्रतिपादन ही स्वीकार्य रहा होगा। बलराम ने यहाँ पर श्रीजगन्नाथ से उस ब्रह्म को अभिन्न कर जाना। अतः उसकी विस्तृत चर्चा अलग से अन्यत्र की गई है।

राम

राम कौन हैं? इस विषय पर विद्वानों में बहुत विवाद है। राम ने अवतार लिया, परंतु ये राम किसके अवतार हैं? विष्णु, श्रीहरि, नारायण अथवा परब्रह्म के? यहाँ तक कि कुछ ने तो इन्हें द्वंद्व में दिखाकर अंतःकरण से कुछ और बाह्याचार से कुछ और दिखाया है। परंतु जैसी कि ऊपर चर्चा हो चुकी है, परब्रह्म के दो रूप हैं—सगुण और निर्गुण। बलरामदास और तुलसीदास ने सगुण एवं निर्गुण (शून्य) को एक मानकर उनमें तात्त्विक भेद नहीं देखा। वेदों में वर्णित विष्णु और रामकथाकारों के राम में कोई अंतर नहीं है। यदि कहीं राम को इन्होंने विष्णु से श्रेष्ठ या भिन्न कहा भी है तो वह पौराणिक विष्णु के स्वरूप को देखकर। वैसे इन भक्तों के इष्टदेव थे—राम और आराधक के लिए आराध्य से बढ़कर महान् अन्य कोई नहीं होता। कवि कहते हैं—

अनादि अनंत विभु अच्युत अक्षर।
नमो नमो नारायण नमो पीतवास।

तथा

मंगल सगुन सुगम सब ताके। सगुन ब्रह्म सुंदर सुत जाके॥

इनके निराकार राम इंद्रिय रहित होकर भी इंद्रिय हैं, वे ज्ञानगिरागोतीत होते हुए भी ज्ञानगम्य तथा वेदांतवेश हैं—

ब्यापक ब्रह्म निरंजन, निर्गुन बिगत बिनोद।
सो अज प्रेम भगति बस कौसल्या के गोद॥

जो व्यक्ति सगुण-निर्गुण में भेद-बुद्धि रखते हैं, तुलसीदास उन्हें फटकारते हैं—

निज भ्रम नहिं समुझहिं अग्यानी। प्रभु पर मोह धरहिं जड़ प्रानी॥
जथा गगन घन पटल निहारी। झाँपेउ भानु कहहिं कुबिचारी॥

इतना ही नहीं, मानस में भगवान् के विराट् रूप के भी दर्शन मिलते हैं। गीता में वर्णित विराट् रूप के समानांतर अपना यह रूप प्रभु कौशल्या (जन्म के समय) को और काकभुशुंडि को अनुभव कराते हैं। मंदोदरी (लंकाकांड) को और सती (बालकांड में) को भी भगवान् ने इस विराट् रूप का अनुभव कराया है। दांडी रामायण में इस रूप से परिचित पात्र वीरबाहु है। वह कहता है—

जय जय श्रीराम हे अनंत मूरति।
जय जय परम पुरुष ब्रह्म ज्योति॥
अनंत कोटि ब्रह्मांड ठाकुर अग्रणी।
जा नाम धरेत डरे काल दंड पाणी॥
स्थावर जंगम कीट पतंग तोर पानी।
सबु घटे पुरि अछि देव अंतर्जामी॥

यहाँ उसने प्रभु के विराट् रूप की नातिदीर्घ वंदना की है। रावण अंतिम युद्ध में इस विराट् रूप के दर्शन करता है। कोटि-कोटि हाथों से राम धनुष संचालन कर रहे हैं, उनका आकाश में सिर है, पाताल में चरण लग रहे हैं, चंद्र सूर्य उनकी आँखों में हैं। दसों दिशाओं में उनका कलेवर व्याप्त है।

जिस प्रकार तुलसीदास के संदर्भ में राम के विष्णुत्व की चर्चा की गई है, उसी प्रकार बलरामदास के संदर्भ में नारायणत्व और विष्णुत्व की चर्चा भी समीचीन होगी। बलरामदास ने राम को बारंबार विष्णु का अवतार 'नारायण' का अवतार बताया है। कुछ प्रमुख स्थलों के उदाहरण नीचे दिए जा रहे हैं—

1. पुत्रेष्टि यज्ञ में देवता आकर कहते हैं कि वे नारायण ही कौशल्या के गर्भ में जन्म लेते हैं—

ऋष्य श्रृंग मुनि से जेवण चरु देला।
कउशल्या गर्भु जात विष्णु कला।

2. वसिष्ठ स्वयं दशरथ को समझाकर विष्णुरूप का वर्णन करते हैं—

एहु के अटंति तार महिमा न जाण।
बए कुंठवासी राम स्वयं नारायण।

3. जनक जब देखते हैं कि राम ने धनुष उठाकर उसकी प्रत्यंचा भी चढ़ा दी है तो उन्हें दृढ विश्वास हो जाता है कि ये नारायण हैं। अब लक्ष्मी नारायण संभूत हो गए हैं।

4. वनवास के समय अनसूया सीता को अम्लान वस्त्र देती हुई कहती है—

जेवण स्वामीर तु गौधरि अछु हस्त।
संसार जाकर से हुटंति जे नाथ।

× × ×

स्वयं नारायण जे अहन्ति तो साइं।

अर्थात् वह उनके नारायणत्व से पूर्व परिचित है।

× × ×

राम का बाण लगते ही बालि जान जाता है कि ये कौन हैं, अतः कहता है—

5. बालि बोइला क मुं न सुणइ एहा।

तु श्रीराम प्रत्यक्ष रे चउबाहा।
परम ब्रह्म पुरुष स्वयं विश्वासी।
अवतार होइल असुर बिधंसि।

6. सीता को खोजने के लिए हनुमान् लंका में जा पहुँचते हैं, वहाँ रावण के महल में दीवारों पर लिख आते हैं—

श्रीराम बिष्णु बोलि जाणइ लंकपति

7. रावण भी राम की शक्ति देखकर अनुमान लगा लेता है।

श्रीराम ने अटंति प्रत्यक्ष देवहरि।

8. अंगद रावण की सभा में आकर यही बात समझाने का प्रयत्न करता है—

अयोधा देश नृपति दशरथ सुत। स्वयं नारायण जार नाम रघुनाथ।

9. हनुमान् जो पत्र लेकर रावण की सभा में आते हैं, उसमें राम लिखते हैं—

अनंत कोटि ब्रह्मांडर जे अधिकारी।
देवतांक छले जे असुर बल मारि।

आमें से जगन्नाथ परमपद ताहिं। शंक चक्र दा पद्म धरि चउबाहा

10. गरुड़ जब राम और लक्ष्मण को नागपाश से मुक्त करने आते हैं तो इन दोनों की स्तुति में कहते हैं—

बोइले विष्णु नाथ श्रीराम अवतार।
रावण संगे संग्राम कले घोर।

11. कुंभकर्ण के मरने के बाद इंद्रजित् ब्रह्मशर छोड़ता है। ब्रह्मशर राम की स्तुति करते हुए कहता है—

श्रीराम अटंति निज नारायण।
अनंत शेषदेव अटइलक्ष्मण॥

12. रावण वध के उपरांत सभी देवता आकर विनयपूर्वक कहते हैं—

सीता परम लक्ष्मी तू स्वयं विश्वनाथ नारायण।

अंत में राम निज लोक जाते समय चतुर्भुज रूप धारण कर बैकुंठ जाते हैं, वहाँ लक्ष्मी से भेंट होती है। फिर प्रभु अनंतशायी होते हैं।

इन दर्जन भर उद्धरणों से स्पष्ट हो जाता है कि बलरामदास ने राम को नारायण, विष्णु, श्रीजगन्नाथ, विश्वनाथ आदि शब्दों से संबोधित किया है। ये अवतार हैं। देवता, ऋषि, मुनियों, पृथ्वी के लोगों के कष्ट दूर करने के लिए अवतरित हुए हैं।

अवतार

वैष्णव भक्तों और संतों ने अवतार को विशेष महत्त्व दिया है। रामकथाकारों की अवतार संबंधी धारणा पर गीता के दृष्टिकोण का स्पष्ट प्रभाव परिलक्षित होता है। यहाँ दोनों की उक्तियाँ गीता के इस कथन—

परित्राणाय साधुनांम् विनाशायच दुष्कृताम्।
धर्म संस्थापनार्थाय संभवामि युगे युगे।

के साथ तुलनीय हैं—

संत प्रतिपालि दुष्ट जन विनाशर।
राक्षसन्त नाशिण देवतान्त बसार॥

दांडी रामायण में रावण वध के उपरांत मातलि के आगे राम कहते हैं—

असुर कुल होइले जहुं बलवान।
तेणु मानव तनु कले भगवान॥

मानसकार ने यही बात प्रारंभ में सूचित की है—

असुर मारि थापहिं सुरन्ह राखहिं निज श्रुति सेतु।
जग बिस्तारहिं बिसद जस राम जन्म कर हेतु॥

इन परमब्रह्म को बैकुंठवासी विष्णु (या नारायण) मानकर उनका मर्त्यलोक में अवतरित होना बताते हैं। उद्देश्य साधन कर या कार्य समाप्ति के उपरांत पुनः अपने लोक में लौट जाते हैं—

यही है अवतार की कार्य प्रणाली।

निर्गुण, निराकार, अव्यक्त परमात्मा साकार रूप धारण कर लीला करते हैं, फिर लीला के बाद उनका वही लीलामय रूप अमर हो जाता है। बलरामदास ने विष्णु के अवतारवाली दृष्टि को ग्रहण कर विष्णु-लक्ष्मी के अवतार की कथा कही है। कार्यसिद्धि के उपरांत बैकुंठलोक में जाकर पुनः सीता-राम का अमर मिलन होता है। तुलसीदास ने ब्रह्म (सच्चिदानंद) के सगुण मानव देह धारण कर लीला करने का दृष्टिकोण अपनाया है, अतः राम और सीता मानव देह में भी सच्चिदानंद रूप को प्राप्त होते हैं। परंतु यह पहले ही स्पष्ट किया जा चुका है कि विष्णु, नारायण, ब्रह्म आदि में कोई अंतर इन लोगों ने नहीं रखा। दोनों में अवतार का मूल उद्देश्य एक है। बलरामदास इस सारी शब्दावली को श्रीजगन्नाथ से जोड़कर तुलसी की परंपरा के पुरोगामी हो जाते हैं।

यह अवतार कई बार हुआ है। ये राम पहले कई कल्पों में जन्म ले चुके हैं। तुलसी कहते हैं—

प्रति अवतार कथा प्रभु केरी। सुनु मुनि बरनी कबिन्ह घनेरी॥

इसी प्रकार दांडी रामायण के आदि में कहते हैं—

ब्रह्म आदि रुद्र चंद्र बदंति जे ध्याने।
एहि प्रभु अवतार मंचे विद्यमाने।

अवतार का क्रम दोनों ने प्रायः समान रखा है। बलरामदास में आदिकांड (पृ. 45) और अरण्यकांड (पृष्ठ 45) में इस संबंध में सूचना दी है। सीता को रावण अशोक वाटिका में रख गया है। सारे देवता आकर सीता की वंदना में कहते हैं—

आदि अवतार जे होइले तोर नाथ। कनक स्वरूप रोहिमाछ सजात।
समुद्रे पशिण से शंखासुर मारि। ए संसारे चारि वेद रखिले उद्धारि॥
कूर्म अवतार होइ थइले जे मेदिनी। बराह शरीर बहिले अनंते।
गदा हस्ते धारिण छेदिले तार मुंड। तेबे आइ जे असुर हेला बेनि खंड।
दंताग्रे पृथ्वी हेले बनमाली। बामन रुपरे तले चापिले बलि।
क्षत्रिकि माइले पर्शुराम रुपधरि। रावण पाइंत एबे अछ अवतरि॥

यहाँ वनमाली के सात अवतारों की बात कहने का अवकाश था। अतः रामावतार तक और प्रत्येक पूर्व अवतार में किए गए प्रमुख कार्य का विवरण देकर

बलराम ने वह नामावली प्रस्तुत की है। लंकाकांड में श्रीजगन्नाथ की वंदना के प्रसंग में यह सूची पूरी करते हुए वे व्यक्त करते हैं—

मत्स्य कूर्म बराह न केशरी बामन।
श्रीराम रूपी जे तुमे देवकी नंदन।
बउद कलिकि जे होइबु देव हरि।
दशावतारे तुहि दइत संहारि।

ऊपर अरण्यकांड में बलराम ने रामावतार तक की सूची दी है, मानस में भी वही सूची उपलब्ध है—

मीन कमठ सूकर नरहरी। बामन परसुराम बपु धरी॥
जब जब नाथ सुरन्ह-दुखु पायो। नाना तनु धरि तुम्हइँ नसायो॥

देवता राम की वंदना करते हुए उपरोक्त अवतारों की सूची देते हैं। रावण के वध हो जाने के उपरांत का यह दृश्य है। भगवान् में अवतार धारण की यह क्षमता है और उस पर अखंड विश्वास होने के कारण ही भक्त उनके नाना प्रकार से गुणगान करते हैं। इस लीला अथवा अवतार में उनके साथ उनकी आह्लादिनी शक्ति होती है।

सीता

उपरोक्त इस शक्ति का रामकथा के रचयिताओं में बहुत आदर और श्रद्धापूर्ण स्थान है। विष्णु जिस प्रकार 'परमात्मा' हैं, उसी प्रकार लक्ष्मी उनकी 'परमशक्ति' हैं। बलरामदास और तुलसीदास दोनों उन्हें जगज्जननी कहते हैं—

धनुष यज्ञ के अवसर पर बलराम कहते हैं—

शिव धनु भांगिबे रघुबरे॥

विवाह के अवसर पर वंशावली के वर्णन में कवि कहते हैं—

जाणि समस्ते होइलरि बाइ।
परम लक्ष्मी ए जगजनंकर माता।
एहार देहरु जात सकल देवता

वन में अनसूया सीता से कहती है—

तुहि स्वयं कमलाक्षी क्षीरोद कुमारी।

जब रावण सीता हरण करने जा रहा है, तब नारद के आगे ब्रह्मा निवेदन करते हैं—

एहु आमर माता जनक दुलारी।
ए ब्रह्मांड मध्ये सेहु अटइ कारिणी।

असुरंक भये जे पारु स्वर्ग रहि।
तेणु नारायण जे मानब तनु बहि।
सेहु सिद्ध महालक्ष्मी जनक नंदिनी।
करसि उपाय बेगे मरु बिंशपाणि।

सीता स्वयंसिद्ध महालक्ष्मी है, ब्रह्मांड की कारिणी शक्ति है। रावण सैन्य- बल का अनुमान लगा लेता है तो वह समझ जाता है—

मने मने विचारिला गला मोरि शिरी।
श्रीराम प्रत्यक्षे अटंति देवहरि।
स्वयं परमलक्ष्मी जे जनक दुहिता।
ए मोहर छले जात कलाक विधाता।

वीरबाहु के वध के बाद भी वह यही बात दुहराता है—

श्रीराम जे अटंति चक्रधारी।
परम लक्ष्मी अटंति जनक कुमारी।

अग्नि-परीक्षा के अवसर पर अग्नि पुरुष प्रकट होकर कहते हैं—

मुहिं तोते जाणइ परम पुरुष।
अनंत मुरति स्वयं विष्णु पीतवास।
एहि सीता अटइ प्रत्यक्षे कमलिनी।
निष्कलंक प्रतिमा ए बिष्णु पाटरानी॥

उपरोक्त आधे दर्जन से भी अधिक अंशों के अध्ययन से स्पष्ट हो जाता है कि बलराम ने सीता को सिर्फ 'लक्ष्मी' ही नहीं 'परम लक्ष्मी,' 'जगत् धारिणी,' 'सिद्ध महालक्ष्मी' कहकर वही स्थान दिया है, जो तुलसीदास ने मानस में दिया है। मानस में राम और सीता को एक साथ संबोधित करते हुए रमानिवास, इंदिरापति, रमारमण, रमेश, श्रीरंग, रमानाथ कहा है। यहाँ 'सीता' को लक्ष्मी और राम को 'विष्णु' कहा है। आरंभ में ही वे कहते हैं—जनकसुता जग जननि जानकी। अतिसय प्रिय करुनानिधान की।

जानकी उनकी इतनी प्रिय है कि कवि उन्हें अभिन्न मानकर कहते हैं—

गिरा अरथ जल बीचि सम, कहिअत भिन्न न भिन्न।

क्योंकि वे नारद का वचन सत्य करने के लिए शक्ति के साथ अवतरित हुए हैं।

नारद वचन सत्य सब करिहउँ। परम सक्ति समेत अवतरिहउँ।

इस प्रकार मानस में सीता को जननी मानकर विस्तार देने में संकोच कर जाते हैं। बलरामदास निर्विकार भाव से नारी की तरह उनके व्यवहार में तर्कसंगत

गतिशील भाव प्रदर्शन करते हैं। सीता आदर्श का शिखर है। परंतु बलराम विष्णु-लक्ष्मी मिलन तक लेकर चरित्र में विस्तार एवं वैविध्य करते हैं।

भक्ति और नाम स्मरण

इस अवतरित ब्रह्म और उसकी शक्ति की आराधना वैष्णव भक्तों का काम्य रहा है। विद्वानों ने इस भक्ति और आराधना के कुछ सामान्य सिद्धांतों की चर्चा की है। हम पीछे जो आलोचना कर आए हैं, उससे संबद्ध मुख्य बातें इस प्रकार हैं—

1. ब्रह्म के सगुण रूप को विशेष मान्यता दी है।
2. जगत् और जीव को सत्य कहा है।
3. वेद, उपनिषद्, ब्राह्मण, गीता और भगवान् को प्रमाण माना है।
4. लौकिक भावों और संबंधों को लोक से हटाकर ईश्वर में लगाव भक्ति का ही साधन है।
5. भक्ति में विश्वास, श्रद्धा, दैन्य, अकिंचनता, उपास्य की महत्ता और भक्त-वत्सलता, भक्त की विवश अशक्तता का वर्णन।

यह सगुण ब्रह्म अपनी विराट् रूप की महिमा से मंडित है, परंतु भक्तों का इष्ट नहीं हो पाता। भक्तों के लिए वह सच्चिदानंद शक्ति सहित अवतरित होता है और उसी की गुणगाथा भक्त निरंतर गाते हैं। इसमें निश्छल परानुरक्ति की भावना ही प्रमुख है। भक्त के पास कोई आडंबर नहीं, कोई शक्ति नहीं, वह दीनता और अकिंचनता की मूर्ति होता है। वह अपार दया, प्रेम और करुणा के प्रतीक अपने आराध्य की ओर ही निरंतर चातकी दृष्टि लगाए रहता है। रामकथा में भक्ति तत्त्व पर प्रकाश डालने के लिए दांडी रामायण में असंख्य पात्रों की सर्जना हुई है। परंतु मानस में कौशल्या, भरत, केवट, शबरी और हनुमान् आदि पात्रों की भूमिका प्रमुख है। जबकि दांडी रामायण में बलरामदास ने भक्ति भावना के निर्देशनार्थ भरत, निषादराज, विभीषण, वीरबाहु, हनुमान् आदि पर अधिक बल दिया है।

भक्ति में दोनों ने नाम कीर्तन या नाम जप को सर्वाधिक महत्त्व दिया है। साधारणतः कीर्तन उच्च स्वर से सामूहिक रूप में किया जाता है, जबकि जप में नाम स्मरण व्यक्तिगत कार्य होता है, जिसे भक्त प्रायः एकांत में करते हैं। परंतु एकांत में कीर्तन भी होता है और सामूहिक जप भी विधेय है। मूल तत्त्व नाम स्मरण है, जिसे चाहे मौन करें चाहे उच्च स्वर में, एकांत में करें या सामूहिक। तुलसीदास कहते हैं—

राम सकल नामन्ह ते अधिका। होउ नाथ अध खग गन वधिका॥

यह नाम (र+आ+म) स्वयं में उस ब्रह्म का प्रतीक है। तुलसी ने नाम की महिमा ग्यारह दोहों में गायी है (बालकांड दो 16 से 27 तक), इसके अलावा समूचे मानस में रामनाम को अंकित किया है। तब भी वे विनयपूर्वक कहते हैं—

कहौं कहाँ लगि नाम बड़ाई। रामु न सकहिं नाम गुन गाई॥

बलरामदास दांडी रामायण के प्रारंभ में ही कह देते हैं—

जप जज्ञ तीर्थबास अटे पुण्यकर्म।
एहा जिघांसिले पाप अटू अधर्म॥

इस पाप से मुक्ति का एकमात्र उपाय वे अगली ही पंक्तियों में वर्णन करते हैं—

राम नाम जपिले जे छाड़ि जिब पाप।
विश्वामित्र मुनि ऋषि अनुष्टुप॥

ब्रह्मा के कहने पर इसी मंत्रराज का शिव निरंतर जप करते हैं। वे इसका महत्त्व प्रकट कर कहते हैं—

विष्णुर सहस्र नाम मध्ये सार।

अर्थात् राम के स्मरण की महिमा अपार है। जगत् पिता (ब्रह्मा) इसी का स्मरण करते हैं, जगत् कर्ता (विष्णु) इसी का स्मरण करते हैं और स्वयं शिव उसी परमज्ञान तत्त्व रूपी रामनाम का स्मरण करते हैं।

यहाँ उल्लेखनीय है कि शिव यज्ञ विध्वंस जनित पाप से इसी तारक मंत्र का जप कर पवित्र होते हैं। यह नाम इतना अमृतमय है कि इसके श्रवणमात्र से कैलास में वीरबाहु की तपस्या भंग हो गई। युद्ध में वह उन्हीं राम के दर्शन कर रण से उतर जाता है। वह स्तुति करते हुए कहता है—

जय जय श्रीराम परमानंद मय।
जेउं नाम धइले न लागे काल भय॥
से तारक मंत्र जपि शिव जे अमर।
जेउं नाम जपिण भूषंड अजामर॥

× × ×

श्रीराम नाम गोटि खंडइ दुःख शोक।
श्रीराम नाम गोटि चउबग दायक॥
श्रीराम नाम गोटि जे निरंतरे घोष।
श्रीराम भाबइ नित्य बलरामदास॥

इतने पर जब राम से युद्ध में उलझना पड़ता है तो भी वह राम ही का मन

में स्मरण करता है और मुँह पर राम का नाम लेकर राम पर शर वृष्टि करता है। भक्त-वत्सल प्रभु सारे बाण अपनी देह पर धारण कर असह्य पीड़ा सहते हैं। यह अद्‌भुत युद्ध भक्त और भगवान् के बीच स्मरण के बल पर (नाम और नामी के बीच) लड़ा गया है। यहाँ कवि ने भक्त की महिमा के साथ-साथ नाम स्मरण का प्रभाव भी दरशाया है। राम इस युद्ध में जीत नहीं पाते। तुलसीदास की वाणी सच हो रही है—राम से भी रामनाम बढ़कर है। इस भक्त को परास्त करने के लिए राम को भी तारक मंत्र का सहारा लेना पड़ता है। वीरबाहु अंत में राम का नाम लेते हुए ही प्राण त्याग करता है।

राम को एक बार फिर अपने नाम का सहारा रावण वध के उपरांत लेना पड़ता है। राम इस ब्रह्म हत्या के पाप से घिर जाते हैं। परंतु नाम स्मरण करने मात्र से इस पापराशि से मुक्त होते हैं। तुलसीदास भी यही कहते हैं—

राम राम कहि जे जमुहाहीं। तिनहिं न पाप पुंज समुहाहीं॥

बलरामदास भी राम का नाम लेते हुए जीवनयापन करते हैं—

मुहिं बलरामदास नाम कु बहइ।

इस प्रकार बलराम और तुलसी दोनों ने भक्त जीवन में स्मरण की असीम महिमा का वर्णन किया है। परंतु तुलसी के राम और बलराम के राम में थोड़ा अंतर श्रीजगन्नाथ के साथ संपर्क को लेकर आ जाता है। अत: बलरामदास की 'श्रीजगन्नाथ' संबंधी कल्पना पर विस्तृत चर्चा आवश्यक है।

श्रीजगन्नाथ

ओड़िसा के साहित्य में धर्म और जीवन के केंद्र में श्रीजगन्नाथ का अस्तित्व निर्विवाद है। परंतु इनके उस स्थान पर आने और वर्तमान स्वरूप एवं प्रतिष्ठा तक पहुँचने के विभिन्न सोपानों पर विद्वान् भिन्न-भिन्न मत उपस्थित करते हैं।

श्रीजगन्नाथ ओड़िसा के जीवन में प्रागैतिहासिक काल से हैं, यह तथ्य सभी विद्वानों ने स्वीकार किया है। परंतु बाद में जगन्नाथ चेतना के प्रवाह को निरूपित करने के लिए ऐतिहासिक युग के प्रारंभिक काल के उपलब्ध अवशेषों का सहारा लेकर इतिहासकार, साहित्यिक, आलोचक, धर्मोपदेशक एवं पर्यटकों ने भिन्न-भिन्न दृष्टिकोणों से इस विषय पर चर्चा की है। इसके लिए लिपि, मुद्रा, शिलालेख, ताम्रपत्र आदि का सहारा लिया गया। आगे चलकर उन्होंने मूर्ति गठन, मंदिर निर्माण की शैली, भित्तिचित्रों आदि को आधार माना है। परंतु अधिकांश सामग्री वेद, पुराण, धर्मशास्त्र, उपनिषद्, जैन और बौद्ध धर्मग्रंथ, लोककथाओं और असंख्य किंवदंतियों

में बिखरी मिलती है। फिर संस्कृत, पालि, अपभ्रंश, तिब्बती आदि भाषायी साहित्य के अलावा बँगला, तेलुगु, तमिल, हिंदी, ब्रज, मैथिली आदि भाषाओं के साहित्य से भी श्रीजगन्नाथ चेतना की क्रम परिणति प्राप्त हो सकती है।

परंपरा में मान्य है, और पुरी के पंडे-पूजकों का विश्वास है कि श्रीजगन्नाथ साक्षात् परमेश्वर या नारायण हैं। हंटर साहब का कहना है—The first indistinct down of an exiled creed, in the uncertain dawn of Indian tradition, the highly spiritual doctrines of Buddha obtained a selter here; and the Golden truth of the founder remained for centuries at Puri, then the Jerusalem of the Buddhists, as it has for centuries been of the Hindus.

परंतु प्रो. प्रभात मुखर्जी इस दृष्टिकोण से हटकर अपना मत इन शब्दों में व्यक्त करते हैं—

We are of opinion that Bhagavatism flourished in Orissa in the 5th century A.D. as it did every where under the imperial patronage. There can be little doubt about the fact that Sankarshana and Vasudeva came to be known as Jagannath and Balaram in Orissa. Just as they elsewhere appeared under new nomenclatures.

चूँकि ओड़िसा में वैष्णववाद के उत्कर्ष का इतिहास अंधकाराच्छन्न है, अत: मुखर्जी महोदय मानववाद के उत्थान का क्रम ओड़िसा में भी उसी प्रकार मानते हैं जैसा कि भारत में अन्यत्र हुआ है, तदनुसार श्रीजगन्नाथ वासुदेव को क्रमश: संकर्षण वासुदेव मानते हुए पाँचवीं सदी से उनकी उत्पत्ति बताते हैं। वे यह मानकर चलते हैं—Jagannath was a Vaishnvite deity

यह कहकर विवाद से बच जाते हैं—

The form of his worship was materially affected as a result of Buddhist, saivite and Tantric influences.

इससे यह स्पष्ट हो जाता है कि मुखर्जी महोदय का ध्यान श्रीजगन्नाथ के बुद्धत्व की ओर बाद में गया है। उनको आरंभ से ही वैष्णव देव मान लिया है।

डॉ. हरेकृष्ण महताब ने इस दृष्टिकोण पर तीन आपत्तियाँ उठाई हैं— 1. श्रीजगन्नाथ—यह नाम। 2. श्रीजगन्नाथ की मूर्ति और 3. इनके साथ सुभद्रा का समावेश। 'श्रीजगन्नाथ' विष्णु का गुणवाचक शब्द तो मिलता है, परंतु ओड़िसा में नामवाचक रूढ़ शब्द है। कृष्ण वासुदेव नाम पूर्णतः लुप्त होकर 'श्रीजगन्नाथ' नाम का प्रयोग वे अस्वाभाविक एवं असंभव मानते हैं। फिर कृष्ण—वासुदेव की ऐसी

किंभूत किमाकार मूर्ति और कहीं नहीं है। इससे पूर्व शबरी की श्रीजगन्नाथ पूजा के साथ भी वे नहीं जोड़ पाते। श्रीजगन्नाथ के अलावा और कहीं सुभद्रा कृष्ण के साथ नहीं मिलती। किसी अवतार के साथ उनकी पत्नी के अलावा किसी और को 'शक्ति' रूप में ग्रहण नहीं किया गया है। इससे वे इस निष्कर्ष पर पहुँचते हैं कि कृष्ण वासुदेव की पूजा क्रमश: विकसित होकर राधाकृष्ण की पूजा में परिणत हुई, श्रीजगन्नाथ के संदर्भ में या ओड़िसा में वैसा नहीं हुआ। श्रीजगन्नाथ के संबंध में उपलब्ध कुछ प्राचीन प्रमाणों की सूची देते हुए कनिंघम के मत का विश्लेषण करते हैं। वे इस निष्कर्ष पर पहुँचते हैं कि श्रीजगन्नाथ का मूल बौद्धिक है। बौद्ध धर्म के प्रधान चिह्न हैं—बुद्धो-धर्मो-संघो। अर्थात् बुद्ध कहने से पुरुष, धर्म से प्रकृति और संघ का अर्थ दोनों का संयोग से लगाते हैं। इन्हीं त्रिरत्न चिह्न की परिणति कालक्रम में श्रीजगन्नाथ, सुभद्रा और बलभद्र रूप में हुई है। डॉ. महताब ने इसके लिए एलोरा में खुदी एक बौद्ध मूर्ति का उदाहरण दिया है, जिसका नाम श्रीजगन्नाथ है। श्रीजगन्नाथ की रथयात्रा का विधान भी डॉ. महताब बौद्ध धर्म की परंपरा से जोड़ते हैं।

परंतु श्रीजगन्नाथ की पूजा यहाँ पर प्राक् बौद्धकाल से होती रही है। 'श्रीजगन्नाथ' शब्द पर डॉ. महताब इतना जोर देते हैं, और उस आधार पर उन्हें बौद्ध सिद्ध करते हैं। परंतु 'नाथांत' बौद्ध होने का कहीं प्रमाण नहीं मिलता।

अगर 'श्रीजगन्नाथ' शब्द का विश्लेषण करें तो फिर 'श्रीजगन्नाथ' के मूल में जैन धर्म धारणा के दर्शन होंगे। पं. नीलकंड दास, केदारनाथ महापात्र, पं. वानांबर आचार्य, पं. विनायक मिश्र आदि विद्वान् इन्हें जैन धर्म का प्रतीक मानते हैं, इंद्रद्युम्न देव का दूसरा नाम खारबेल मानकर वे इंद्रद्युम्न देव संबंधी कथा का विश्लेषण करते हैं। नाथ नामाधारी देवता जैनों में बहुत प्राचीनकाल से मिलते हैं।

लेकिन ओड़िसा में जैन धर्म से बहुत पहले श्रीजगन्नाथ की सत्ता के प्रमाण मिलते हैं। अत: बहुत संभव है कि किसी और नाम से श्रीजगन्नाथ ही यहाँ पूजे जाते रहे हों। चूँकि ओड़िसा के उपकूलवर्ती भागों को छोड़ दें तो अधिकांश में वन-पर्वतों का आधिक्य ही दिखाई देगा। यहाँ प्रागैतिहासिक काल से आर्येतर जाति के लोग निवास करते आए हैं। इन वनवासियों की देवोपासना को लेकर विद्वानों ने बहुत से अनुमान लगाए हैं। वनवासियों में यहाँ द्राविड़ (शवर) लोग अपने देवता को 'कितुंग' कहते हैं। जिस वृक्ष को 'कितुंग' कहकर उसकी पूजा करते हैं, उसे 'जगए' संबोधित करते हैं। भाषा वैज्ञानिक इसी 'जगंत' शब्द का विकसित रूप ही जगन्नाथ मानते हैं। श्रीजगन्नाथ को दशावतार में से एक अवतार मानने के मूल में

कितुंग के दस भाइयों के होने की बात प्रमुख है। विष्णु के दशावतारों का आरोप तो बहुत बाद में किया गया है। बाद में इन पर कालांतर में बौद्ध वैष्णव और जैन धर्मों का भी रंग चढ़ता गया है।

आगे चलकर स्कंद पुराण (उत्कलकांड), ब्रह्म पुराण, नारद पुराण, पद्म पुराण, कपिल संहिता और नीलाद्रि महोदय आदि संस्कृत ग्रंथों में तथा ओड़िया, बँगला, तेलुगु की अनेक प्राचीन पोथियों में पुरुषोत्तम क्षेत्र और श्रीजगन्नाथ के संबंध में अनेक किंवदंतियाँ मिलती हैं। इनमें प्रमुख संक्षेप में यों हैं—

अवंती के सूर्यवंशी राजा इंद्रद्युम्न ने एक बार पूछा कि विष्णु कहाँ उपलब्ध हो सकते हैं? एक संन्यासी ने बताया कि विष्णु वर्तमान में अपने पूर्ण रूप में पुरुषोत्तम क्षेत्र में अवस्थित हैं। इनके दर्शन से शरीर और आत्मा की शुद्धि संभव है। मंत्री विद्यापति को इस कार्य के लिए भेजा गया। वे यहाँ आकर शवरों के मुखिया विश्वावसु से मिले और उसके विश्वासपात्र बने। इसी बीच उसकी कन्या के प्रेम से आबद्ध हो गए। इस कन्या की सहायता से विद्यापति ने नीलमाधव के दर्शन किए। जहाँ पर नीलमाधव को छुपाकर रखा था, वहाँ तक का गुप्त मार्ग भी जान गए। आकर वे सारी सूचनाएँ राजा को दीं। इंद्रद्युम्न सदल-बल जब वहाँ आए तो पता चला कि नीलमाधव अंतर्धान हो चुके हैं। इंद्रद्युम्न म्रियमाण हो गए। उन्हें स्वप्नादेश हुआ कि नीलमाधव दारु रूप में सागर की लहरों पर तैर रहे हैं। उसी दारु को लाकर मूर्तियों का निर्माण एक बद्धकोष्ठ में हुआ। परंतु इंद्रद्युम्न की पत्नी गुंडिचा के मन में धैर्य न रहा और बीच में ही वहाँ के किवाड़ खुलवा दिए। देखा गया अर्धनिर्मित मूतियाँ वहाँ पड़ी हैं। फिर उन्हीं मूर्तियों की प्रतिष्ठा कर दी गई।

इस किंवदंती में शवर देवता का महत्त्व स्वीकार किया गया है। परंतु बौद्ध और जैन धर्म से उद्‌गम संबंधी तर्कों का डॉ. कान्हुचरण मिश्र ने दृढता से खंडन किया है। चूँकि जैन साधु ऐतिहासिक या काल्पनिक व्यक्ति रहे हैं, निर्वैयक्तिकता उनमें कहीं नहीं है। परंतु श्रीजगन्नाथ एक ओर अपौरुषेय हैं तो दूसरी ओर पुरुषोत्तम। अत: बहुत संभव हो सकता है कि जैन धर्म के कुछ आचार-नियम श्रीजगन्नाथ संस्कृति में भी काल क्रम से स्थान पा गए होंगे। पर यह प्रमाणित नहीं हो पाता कि श्रीजगन्नाथ संस्कृति जैन मूलक है या श्रीजगन्नाथ जैन धर्म के प्रतीक हैं।

इसके अलावा और किसी भी जैन तीर्थस्थल में पूजा-अर्चना की इतनी विराट् पद्धति का अस्तित्व नहीं मिलता। श्रीजगन्नाथ स्वयं अवतारी माने जाते हैं, सृष्टि के रचयिता, पालक और संहारक माने जाते हैं। इस प्रकार की धारणा का जैन धर्म से कहीं दूर का भी संबंध नहीं लगता।

बौद्ध धारणा का खंडन करते हुए डॉ. मिश्र का कहना है कि रत्नवेदी पर तीन मूर्तियाँ नहीं, चार हैं। अतः त्रिरत्न की धारणा का चतुर्धा मूर्ति से कोई मेल नहीं बैठता। कुछ लोग 'ओदंतपुरी-दंतपुरी-पुरी' इस प्रकार पुरी मंदिर में बुद्ध का दाँत या हड्डी होने की जो बात कहते हैं, वह भी अनुमान पर ही आधारित है। यह अनुमान किया जाता है कि श्रीजगन्नाथ विग्रह में तांत्रिक यंत्र हैं, जिनमें शालग्राम शिला रहती है। हिंदू धर्म में हड्डी की पूजा वर्जित है। अतः श्रीजगन्नाथ के पास इस प्रकार की कल्पना अमूलक लगती है। यहाँ आसपास में किसी बौद्ध विहार के भी कोई चिह्न नहीं मिलते। हिंदू धर्म में तो दशावतार में भी बुद्ध को स्थान मिला है। अतः यहाँ बौद्ध विद्वेष होने का तो प्रश्न ही नहीं उठता। अतः प्रश्न स्वाभाविक है कि श्रीजगन्नाथ को बुद्ध मूलक मान लें तो फिर यहाँ पर आनुषंगिक एक भी अनुष्ठान क्यों नहीं मिलता? उसी प्रकार रथयात्रा को भी बौद्ध परंपरा से जोड़ना असंगत लगता है। हिंदू देवी-देवता का मंदिर प्रवेश से पूर्व रथ में बिठाकर ले जाने की विधि वैदिक एवं औपनिषदिक काल से चली आई है। श्रीजगन्नाथ के पास जाति भेद नहीं है। इस बात को लेकर भी बौद्ध या जैन संबंधी तर्क दिए गए हैं। परंतु यह जाति-भेद का प्रश्न महाप्रसाद सेवन के समय स्पष्ट होता है। बुद्ध या जैन किसी स्थान में प्रसाद सेवन की विधि का प्रमाण नहीं मिलता। फिर श्रीजगन्नाथ के महाप्रसाद सेवन की जैन या बौद्ध-परंपरा से किस आधार पर जोड़ें। वरन् यही संभव है कि विभिन्न धर्म-धारणाओं के समन्वय के कारण ही तो हिंदू धर्म सनातन धर्म के पद पर पहुँच जाता है।

शवर सभ्यता आहरणप्रिय नहीं मानी जाती। उनमें धर्म विश्वास इतना दृढ होता है कि उसमें भेद करना या परिवर्तन सहज नहीं है। अतः वृक्ष पूजा, दारु पूजा, शिलोपासना आदि शावरी प्रथाओं को आर्यों ने ग्रहण कर लिया है। शबरों में बहुत कम परिवर्तन आ पाए। यह वनवासी जीवन बहुत कठोर होता है। भारतीय सभ्यता, संस्कृति और परंपरा के निर्माण की जड़ में यही वनवासी जीवन रहा है। इतने प्राचीन काल की होने पर भी वह प्रभाव—धो-पोंछकर मिटाया नहीं जा सका और न ऐसा करना संभव है। यद्यपि उस पर विभिन्न कालखंडों में विभिन्न रंगों से पुताई, सफाई की जाती रही है। श्रीजगन्नाथ भी तदनुरूप युग-युग में नए रूप धारण करते रहे हैं। उनका नवकलेवर होता रहा है। श्रीजगन्नाथ संस्कृति वन-पर्वतों की गहन घाटियों से निकल जैन, बौद्ध, वैष्णव, शाक्त, गाणपत्य, शैव आदि धाराओं को आत्मसात् करती हुई आज विश्व में सर्वधर्म समन्वय का प्रतीक बन गई है। श्रीजगन्नाथ ही ऐसे एकमात्र देव हैं, जिनके सामने अर्वाचीन और प्राचीन वनवासी

शवर सब एक साथ पूजा-अर्चना करते रहे हैं।

श्रीजगन्नाथ के प्रथम मंदिर-निर्माणकर्ता इंद्रद्युम्न के उल्लेख के बाद पुरी का इतिहास लंबे समय तक अंधकाराच्छन्न है। अब तक उपलब्ध प्रमाणों में उन्हें ही सर्वप्रथम मंदिर का निर्माणकर्ता बताया है। परंतु इनके समय में मंदिर का कार्य अधूरा रहा और चोड़गंगदेव के समय में संपूर्ण किया गया। ययाति केशरी के संबंध में 'मादलापांजी' (श्रीजगन्नाथ मंदिर का दैनंदिन इतिहास जिन ताड़पत्रों पर लिखा जाता था, उन ताड़पत्रों के समूह को मादलापांजी कहा जाता है) में उल्लेख आता है—ययाति के सिंहासनारोहण से डेढ़ सौ साल पूर्व रक्तबाहु नामक यवन ने पुरी पर आक्रमण किया था। तब श्रीजगन्नाथ की सुरक्षा के लिए सोनपुर ले जाकर उन्हें गुप्त रखा गया। ययायति केशरी ने उन्हें वहाँ से लाकर पुरी में उनकी पुनः प्रतिष्ठा की। अतः उन्हें द्वितीय इंद्रद्युम्न कहा जाने लगा। ययायति केशरी के समय के संबंध में दसवीं सदी के आसपास का अनुमान लगाया जाता है। दसवीं-ग्यारहवीं सदी के तंत्र ग्रंथों (यथा रुद्रयामल, ब्रह्मयामल) में श्रीजगन्नाथ का उल्लेख मिलता है। भुवनेश्वर के पास हीरापुर और बलांगीर जिले में रानीपुर झरियाल में उपलब्ध चौंसठ योगिनी मंदिरों से भी ओड़िसा में तंत्र-साधना के प्रमाण मिलते हैं। संभवतः इस समय ब्राह्मण और बौद्ध धर्म के बीच समन्वय की चेष्टा तत्कालीन भौमकर राजाओं द्वारा की गई थी। इसका उद्‌देश्य राज्य में शांति और सौमनस्य स्थापना रहा होगा। इस समय 'वैष्णव' उपाधि का भी प्रारंभ हुआ था। दक्षिण में श्री-संप्रदाय का बहुत प्रचार था। रामानुज ने विशिष्टाद्वैतवाद का प्रचार किया था। चौड़गंगदेव का चालुक्यों और चोलों से घनिष्ठ संपर्क था। शैव होते हुए भी चौड़गंगदेव के समय रामानुज का ओड़िसा में काफी प्रभाव पड़ा। उत्तरी भारत में मुसलिम आक्रमण के फलस्वरूप ओड़िसा की स्थिति हिंदुओं के लिए काफी महत्त्वपूर्ण हो गई। गजपति महाराजाओं के शासनकाल में श्रीजगन्नाथ की ख्याति चार धामों में और अधिक बढ़ गई। अनंगभीमदेव ने श्रीजगन्नाथ के मंदिर प्रशासन में बहुत सारे सुधार किए, जिनमें छत्तीस नियोग (सेवाओं के प्रकार) और पंडा प्रथा का प्रचलन प्रमुख है। गंगा से गोदावरी तक के क्षेत्र के वास्तविक शासक श्रीजगन्नाथ कहलाते हैं। पुरी के गजपति उनके प्रतिनिधि सेवक के रूप में शासन भार सँभालते। राज्य की सभी घोषणाएँ श्रीजगन्नाथ के सामने की जातीं और राज्यारोहण आदि औपचारिक क्रियाएँ श्रीजगन्नाथ की रत्नवेदी के पास संचारित हुए बिना आधिकारिक नहीं मानी जाती। इस समय तक भागवती भक्ति का प्रसार समग्र उत्कल में व्यापक हो चुका है। एक ओर जयदेव के 'गीतगोविंद' की रस माधुरी जनमानस को प्रभावित कर चुकी है।

दूसरी ओर शंकर के बाद रामानुज का आगमन और फिर संतों, भक्तों, सिद्ध-साधकों का नीलाचल धाम की ओर खिंचकर आना, श्रीजगन्नाथ के महाभारतीय रूप विस्तार की गाथा कहता है। एक ओर मध्व, निंबार्क, चैतन्य, सूर, मीरा, तुलसी जैसे भक्तों का पुरी आकर निवास, दूसरी ओर महेंद्र, गोरख, नानक, कबीर जैसे संत-सिद्धों का यहाँ भ्रमण श्रीजगन्नाथ संस्कृति-दर्शन के क्रमशः उदार व्यापक होते जाने की ओर संकेत करता है। परंतु इसके साथ-साथ कालक्रम में श्रीजगन्नाथ का इतिहास, दर्शन और धर्म अधिक-से-अधिक जटिल होता गया।

बलरामदास, जगन्नाथदास तक आते-आते श्रीजगन्नाथ पुरुषोत्तम ही नहीं 'शून्य पुरुष' तक बन गए। दूसरे शब्दों में वे निराकार ब्रह्म के प्रतीक बन गए। बौद्ध प्रभाव तो समाप्त हो चुका था, अतः श्रीजगन्नाथ को जिस 'शून्य पुरुष' की संज्ञा दी गई, वह गीता का पुरुषोत्तम ही है। बौद्ध शून्य पुरुष तो अकर्मण्य होता है। परंतु यह वैष्णव श्रीजगन्नाथ तो बिना हाथ-पाँव के सबकुछ करता है, बिना कानों के सब सुनता है। इतना ही नहीं, नित्य गोलोक की कल्पना तक श्रीजगन्नाथ को केंद्र कर भक्तों ने कर ली। भक्त कहता है—

अवतार एहि दारु रूप
ईश्वर साक्षाते लीलार निगंते
बिजे रत्नसिंहासनने।

श्रीजगन्नाथ को इन साधकों ने परब्रह्म का संकेत माना है। ये श्रीजगन्नाथ साक्षात् महाविष्णु हैं। इन्हें वे शून्य पुरुष, निरंजन और अलेख कहकर संबोधित करते हैं।

सर्वत्र नीलाद्रि रे स्थिति, एतु सकल जात होन्ति॥
समस्त अवतार मान, जात होइण पशे पुण॥
बेदान्त सार ब्रह्म एहि, बेदहिं वर्णि न पारइ॥

इन्हीं सर्वसमय और सर्वव्यापी ब्रह्म को बलराम ने श्रीजगन्नाथ महाप्रभु में पाया है। इस चतुर्धा मूर्ति में बलरामदास चारों वेद, ब्रह्म का दर्शन करते हैं। बलभद्र में साम, सुभद्रा में ऋक्, श्रीजगन्नाथ में यजु और सुदर्शन में अथर्ववेद की कल्पना करते हैं। इस प्रकार वेद भगवान् ने चतुर्धा रूप को इसी मूर्ति-चतुष्टय में देखा है। अगर सुदर्शन को श्रीजगन्नाथ का एक अंग मान लें तो बाकी तीन मूर्तियों के संबंध में बलराम कहते हैं—

डोला भितरे धला जेहुं। श्रीबलभद्र अटे सेहु॥
तथि उपरे जेहुं। सुभद्रा ठाकुराणी सेहु॥
तहिरे पितुला जे जाण। श्रीजगन्नाथ ताकु चिह्न॥

शरीर के अंग नयनों में त्रिमूर्ति की इस अद्‌भुत कल्पना ने श्रीजगन्नाथ को घट-घट व्यापी सिद्ध कर दिया है। इसी गुप्तगीता में वे आगे चलकर बलभद्र में शुक्ल, सुभद्रा में हरित, श्रीजगन्नाथ में पीत और सुदर्शन में लोहित आदि चतुर्वर्णों का दर्शन करते हैं। ये चारों वर्ण संपूर्ण मानव जाति को परिभाषित करते हैं। इसलिए बलराम ने श्रीजगन्नाथ को संपूर्ण मानव परिवार के प्रतीक के रूप में ग्रहण किया है। बलराम का श्रीजगन्नाथ संबंधी दृष्टिकोण दांडी रामायण में ही सर्वाधिक व्यापक आकार धारण करता है। यहाँ उन्होंने बारंबार श्रीजगन्नाथ का नाम स्मरण किया है, वंदना की है, गुणगान किया है, भजन किया है। विशेषकर आदि, आरण्य, लंका और उत्तर कांडों के आरंभ में श्रीजगन्नाथ की लीला, गुण का स्मरण भक्ति एवं श्रद्धा के साथ किया है। इसके अतिरिक्त श्रीजगन्नाथ के प्रति आभार प्रदर्शन तो गीत में 'टेक' की तरह हर प्रसंग के अंत में किया गया है। श्रीजगन्नाथ की अहेतुकी कृपा की चर्चा करते वे नहीं अघाते।

ग्रंथ के आरंभ में ही चतुर्भुज नारायण, प्रभु, कमला के पति जो नीलगिरि पर विराजमान हैं, उनकी वंदना करते हैं। उनकी रूप माधुरी का वर्णन करते हैं। वे महाप्रभु इस मंच पर अवतार हेतु पधारे हैं। स्वेच्छा से दक्षिण सिंधुतीर पर निवास करते हैं।

इन्हीं चतुर्भुज नारायण स्वामी के पास एक बार जब सब देवता दर्शनार्थ जाते हैं तो प्रभु हाथ बढ़ाकर कहते हैं—

तुमीं जेबे मोते शरण हो कल सुरमाने।
देख मोर दक्ष भुजे शंख चक्र चिह्ने॥
एते बोलि सेहि कर बढ़ाइले तोलि।
आनंदे सुरगणा देखंति सर्बे मिलि॥
विष्णुर भुजे चिराल उड़े फर हर।
देखिण आनंद होइले कुशधर॥

कवि इन्हीं नारायण पुरुषोत्तम की रूप माधुरी का वर्णन कर बार-बार नाम स्मरण करते हैं। ये भक्त-वत्सल पुराण पुरुष ही दशावतार ग्रहण करते हैं। इस सूर्य के नीचे वे नीलगिरि पर चतुर्धा रूप में अवस्थान करते हैं। इन्हीं लक्ष्मीनारायण की वंदना में कहते हैं—

अयोध्या रे अभिषेक श्रीराम जेमंत।
तेसन नीलगिरि रे लक्ष्मी जगन्नाथ।

इस स्थल पर भी कवि श्रीजगन्नाथ के सौंदर्य और लावण्य का विस्तृत वर्णन उपस्थापित करते हैं।

उपरोक्त उद्धरणों से बलराम की श्रीजगन्नाथ संबंधी चेतना पर यथेष्ट आलोकपात होता है। उनकी दृष्टि और धारणा में श्रीजगन्नाथ महाविष्णु हैं। इस सारी भागवती भक्ति की चर्चा करनेवाला, रामगाथाकार प्रच्छन्न बौद्ध किस प्रकार कहा जा सकता है ? अवतार, नवधा भक्ति, ब्रह्म निरूपण आदि में कहीं भी तो इस दृष्टि का आभास नहीं मिलता। 'ब्रह्मांड भूगोल' से एक-दो उद्धरण देकर जिस प्रकार उन्हें प्रच्छन्न बौद्ध सिद्ध किया गया है, उससे अन्य बलिष्ठ तथ्यों की अवहेलना ही होती है। सुरेंद्र महात्ती एवं अन्यान्य आलोचकों ने ओड़िसा में वैष्णवों को दो धाराओं में देखा है। उत्कलीय वैष्णव एवं गौड़ीय वैष्णव। यहाँ उत्कलीय और गौड़ीय को मुख्यत: ओड़िसा में चैतन्य प्रचारित धर्म के अनुयायी और तद्भिन्न वैष्णव के अर्थ में लिया जाता है। बहुप्रचलित पंचसखा या पंचशाखा कवियों को किसी एक धारा के अंतर्गत स्थापित करने के लिए कई तर्क दिए जाते हैं। हम यहाँ औरों की चर्चा छोड़कर सिर्फ बलराम के संदर्भ में यह बात देखें तो लगेगा कि उनके लिए दोनों चौखटे अनुपयुक्त हैं। एक ओर तो शून्य ब्रह्म से अपनी दार्शनिक एवं वैचारिक यात्रा शुरू करते हैं, दूसरी ओर वही शून्य पुरुष श्रीक्षेत्र में आकर पुरुषोत्तम के रूप में विराजते हैं। यही फिर भक्तों के लिए स्वेच्छा से नाना अवतार धारण करते हैं। यहाँ इन्हें न गौड़ीय कह सकते हैं, न उत्कलीय, न वैष्णव, न बौद्ध। वे तो शुद्ध भक्त हैं। हाँ, इनकी भक्तिधारा में एक क्रम-विकास दिखाई देता है। इन्हीं महाविष्णु के पास उसका चरम उत्कर्ष होता है। यहाँ ध्यान और योग पीछे छूट जाते हैं, कीर्तन-श्रवण बहुत छोटे पड़ जाते हैं। इस सीढ़ी तक आने के बाद भक्त और भगवान् का सीधा संपर्क हो जाता है। किसी माध्यम की आवश्यकता नहीं रहती। भक्त भगवान् से सीधे जुड़ जाता है।

बलरामदास और चैतन्यदेव के संबंधों को लेकर विद्वानों को बहुत सारी कल्पनाएँ करनी पड़ी हैं। बहुतों का अनुमान है कि चैतन्य के पुरी अवस्थान के समय प्रत्येक सखा (पंचसखाओं में से) पुरी आए थे और चैतन्य से दीक्षा ग्रहण की थी। कम-से-क़म इतना तो जरूर हुआ होगा कि बलराम चैतन्य के घनिष्ठ संपर्क में आए थे, चूँकि वे स्वयं भक्त और साधक थे, अत: चैतन्य के भक्त जीवन द्वारा विशेष प्रभावित हुए थे। पं. सूर्यनारायणदास का यह मत मान्य हो सकता है। परंतु अगले ही वाक्य में कहते हैं कि चैतन्यदेव को वे साक्षात् कृष्ण का अवतार मानते थे। एक ओर तो चैतन्य के भक्त रूप से प्रभावित थे, दूसरी ओर उन्हीं चैतन्य को कृष्ण का अवतार मानते हैं। दोनों बातें एक-दूसरी से मेल खाती नहीं लगतीं। किसी को या तो श्रेष्ठ भक्त मान सकते हैं या भगवान् का अवतार।

सुरेंद्र महांति इतना तो मानते हैं कि बलराम और चैतन्य समवयस्क थे। चैतन्य के वे संपर्क में आए थे, लेकिन शून्यसाधक, हठयोगी बलराम का चैतन्य के साथ या उनके प्रेमभक्त धर्म के साथ कोई संपर्क न था। दीक्षा के प्रश्न पर उनका कहना है कि मंत्र दीक्षा (रामतारक मंत्र या हरे रामकृष्ण मंत्र) बलराम ने अतिबड़ी जगन्नाथदास से ली थी। इस प्रकार का अनुमान लेखक ने कुछ विशेष परिस्थितियों के अंतर्गत किया है—एक तो बलरामदास उन्हें चैतन्य से अधिक उत्कलीय लगते हैं, द्वितीयत: चैतन्य की भक्ति धारा को राज्याश्रय प्राप्त हो गया, अत: आत्मरक्षार्थ गोपन की बात प्रस्तुत करते हैं—तभी वे मानते हैं कि अंत:करण से बलराम शून्यवादी थे और बाह्य आवरण से वैष्णव। परंतु इस प्रकार के द्वैत भाव को बलराम के साथ संबद्ध करना तर्कसम्मत नहीं लगता। बलराम जिस प्रतिभा और प्रचंड साहस के साथ लोकभाषा को लेकर देवभाषा के सामने खड़े हुए थे, इस प्रकार की किसी पलायनवादी, भीरु या छद्म बुद्धि-कौशल की बात उनके लिए असंभव थी। समकालीन भक्तों की परंपरा में इस प्रकार के द्वैत आचरण को कहीं मान्यता प्राप्त नहीं थी, वरन् वे अपने आचारों और विचारों के आधार पर ही परंपरागत संस्कृत पंडितों और विद्वानों से भी अधिक आदरणीय बन सके थे। जो व्यक्ति श्रीजगन्नाथ के सामने किए गए अपमान के लिए स्वयं श्रीजगन्नाथ को दोषी बताकर उनसे रूठ सकता है, वह किसी भी राजसत्ता या व्यक्तिसत्ता के आगे सालिस के उद्देश्य से न झुक सकता है और न मिथ्याचरण करेगा। बलराम ने रामकथा के प्रारंभ में ही लिखा है—

"कीटहुं परिजंते तोहर जे केलि।
भय न करिन मुहिं निर्भय मजिलि।
शास्त्र पुराण शुणिलि मुहिं बिप्रमु।
तेणु सेबा करे तो चरण आत्मसुखे॥"

अत: उन ब्रह्म की शरण जो लेता है, वह निर्भय होकर प्रभु का भजन करता है। वह किसी और की शरण क्या जाएगा, जो समझ लेता है कि—

जे तोहर सुदयारु किछि अछि पाइ।
ब्रह्मांड भितरे ताकु सब किछि नाहिं॥

उनकी प्रार्थना सुनकर श्रीजगन्नाथ सुप्रसन्न हुए हैं और उनकी करुणा के भाजन होते हैं, अत: 'आत्मसुख' के लिए ग्रंथ रचना कर रहे हैं। उन्हीं प्रभु चिंतामणि से वह निवेदन करते हैं—

आत्महिते घोषइ मुं तांकु पुणिपुणि।
तु मोते प्रसन्न हुअ प्रभु चिंतामणि॥

वस्तुतः यह 'आत्मसुख' और 'आत्महित' साधु-संतों का अकेलों का नहीं होता। कवि मानवमात्र की मंगल भावना से प्रेरित हैं। अतः वे 'सामवेदू जात सभी' चतुर्वर्ग दायक मानकर प्रचार करते हैं—

वाल्मीकि मुनिंकि ब्रह्मा प्रसन्न जे होई।
रामायण कर तु प्रसन्ने आज्ञा देइ॥
से मुनि प्रसन्ने मुहिं ग्रंथ निर्माणिलि।
जगतर सुख अर्थे रामायण कलि॥

उनकी यह लोकमंगल की भावना आगे भी कई जगह प्रकट होती है—

जगतर हिते सुंदरा कु पूर्ण करि।
श्रीरामचंद्र चरित कहिलि सुमिरि॥

इसी लोककल्याण की भावना से प्रेरित होकर कवि बार-बार श्रीजगन्नाथ की वंदना करते हैं। वे इस ग्रंथ का जरा भी श्रेय लेना नहीं चाहते। उन्हीं को इसका कर्ता-धर्ता कहकर श्रीजगन्नाथ के प्रति अटूट भक्ति का परिचय देते हैं—

श्रीजगमोहन एहि रामायण ग्रंथ।
एथिर कवि नीलगिरि जगन्नाथ॥
से प्रभु मोहर हृदे बिजे करि थांति।
आपणार चरित आपणे बखाणंति॥

श्रीजगन्नाथ महाप्रभु स्वयं अपना चरित्र बखान रहे हैं। बलराम तो उनके दास हैं। श्रीजगन्नाथ स्वयं अवतार लेकर राम रूप हुए हैं। कवि उनका स्मरण करते हुए कहते हैं—

जगन्नाथ बोलि अवतार रामायण।
जगन्नाथ स्मरणे मुकरइ बखाण॥
जगन्नाथ जेहुं मोते सुदया जे कले।
बलरामदास बोलि श्रीमुखे बोइले॥

अतः कवि जगमोहन रामायण की रचना के समय श्रीजगन्नाथ को कभी नहीं भूलते। समूचे ग्रंथ में उन्हीं की अपार महिमा परिव्याप्त है—इनके दरबार की छवि कवि-मानस पर स्पष्ट अंकित है। बैकुंठ लोक से इन प्रभु को इंद्रद्युम्न लाया था। नीलगिरि शिखर पर विराजमान प्रभु की झाँकी राम के साथ एकाकार हो जाती है—

अयोध्यारे अभिषेक श्रीराम जेमंते।
तेसन नीलगिरि रे लक्ष्मी जगन्नाथ॥

अयोध्या में राम का अभिषेक और नीलगिरि में श्रीजगन्नाथ का अभिषेक

अभिन्न दिखाई दे रहा है। तभी तो रावण से युद्ध के समय राम इन्हीं के नंदिघोष रथ पर आरूढ़ होते हैं। कवि उस समय के दृश्य को कैसे अंकित करते हैं—

अपूर्व विमान जे बसिले राम बाहु।
गुंडिचा बिजे कि जगन्नाथ महाबाहु॥

यानी रथयात्रा के अवसर पर श्रीजगन्नाथ की नंदिघोष पर विराजमान छवि और रावण युद्ध के समय रथारूढ़ की शोभा एक दिख रही है। इन्हीं श्रीजगन्नाथ की वंदना कवि ने ग्रंथ समापन के अवसर पर भी प्रशस्त रूप में की है। वे निरंतर इन्हीं की शरण में रहने की कामना करते हैं।

इस प्रकार बलरामदास की श्रीजगन्नाथ भक्ति और उन श्रीजगन्नाथ संबंधी धारणा के संबंध में हमें परंपरा की लीक से हटकर विचार करना होगा। तुलसीदास और बलरामदास के जगन्नाथ संबंधी दृष्टिकोण के विशद अध्ययन की आवश्यकता बनी हुई है। इनके अंतर्मन की धारा के मधु स्रोत का उद्घाटन होना बाकी है। □

काव्य चर्चा

पुराण या महाकाव्य

दांडी रामायण और रामचरितमानस उभय ग्रंथ अपनी-अपनी भाषा में अपने रचनाकाल में ही रामकथा के अप्रतिम माध्यम के रूप में प्रतिष्ठित हो चुके थे। संस्कृत लक्षण ग्रंथों में उपलब्ध प्रबंध काव्य के समस्त प्रमाण मिलने पर भी आलोचकों ने कई बार दोनों की प्रबंधात्मकता पर प्रश्नचिह्न लगाए हैं। दोनों को 'पुराण' आख्या देकर 'काव्य' से भिन्न कोटि में रखने का प्रयास किया गया है।

सामान्यतः 'पुराण' शब्द प्राचीन आख्यान के अर्थ में लिया जाता है। हमारे देश में धार्मिक जनों का विश्वास है कि पुराण अनादि हैं। उनका रचयिता कोई नहीं है। पद्‌म पुराण में कहा गया है—

'पुराणं सर्व प्रथमे ब्रह्मणा स्मृतम्'

भगवान् प्रत्येक द्वापर युग में व्यास रूप में अवतीर्ण होते हैं और अठारह भागों में बाँटकर चार लाख श्लोकों में सीमित कर देते हैं। अर्थात् वेदव्यास को संक्षेपक ही माना गया है, रचयिता नहीं।

भागवत में पुराण के कुछ लक्षण गिनाए गए हैं—

अत्र सर्गो विसर्गाच स्थानं पोषणं तत्रः।
मन्वन्तरेशानुकथा निरोधो मुक्तिराश्रयः।

अर्थात् सर्ग, प्रतिसर्ग, स्थान, पोषण, ऊति, मन्वंतर ईशानुकथा, निरोध मुक्ति और आश्रय ये दस लक्षण पुराण के हैं। इसी से मिलती-जुलती परिभाषा वायु पुराण और पद्‌म पुराण की है। शिव पुराण के अनुसार—

सर्गश्च प्रतिसर्गश्च वंशो मन्वंतराणि च,
वंशानुचरित चैव पुराणं पंच लक्षणम्।

यहाँ सर्ग-प्रतिसर्ग आदि के अलावा वंश, मन्वंतर और वंशानुचरित को

पुराणांतर्गत रखा गया है। ये पाँचों भी कुल मिलाकर भागवत के दस लक्षणों के अनुरूप ही ठहरते हैं। राजशेखर काव्य मीमांसा में लिखते हैं—

सर्गश्च प्रतिसर्गहार: कल्पोमन्वंतराणि वंशविधि।
जगती यंत्र निबद्धत जेय पुराणमिति॥

यहाँ भी मीमांसाकार सर्ग, मन्वंतर, वंशविधि आदि की चर्चा पर जोर देते हैं।

आगे चलकर पुराण को इतिहास और इतिहास को पुराण कहा जाने लगा। पाश्चात्य विद्वान् पुराणों को साहित्येतर रचना मानते हैं। विंटरनिज महोदय का विचार है कि पुराण केवल सांप्रदायिक प्रचार के साधन रहे हैं। इस प्रकार संस्कृत पुराणों को लेकर परस्पर विरोधी मत मिलते हैं। वैसे यह बात निश्चित है कि भारतीय चिंतन क्षेत्र में धर्म का सर्वाधिक महत्त्व है। अत: वेद-उपनिषद् काल के बाद पौराणिक साहित्य की प्रेरणा के स्रोत वेद-उपनिषद् रहे। यहाँ भाषा का सरलीकरण किया गया और भावों को ग्रहण करने के लिए कथानक में रोचकता की ओर अधिक ध्यान दिया गया। तभी वैदिक संस्कृत और पौराणिक संस्कृत भाषा एवं शैली में यह अंतर दिखाई पड़ता है।

आगे फिर आधुनिक भारतीय भाषाओं के लिए ये संस्कृत पुराण ग्रंथ अपनी संस्कृति, सभ्यता और आदर्श के प्रमुख प्रेरणास्रोत बने। उनसे कथानक का मोटा-मोटी ढाँचा ग्रहण कर इन्होंने प्रबंध और मुक्तक दोनों प्रकार की रचनाएँ कीं। इस समय में ओड़िसा में पहले महाभारत और फिर रामायण को स्थान मिलता है। बाद में और भी कई ग्रंथ रचे गए। परंतु हिंदी में तुलसीदास का मानस ही एकमात्र प्रबंध ग्रंथ है, जो इस परंपरा के अंतर्गत आता है।

डॉ. नरेंद्रनाथ मिश्र ने आंगिक आकृति संबंधी आलोचना के समय समग्र पंचसखा युगीन साहित्य को दो भागों में विभक्त किया है—

आख्यान ग्रंथ और साधना ग्रंथ। आख्यान ग्रंथों के फिर दो भाग किए हैं— पुराण और आख्यायिका। उनका मत है कि पुराणों का स्वतंत्र रूप से संकलन पंचसखा युग में हुआ है। इन पुराण ग्रंथों में एक साथ प्राचीन भारतीय महापुराण, काव्य परंपरा का उत्कलीय लोक परंपरा के साथ मिश्रण होकर नूतन सृजनशील जातीय मानस का विकास हुआ है। दांडी रामायण में पौराणिकता के संदर्भ में वे लिखते हैं कि इसमें पूर्णत: नवीन और स्वतंत्र पौराणिक उपादानों के आधार पर ओड़िया सामाजिक जीवन का अंतरंग आलेख्य आभासित होता है। मूक प्रकृति कवि (बलराम) की महती कल्पना के बल पर किस प्रकार आदर्शवादी रचना की महती भूमिका ग्रहण कर सकती है, इसका निदर्शन बलराम की रामायण में मिलता

है। उत्कलीय प्रकृति ही नहीं, जनसमाज का प्राणवंत रूप बलराम ने दांडी रामायण के माध्यम से प्रस्तुत करने का प्रयास किया है। इसके लिए दांडी रामायण के पात्र अपने पहनावे, आचार-विचार, वेश-भूषा, स्थान परंपरा और दृष्टि धारणा को लेकर उत्कलीय भूमि और जनसमाज से बहुविध जुड़े दिखते हैं।

सुरेंद्र महांति और डॉ. मायाधर मानसिंह दोनों ने दांडी रामायण के काव्यरूप की उच्छ्वसित प्रशंसा की है। वे जगमोहन रामायण के अलावा उनकी किसी रचना को साहित्यिक स्तर की नहीं मानते। डॉ. मानसिंह कहते हैं कि बलरामदास की रामायण एक ओड़िसा काव्य है। क्योंकि मूल रामायण के स्थान, पात्र, रीति-रिवाज को ओड़िसा का मानकर उसी के अनुसार वर्णन हुआ है, कथा चलती है। इनसे पूर्व विजयचंद्र मजुमदार महोदय ने लिखा है कि एक जातीय कवि के रूप में बलराम अपने लोगों के लिए काव्य-रचना कर गए हैं। ओड़िसा के पाठक वर्ग को ध्यान में रखकर उन्होंने ओड़िया रीति से मौलिक ग्रंथ की रचना की है।

प्रायः सभी आलोचकों ने दांडी रामायण को महाकाव्य की आख्या दी है। कुछेक ने पौराणिक महाकाव्य के अंतर्गत रखा है। वैसे देखा जाए तो ओड़िसा में संस्कृत पुराणों को लोकभाषा में प्रस्तुत करने की परंपरा बलरामदास से सैकड़ों वर्ष पूर्व जन्म ले चुकी थी। परंतु उसका बलिष्ठ और परिनिष्ठित रूप बलराम के समय में दिखाई पड़ता है। इसमें दो-तीन बातें सामान्यतः पाई जाती हैं—पारंपरिक कथानक को स्वच्छंदता से मोड़ देना, लोककथाओं का समावेश, छंदःशास्त्र का बंधन शिथिल करना, गायकी पर अधिक ध्यान देकर उन तत्त्वों का समावेश करना, जिनसे गायन में सुविधा हो, प्रायः प्रत्येक रचना में आद्योपांत एक ही छंद का प्रयोग करना, दार्शनिक गूढ तत्त्वों का सरलीकरण, वक्ता-श्रोता शैली में रचना, देश-काल-पात्र का ओड़िसाकरण, जिसका मूल या केंद्र श्रीजगन्नाथ हैं।

बलरामदास की काव्य संबंधी धारणा के लिए अंतःसाक्ष्य के रूप में उनकी कुछ उक्तियाँ ली जा सकती हैं—

आदि कांड नाम ए जे सामवेद बाणी।
बलरामदास एहा गीतरे बखाणि॥

सामवेदी वाणी को गीतों में बखानने की बात कई बार दुहराई हैं। अंत में लंकाकांड में कहते हैं—

श्रीराम र पुराण सामबेंदु जात।
जाहा से कहिले बलमीकि तपीबंत॥

उपरोक्त 'गीत' शब्द को बलराम ने काव्य के अर्थ में लिया है। वैसे भी 'पुराण'

शब्द का प्रयोग पवित्र प्राचीन वाणी के अर्थ में किया है। क्योंकि वे लिखते हैं—

बखाण करन्ति जाहा सुज्ञ मुनिजन।
एहाकु पुराण मध्ये करंति लिखण॥
श्रीराम चरित जे प्रसन्न ब्रह्मकहि।
संसार हिते बर्द्धित कलु तुहि॥
जेणु तोर मुखे हेला से कथा प्रचार।
तेणु पुराण बोलिण नाम देले तार॥

अर्थात् राम की अति प्राचीन कथा का प्रचार करने हेतु इसकी रचना हुई है, अत: इसे पुराण कहा जा सकता है। यहाँ 'पुराण' शब्द को संस्कृत की पारंपरिक परिभाषा के अंतर्गत नहीं रखा जा सकता। कवि का आशय संस्कृत में प्रचलित अर्थ से हटकर है। बहुत से शब्दों का पारंपरिक अर्थ इस काल में बदला है। जैसे संहिता (शून्य संहिता), वेद (शिशुवेद), गीता (ब्रह्मांड भूगोल गीता), आदि शब्द अपने परंपरागत अर्थ खो चुके हैं। संतों ने इन शब्दों में नए अर्थ भरे हैं, नई आभा से उन्हें उज्जीवित किया है। परंतु यह सब वेद या पुराण विरुद्ध नहीं हुआ। दांडी रामायण में हम भक्तिकालीन काव्य-प्रवाह के स्पष्ट लक्षण देख पाते हैं। पारंपरिक पुराणधर्मिता का रंग उतर रहा है और नए काव्य रूप की प्रतिष्ठा हो रही है। आगे चलकर ओड़िया साहित्य में यही राम चरित्र उपेंद्रभंज (वैदेहीश विलास महाकाव्य में) के हाथों रीतिकालीन गुणों से मंडित होकर भिन्न आकार प्रकार धारण करता है। यहाँ पर महाकाव्य में पौराणिक तत्त्वों की बहुलता देखकर भी उसके काव्यत्व के इसी ऐतिहासिक परिवर्तन को ध्यान में रखकर चर्चा करनी होगी। मात्र विभिन्न कथा-उपकथाओं का विस्तृत वर्णन देख इस ग्रंथ को काव्य क्षेत्र से बाहर रखना असमीचीन होगा।

इसी प्रकार मानस के संदर्भ में भी यह परिवर्तन ध्यान में रखना जरूरी है। यद्यपि हिंदी में पुराणों के आधार पर महाकाव्य रचने की भक्ति युग में वैसी खास परंपरा नहीं मिलती। यहाँ मुक्तकों का अजस्र भंडार जरूर उपलब्ध है। पुराणों के संपर्क में तुलसी का मत है—

नाना पुराण निगमागम सम्मतम्

अर्थात् जो कुछ मानस में लिखा है पुराणादि सम्मत है। हिंदी में भक्तिकाल में वेद-पुराणों का विरोध नहीं हो रहा था। संस्कृत की भाषा, छंद, अलंकार आदि का उपयोग अपनी भक्ति-भावना को दृढ करने या अभिव्यक्त करने के लिए हिंदी में निस्संकोच किया गया है।

तभी डॉ. श्रीकृष्णलाल कहते हैं—

चरित्र चित्रण, भावनिरूपण, रस परिपाक, यहाँ तक कि उपक्रम एवं उपसंहार आदि सभी दृष्टियों से मानस पुराण काव्य है। परंतु इसके तुरंत बाद वे लिखते हैं—अपने सामान्य रूप में इसमें महाकाव्य और पुराण दोनों का सम्मिश्रण है। इसी प्रकार का मत डॉ. इंद्रनाथ मदान का है। परंतु डॉ. उदयभानु सिंह इस विचारधारा का खंडन करते हुए लिखते हैं—पौराणिक विशेषताओं के आधार पर मानस को पुराण की संज्ञा नहीं दी जा सकती। उनमें (पुराणों में) कवित्व और प्रबंधात्मकता की उपेक्षा है, इसके प्रतिकूल मानस के काव्यगुण अपेक्षाकृत अधिक सशक्त हैं। इस संदर्भ में डॉ. शंभुनाथ सिंह का मत है कि मानस को पुराण सिद्ध करने के लिए दिए गए तर्क हेत्वाभास मात्र हैं। आगे चलकर डॉ. वीरेंद्र बहादुर सिंह ने विभिन्न मतों की समीक्षा करते हुए लिखा है—

महाकवि तुलसीदास ने विभिन्न पुराणों का अध्ययन किया था। यह उनकी पांडित्य गरिमा का पोषक है। अध्ययनस्वरूप मानस पर पुराणों के कुछ प्रभाव पड़ जाने से उनको पुराण काव्य कहा जाए तो यह एक भयंकर अज्ञान और प्रचंड दुस्साहस है। पुराणों का यथेष्ट प्रभाव मानस पर है। लेकिन यह उसके पुराण काव्य का समर्थक नहीं है। क्योंकि पुराणों की अधिकांश विशेषताएँ संस्कृत-प्राकृत-अपभ्रंश के महाकाव्यों में पाई जाती हैं। यह बात बहुत अधिक तर्कसंगत लगती है। जैसा कि ऊपर देख चुके हैं—हिंदी में यह काव्यरूप का विकास काल है। आगे चलकर फिर रीतिकालीन परंपरा की ओर ढलता है। यहाँ ओड़िया से एक बात अलग दिखती है—अरबी-फारसी का प्रभाव भाषा और भाव दोनों सतहों पर इन काव्यों में दिखाई पड़ता है। फिर भी ये काव्य हिंदू कल्पना, हिंदू चेतना और भारतीय परंपरा के वाहकस्वरूप अजर-अमर हैं।

तुलसी के विचारों पर दृष्टिपात करें तो यह बात स्पष्ट हो जाती है कि मानस पुराण नहीं रामकथा का काव्यरूप है, जो कि पुराणसम्मत अवश्य है, पुराण नहीं। इस संबंध में वे स्पष्ट उल्लेख करते हैं—

निज कबित्त केहि लाग न नीका। सरस होउ अथवा अति फीका॥
कबि न होउँ नहिं बचन प्रबीनू। सकल कला सब बिद्या हीनू॥
आखर अरथ अलंकृति नाना। छंद प्रबंध अनेक बिधाना॥
भाव भेद रस भेद अपारा। कबित दोष गुन बिबिध प्रकारा॥
कबित बिबेक एक नहिं मोरें। सत्य कहउँ लिखि कागद कोरें॥
भनिति मोरि सब गुन रहित, बिस्व बिदित गुन एक।
सो बिचारि सुनिहहिं सुमति जिन्ह कें बिमल बिबेक॥

तुलसी विनयशीलता के लिए प्रसिद्ध हैं। अत: अपनी रचना में एक भी काव्य संबंधी विशेषता (अर्थ और शब्दालंकार, छंदरचना, भाव और रस सौंदर्य आदि) होने की संभावना से पहले ही मना कर देते हैं। अगर कहीं कोई गुण है भी तो वह राम की कृपा का प्रसाद है। वह सारा बड़प्पन इसी कारण आ गया है। आगे चलकर वे इस काव्य के लिए शिव के भी अनुग्रही हैं—

संभु प्रसाद सुमति हियं हुलसी। राम रचित मानस कवि तुलसी॥

अर्थात् भगवान् शिव की कृपा से उनके हृदय में सुमति का विकास होता है और उसी से रामचरितमानस का कवि तुलसी हुआ। इसके अलावा समूचे ग्रंथ में कहीं भी पुराण होने की बात नहीं मिलती। उपरोक्त उद्धरणों से प्रबंध काव्य की धारणा को ही बल मिलता है।

महाकाव्य की परिभाषा का धीरे-धीरे विकास होता गया है। बलराम और तुलसी दोनों ने प्राचीन भारतीय पुराण काव्य परंपरा को नया रूप दिया है। लोक परंपरा में सृजनशील साहित्य के मिलन से यह धारा पुष्ट हुई है। बदले हुए सांस्कृतिक एवं राजनैतिक परिवेश में नवकलेवर धारण कर ये रचनाएँ बिल्कुल तरोताजा रूप में सामने आई हैं। इन्हें पौराणिकता से स्वतंत्र नहीं मान सकते और न शुद्ध निधर्मी काव्य-रचना (Secular poetry) मान सकते हैं। क्योंकि उस समय धार्मिक वृत्ति के बिना साहित्य रचना की कल्पना वैसे ही कठिन थी, जैसे वैज्ञानिक दृष्टिकोण के बिना आज साहित्य रचना। इसीलिए दोनों ग्रंथों का समाज में युगों तक धर्मग्रंथ के रूप में निर्बाध गति से पठन-पाठन चलता रहा। इतना ही नहीं, इन रचनाओं का इतना अधिक सम्मान इस धार्मिक दृष्टिभंगी के चलते हुआ है। काव्य तत्त्वों की ओर देखने का इस क्षेत्र में सदियों तक कोई विशेष प्रयास ही नहीं हुआ। परंतु धीरे-धीरे उन्नीसवीं-बीसवीं सदी में धार्मिक दृष्टिकोण का समाज में परिवर्तन होता है। इसका स्थान पश्चिमी—भौतिक और वैज्ञानिकता ने लिया है। फलत: भारतीय दृष्टिकोण अध्यात्म और धर्म से दूर होता गया। बाद में विल्सन, ग्रियर्सन, ग्रींस, तासी, मेक्डूगल कारपेंटर, एटकिंसन, मेकाफी, वारान्निकोव, फादर बुल्के आदि विद्वानों की आलोचनाओं के आधार पर मानस की एक नए ढंग से चर्चा हुई और उससे इस भक्तिकालीन महाकाव्य के काव्यतत्त्वों को धर्मातिरिक्त कसौटियों पर कसा और उसकी गुणवत्ता प्रकाश में आई। इस अतिरिक्त गुण के प्रकट होने से इनकी लोकप्रियता में फर्क नहीं पड़ा। हाँ, कुछ प्रबुद्ध पाठकों को चकित होने लायक सामग्री मिल गई।

प्रकृति-वर्णन

बलरामदास और तुलसीदास की रामकथा अध्यात्म अभिमुखी है। अत: वर्णन चातुरी के समय यह भावना स्पष्ट हो जाती है। परंतु प्रकृति के संबंध में दोनों की स्वानुभूतियों में गहरा अंतर दिखाई देता है। बलराम के परिचय में कटक-पुरी जैसे समृद्धिशाली नगर ही नहीं, ओड़िसा का नदी-पर्वत, वन-उपवन का विस्तृत क्षेत्र, और सैकड़ों मील का सागर का किनारा रहा है। प्रकृति का यह वैभवपूर्ण क्षेत्र आज भी वैसे ही महिमावंत और अछूता है, मानो अपने कौमार्य और अपनी सुकुमारता के कारण आकर्षण का केंद्र बना हुआ है। हाँ, घोर व्यवसायी वृत्ति के कारण इस क्षेत्र के वृक्ष समूह पर इधर निर्मम और अकथनीय अत्याचार हुए हैं। तुलसी का क्षेत्र गंगा का विस्तृत मैदान रहा है, वहाँ प्रकृति की इतनी विविधता, लावण्य और वैभव संसार नहीं रहा। परंतु तुलसी ने बहुत अधिक पर्यटन दिया था। अत: हिमालय की अति उच्च पर्वत श्रेणियों और सागर का गंभीर क्षेत्र उनकी प्रकृति के दो छोर हैं।

तुलसी ने प्रकृति का विस्तृत विवरण यद्यपि कहीं नहीं दिया। परंतु एक-दो अर्धाली में प्रकृति की एक झलक लेकर सादृश्यमूलक उक्तियाँ मानस में असंख्य स्थानों पर बिखरी मिलेंगी। दांडी रामायण में प्रकृति के विविधरंगी विस्तृत विवरण अनेक स्थानों पर भरपूर मिलेंगे। जितने सघन और संख्या-बहुल ये उपादान हैं, उतने ही सघन ये वर्णन हुए हैं। मानस में कवि प्रकृति को लेकर एक अर्धाली शुरू करते हैं, परंतु अर्धाली के अंत तक आते न आते वे लौट जाते हैं, किसी सादृश्यमूलक प्रसंग की खोज में—कोई नीति-वचन जड़ देते हैं, या किसी चरित्र के किसी पक्ष पर प्रकाश डालते हैं, या कोई व्यंग्यपूर्ण तीखी सी उक्ति रख देते हैं। बलराम एक बार प्रकृति को छूते हैं तो सघन वन की तरह असंख्य विवरणों से भरपूर जीवंत चित्र उपस्थित किए बिना विराम नहीं लेते। यहाँ प्रकृति अत्यधिक सघन है और विविधतापूर्ण है। दृश्य इतनी शीघ्रता से बदलते हैं, मानो हम किसी इंद्रजाल में पहुँच गए हैं जो एक विराट् चित्र फलक पर विविध छटाएँ प्रस्तुत कर रहा है, हमारी आँखें उस सारे सौंदर्य को एक बार में समेट ही नहीं पातीं। प्रकृति की यह सघनता और विस्तार बलराम की विशेषता है। मानस में कहीं भी इतना अधिक विस्तार नहीं मिलता। यद्यपि बारहमासा और षड्ऋतु की परंपरा को न मानस और न दांडी रामायण में कहीं नहीं स्थान मिला। परंतु ऋतुओं के परिवर्तनशील चरित्र को लेकर दोनों ने कुछ रंग भरे हैं। यहाँ पर बलराम और तुलसी दोनों ने बहुत कुछ वाल्मीकि को आदर्श रूप में ग्रहण कर वर्णन किए हैं। परंतु ओड़िसा में तो हर ऋतु में प्रकृति समृद्धिमयी रहती है, प्रकृति का ऋतु परिवर्तन के साथ जो परिवर्तन

परिवेश में दृष्टिगोचर होता है, वह हमेशा कहीं-न-कहीं, किसी-न-किसी रूप में समृद्धि लिये होता है। अतः ऋतुओं का वैभव प्रकृति के वैभव के रूप में उतरकर आया है। ऐसे में बसंत की अलग से और ऋतुराज के रूप में यहाँ क्या सत्ता रहेगी? इसे कवियों ने 'चोरा बसंत' कहा है, जिसका तात्पर्य होता है बसंत चुपके से आता है और वैसे ही चला जाता है, पता ही नहीं चलता।

अयोध्या के राजमहलों का सजा-सजाया परिवेश त्यागकर राम गंगा पार करते हुए विस्तृत अरण्य प्रदेश में चले आते हैं। चौदह वर्षों में से अधिकांश समय इन्हीं वन-पर्वतों के बीच बीतता है। इसमें राम मुख्यतः चित्रकूट और पंचवटी के इलाकों में निवास करते हैं। बलराम के सामने वही ओड़िसा का घोर जंगल प्रदेश है। ऋषिकुल्या, भार्गवी और चित्रोत्पला के किनारे के ऋषि आश्रम हैं। यहाँ के पर्वत, उपत्यकाएँ, नदी, तालाब, वन-उपवन सभी ने दांडी रामायण की शोभा मंडित की है। इतना ही नहीं, गिरि शिखरों और अरण्यांचल के वृक्ष-लताओं की विविधता, विभिन्न पशु-पक्षियों का विचरता और क्रीड़ारत संसार, यहाँ से प्रातः और सायं, अँधेरी और चाँदनी रात की आकर्षक दृश्यावली मन को अनायास मुग्ध कर देती है। यहाँ प्रकृति जड़ नहीं है, जीवंत है। मात्र दृश्यमान नहीं है, वह अपने परिवर्तनशील रूप के बल पर प्रभावशाली है। वह मानव-मन के साथ मिलकर एक सजीव सत्ता का रूप धारण कर लेती है। सीता और राम इसकी गोद में अपना ब्रह्मत्व भूलकर सामान्य नर-नारी की तरह लीलारत हैं, जंगल में मंगल मना रहे हैं। राम ने सीता के माथे पर तिलक लगाया है। प्रकृति यह मोहक दृश्य देखकर चुप कैसे रहती—

एसनक समयेर बहिला पवन।
वृक्ष पत्र झाड़ि पड़न्ति जे अनुक्षण॥
राम सीताकं उपरे फुल जे पड़ई।
देख मइथिली बेनिकर जे जोड़इ॥

मानो वह इस क्रीड़ा को देख पुष्पांजलि समर्पित कर रही है। मानस में इसी प्रकार की संवेदनशील प्रकृति का तुलसी ने भी साक्षात्कार किया है। जब राम से मिलने के लिए भरत पैदल ही चले जा रहे हैं—

किएँ जाहिं छाया जलद, सुखद बहइ बर बात।
तस मगु भयउ न राम कहँ, जस भा भरतहि जात॥

राम के आने पर वन मंगलमय स्वरूप हो गया है। परंतु राम का हृदय भयभीत है—सीता के बिना विरहावस्था में वर्षा ऋतु आनंद के स्थान पर भय उत्पन्न कर रही है—

घन घमंड नभ गरजत घोरा। प्रिया हीन डरपत मन मोरा॥

राम के मन की यही स्थिति दांडी रामायण में मिलती है। सीता के बिना बरसाती घोर अंधकार में जीना कठिन हो रहा है—

यह बिजली गिर पड़े तो—
मुहिं संगातुणी तोते अछइजे छोड़ि।
ए मोहर उपरे गो पड़ु घड़घड़ि।
दश दिश अंधार जे ए घोर बरषा।
तोहर बिहुने काहि बंचिबइं निशा।

प्रकृति के रूप लावण्य में तुलसी ने क्षणिक गहराई के माध्यम से अपना अमिट प्रभाव छोड़ा है। वे अर्धालियाँ हिंदीभाषी क्षेत्र में सामान्य जन के गले का हार बन गईं। परंतु बलराम ने यह सौंदर्य विस्तार के साथ जहाँ संभव हुआ, प्रविष्ट किया है। तुलसी का यह संश्लिष्ट सौंदर्य संबंधी उदाहरण, उपदेश या किसी और तत्त्व पर विश्लेषणात्मक अथवा उदाहरणमूलक उक्ति के रूप में आता है। बलराम का वर्णन परिचयात्मक होता है।

बलराम ने अनेक दृश्यचित्र (Sketches) भी खींचे हैं—

देखिले विपिने अति रम्म चउकति।
फुल भरे वृक्षमाने भूमि रे लौटंति॥
नाना कुमुमे दिशइ शोभा बहु षठा।
शाल वृक्ष उपरे अछइ जटायुष॥

अत्यंत लघु दृश्य है। परंतु सीता इसे देखकर मृग की पूँछ मँगवाती हैं। राम एक बाण मृग के पीछे छोड़ते हैं। अचानक ध्यान आता है कि मृग की पूँछ ही तो चाहिए, फिर उसका मांस क्यों नष्ट किया जाए, वे तुरंत दूसरे बाण को वेग से भेजते हैं। प्रथम बाण वापस लौट आता है। द्वितीय बाण सिर्फ पूँछ छेद कर ले आता है। इस रम्य वन में चिंतन की सघनता का एक उत्कृष्ट उदाहरण हमें यहाँ मिलता है। ऐसा एक और चित्र मिलता है, जब वेश्याएँ शृंगी ऋषि को लेकर अयोध्या की ओर चल पड़ती हैं। घने वन प्रदेश में से नदी बह रही है। नौका इस जन बिरल प्रदेश से पार हो रही है। क्रमशः परिवर्तित दृश्य एक-एक कर आँखों के आगे आते हैं और ओझल हो रहे हैं—इसी के बीच वनचारी पशु-पक्षी, कीट-पतंग आ-जा रहे हैं, नाना तरु-लताएँ, फूल-फलों से लदे वृक्षों का मोहक संसार दोनों किनारों पर गुजर रहा है। बलराम ने इस स्थिति का यथार्थवादी चित्र अंकित किया है। यहाँ थोड़ी बहुत सादृश्यमूलक उक्तियों के अलावा सारा वर्णन एक चित्र फलक की

तरह प्रस्तुत किया गया है। इसमें कवि प्रकृति को प्रकृत रूप में ही देख रहे हैं। श्रृंगी ऋषि उसी के बीच वैसा ही प्राकृतिक, सहज, आडंबरहीन जीवन बिताते रहे हैं। वे जीवन के सारे उपादान इसी प्रकृति की गोद से पाते रहे हैं। ऐसा अकृत्रिम जीवन और इसे पालनेवाली प्रकृति भी ऐसी ही अकृत्रिम रूप में अंकित हुई है। दूसरी ओर जरत्कुशा वेश्या नाव लेकर जा रही है, तो उसे दोनों किनारों के दृश्य कैसे दिख रहे हैं—

काहिं भल्लुके करंति रति खेल रस
काहिं वानर हसंति कि देखि हसहस॥
काहिं जे सुरतिरस करंति गयल।
मोर नाद करंति जे होइ मतरोल॥

इन्हें प्रकृति के सारे व्यापार में सारे जीव-जंतु एक विशेष प्रकार से क्रीड़ारत दिखाई पड़ रहे हैं। ऋषि आश्रम के आगे एक ओर तो वह वनवासी सभ्यता है, जहाँ जीने के उपादान स्वागत के लिए प्रस्तुत किए गए हैं—उत्तम जल, हरे आँवले, कंद-मूल और व्याघ्रचर्म। इस पर जरत्कुशा चतुराई से उत्तर देती है—

हरिड़ा अंएला जे उत्तम जल पाई।
एक द्रव्य खाइले किबा सुधा तृषा जाइ॥
उत्तम द्रव्य मुनि, वन रे नाहिं।
अभाग्य मुनि एमंत बने रहि थाइं॥
आंभवन र जे फल देख महायति।
अमृत हुं स्वादु एहु भुंजिले तृपति॥

दोनों प्रकार की जीवन-प्रणालियों को कवि ने आमने-सामने उपस्थित किया है। जरत्कुशा ने जो मोहक मायाजाल इस नए जीवन का डाला है, उसे देखकर बेचारे वनवासी तपस्वी आश्चर्य मुग्ध रह जाते हैं। वे वन के आश्रम में पले उस तपी को एक बार नागरी जीवन का स्वाद चखा देती है। विभांडक की अनुभवी आँखें यह जानकर चिंता प्रकट करती हैं—

किरे बाबु किस ए प्रकट आमोद।
तपि जनमांकर अटइ विरोध॥
काहुं आसि एथे किबा होइला प्रवेश।
कह बाबु किपाइं प्रकटइ सुवास॥
देवताए आसंति मनुष्य गमकय नाहिं।
निर्झर वसन्त ए जे मेरुद्रुम भुइं॥

परंतु अब वह प्राकृतिक वातावरण दूषित हो चुका है। यह नदी की राह से अंदर तक वन प्रदेश में प्रवेश कर गया है। अब नई तपस्या, नया परिधान, नया आहार-विहार वहाँ अचानक आ पहुँचा है। ऋष्य शृंगी अपना पहले वाला समूचा परिवेश ही भूल जाते हैं। बाहर वहाँ ले जाए जाते हैं, जहाँ यह सब जनमा है। इस प्रकार बलराम ने प्रकृति को उसके विराट् परिवेश और उसमें व्यस्त निराडंबरता के साथ देखा और अंकित किया है। तुलसी ने प्रकृति में उस प्रकार के आवेश को व्यक्त करने के लिए कामदेव की अवतारणा की है। नारद तप कर रहे हैं, कामदेव आकर समूची प्रकृति पर अपना प्रभाव फैला देते हैं। शिव तपस्यारत हैं, आकर कामदेव मोहित कर देते हैं।

इससे स्पष्ट हो जाता है कि मानस में स्वतंत्र रूप में प्रकृति-वर्णन को बहुत कम स्थान मिला है। दांडी रामायण में प्रकृति संबंधी चित्रावलियों की कमी नहीं। तुलसी का मानस प्रकृति के मुक्त रूप की ओर उतना नहीं गया। बलराम ने प्राकृतिक परिवेश को समग्रता के साथ अंकित करने का प्रयास किया है। उनके इस दृष्टिकोण को ग्रहण न कर पाने के कारण ही कई बार अलोचक खीझ उठते हैं। प्रो. गौरी कुमार ब्रह्मा तो उनके चित्रण में प्रकृति का सौंदर्य कहीं देख ही नहीं पाते—"ऋतु वर्णनारे प्रत्येक ऋतुरे जाहा घरे, केवल सेहि कथा गुड़िक टिपा खातारे टिपि तालिका कला परि कवि माने उपस्थापन करि छंति··गोटाए-गोटाए सुदीर्घ तालिका दिखा जाइछि कहिले अत्युक्ति हैब नाहिं।"

प्रकृति की ओर देखने पर तो वहाँ वैसे ही कुछ पेड़ों, पहाड़ों, जीव-जंतुओं का समूह दृष्टिगोचर होगा। वहाँ भय ही राज्य करता मिलेगा। फिर क्या अभिव्यक्ति चातुरीयुक्त अलंकार बहुल चित्रण को ही यथार्थ प्रकृति चित्रण माना जाए? प्रकृति की सादगी, उसका अनगढ़ सौंदर्य और उसकी नैसर्गिकता का अपना आकर्षण है। बलराम ने उसे ही प्रकट करने का प्रयास किया है। अन्यथा वे दो-तीन ऋतुओं के वर्णन तक ही सीमित न रहते। उत्तरकांड में छह ऋतुओं का नाम एक-एक पंक्ति में उल्लेख कर देते हैं। सांगोपांग वर्णन नहीं मिलता। परंपरा निर्वाह या उक्ति वैचित्र्य के लिए वे बारहमासा परंपरा या षड्ऋतु वर्णन का आश्रय अवश्य लेते। तुलसी और बलराम ने ऐसी परंपरा से मुक्त रहकर अपने-अपने ढंग से प्रकृति का मनोरम वर्णन किया है।

सामाजिक चित्रण

यद्यपि रामकथा तो भारतीय समाज में बहुत दिनों से प्रचलित थी, पर भक्तिकाल में उसे एक नए दृष्टिकोण से उपस्थापित करने की आवश्यकता थी।

रामकथा का यह काव्यरूप अपने समकालीन समाज के बहुत सारे चित्र स्वयं में समेटे हुए हैं। मानस और दांडी रामायण उभय के लिए यह कथन प्रयुज्य है। वनवासी जीवन का वर्णन पिछले पृष्ठों पर हम देख चुके हैं, इसके अलावा नागरी सभ्यता के दर्शन अयोध्या, मिथिला, गया, लंका आदि स्थानों पर हुए कार्य-कलापों से कर सकते हैं। वैसे देखा जाए तो रामकथा भारतीय समाज का एक दर्पण है। दर्पण ही नहीं, समाज के हर रेशे को इसके किसी पात्र या घटना द्वारा निर्मित कह सकते हैं। इतना ही नहीं, यह समाज अपनी गति के लिए दिशा संकेत भी रामकथा के इन्हीं पात्रों और घटनाओं से प्राप्त करता है।

"तुलसी के युग में धर्म की मर्यादा खंडित हो रही थी। साधारण धर्म, वर्णाश्रम धर्म और निमित्त धर्म सभी की स्थिति शोचनीय थी। लोकधर्म की प्रतिष्ठा के लिए उन्होंने वर्णाश्रम धर्म की व्यवस्था पर बल दिया। यह मर्यादा का सामाजिक या सामूहिक पक्ष था। तुलसी आदर्श समाज का नवनिर्माण चाहते थे। उनकी दृष्टि में सामाजिक मर्यादा (वर्णाश्रम धर्म का)उल्लंघन लोक के लिए मंगलकारी नहीं था... समाज के शासन और सुधार का दायित्व उच्च वर्ग के लोगों पर है। इसलिए उन्होंने धर्मभ्रष्ट ब्राह्मणों और अनधिकार चेष्टा करनेवाले शूद्रों की भर्त्सना की है। ब्राह्मण वर्ग के प्रति उनका पक्षपात जातिवाद पर आश्रित नहीं है, वह केवल लोकमंगल की भावना से प्रेरित है। राजधर्म और स्त्रीधर्म लोक-व्यवस्था के मुख्य आधार हैं। अत: उनकी मर्यादा पर तुलसी ने विशेष ध्यान दिया। यहाँ तुलसी की देवताओं संबंधी उक्तियाँ स्मरणीय हैं। बार-बार उन्हें स्वार्थी, कुचक्री कहकर संबोधित किया है। ब्राह्मणों के बारे में बलराम ने कई टिप्पणियाँ की हैं। गया तीर्थ स्थान पर उनके लोभवश किए गए दुर्व्यवहार का वर्णन किया है। गोपालों द्वारा किया गया उपेक्षापूर्ण व्यवहार भी भर्त्सना का पात्र हुआ है।

सामान्यत: दोनों कृतियों में तत्कालीन समाज में प्रचलित संस्कारों, रीति-रिवाजों और विधि निषेधों का व्यापक वर्णन उपलब्ध है। इनमें प्रमुख जन्म, विवाह और मृत्युकालीन संस्कारों का विशेष वर्णन हुआ है। इसके अलावा बलराम ने अनेक यज्ञ, जप, मंत्र, योग-साधना आदि अनुष्ठानों का विशेष वर्णन किया है। इनमें रामतारक मंत्र का तो एकाधिक स्थान पर उल्लेख है। इससे सारे विवरण पर तत्कालीन समाज और परंपराओं का परोक्ष प्रभाव है। जहाँ उन्हें अनुचित लगा उन्होंने तिर्यक् टिप्पणी की है।

मानस और दांडी रामायण दोनों में समाज का चित्रण कलिवर्णन के माध्यम से हुआ है। यहाँ विश्रृंखलित और पतित समाज की झलक मिलती है। इससे उद्धार

का मार्ग 'रामराज्य' के माध्यम से प्राप्त करते हैं। भारतीय समाज के लिए उन्होंने रामराज्य का आदर्श प्रस्तुत किया है। तुलसी के संबंध में आलोचक लिखते हैं— तुलसी ने रामकथा के बहाने सामाजिक और राजनैतिक क्रांति को केंद्रीभूत करके क्रांति का एक नाटक सा रच दिया, जिसके पात्र हिंदू मात्र हैं। शिक्षित, अशिक्षित, ऊँच-नीच, ब्राह्मण-शूद्र, धनी-गरीब, बालक-वृद्ध, स्त्री-पुरुष सभी उस नाटक में अपना-अपना पार्ट अदा करते हुए नाटक की सफलता के लिए प्रयत्नशील हैं। वह सफलता क्या है ? सर्वांगीण सुखदायक रामराज्य की स्थापना। ऐसा कौतूहलजनक खेल संसार में शायद ही किसी ने रचा हो, जैसा तुलसीदास ने रच दिया।

बलरामदास के समकालीन ओड़िसा में युद्ध एक सामाजिक दायित्व माना गया था। ओड़िसा के एक तरफ लंबी समुद्री सीमा रेखा है तो दूसरी तरफ नदियाँ, पर्वतों और वन प्रदेश की दीवारें और खाइयाँ हैं। अपने विस्तृत प्रभाव क्षेत्र (गंगा से गोदावरी तक) की सुरक्षा के लिए ओड़िया जाति को सदैव तत्पर रहना पड़ता। बहुधा इसके लिए युद्धों का आयोजन कभी उत्तरी और कभी दक्षिणी सीमा पर करना पड़ता। अतः बलराम के युद्ध संबंधी वर्णनों में इतना अधिक विस्तार हमें उपलब्ध होता है, युद्ध वाद्ययंत्रों के नाम, विविध युद्ध कौशलों जैसे व्यूह-रचना आदि, नाना प्रकार के अस्त्र-शस्त्र आदि की लंबी सूचियाँ मिलती हैं। युद्ध और विग्रह, शत्रु पक्ष का भेद लेना, दूत प्रेषण आदि स्थितियों और कार्यों के साथ अपनी घनिष्ठता का परिचय दिया है। राम की सेना में विभिन्न स्थानों की जो टुकड़ियाँ सुग्रीव से आमंत्रण पाकर सम्मिलित होती हैं, उनके अनेक नाम ओड़िसा के अंचलों के भी हैं।

छंद विश्लेषण

दांडी रामायण और मानस किसी की रचना संस्कृत की परंपरा से प्राप्त छंदों में नहीं हुई। दोनों कवियों ने अपनी-अपनी लोकभाषा के प्रतिष्ठित छंदों को ही अपनाया है। ओड़िसा में बलराम से पूर्व सारलादास प्रतिष्ठित हो चुके थे और हिंदीभाषी क्षेत्र में जायसी। बलराम ने सारला की परंपरा में दांडीवृत्त को अपनाया और तुलसी ने जायसी द्वारा प्रतिष्ठित दोहा-चौपाई परंपरा ग्रहण की है। इन छंदों का मुख्यतः रामकथा के लिए ही व्यवहार हुआ है। बलराम ने अपने अन्य ग्रंथों की रचना के समय दांडीवृत्त से हटकर भी अनेक वर्णिक तत्त्वों को ग्रहण किया है। तुलसी के मानसेतर ग्रंथों में अनेक वर्णिक और मात्रिक छंद आए हैं।

दांडीवृत्त की परंपरा का मूल पाना तो अत्यंत कठिन है। परंतु सारलादास में इसका इतना खुला प्रयोग देखकर विस्मित रह जाना पड़ता है। लगता है जैसे

लोकमुख पर परंपरा में चले आते किसी छंद को अपने महाभारत में प्रयुक्त कर इन्होंने उसे साहित्य में श्रेणीबद्ध कर लिया है। सारला से पूर्व महत्त्वपूर्ण ग्रंथ या पांडुलिपि में दांडीवृत्त के चिह्न नहीं मिलते। अतः सारलादास को इस वृत्त का स्रष्टा न भी कहें, आदि नियामक तो मानना ही पड़ेगा। बाद में रामकथा के लिए बलरामदास ने इसे अपनाकर और आगे बढ़ाया है। इसमें कितना परिष्करण, उत्थान और व्यवस्था आ सकी, यह आँकना कठिन है। क्योंकि बलराम के हाथों भी यह वृत्त अपनी निश्चित परिभाषा नहीं बना सका। आज भी इस वृत्त की उत्पत्ति, इसके स्वरूप और इसकी सीमा पर विद्वानों में एकमत नहीं है।

दांडीवृत्त चौदह अक्षरों का वृत्त माना जाता है। परंतु अक्षरों संबंधी नियम का कठोरता से किसी रचनाकार ने पालन नहीं किया। साधारणतः चौदह-चौदह अक्षरों के दो चरणों का यह वृत्त होता है, फिर प्रत्येक चरण में आठ और छह अक्षरों पर यतिपात होता है।

पंडित गोविंद चंद्र रथ का कहना है—

"बलराम दंडे बिलंब न करि अविराम परिश्रम द्वारा एक दांडिरे चालि थिबारु 'दांडी रामायण' बोलि एहार नामकरण करि अछंति।"

यह बात तर्कसंगत नहीं लगती। नाम के सादृश्य पर किसी अर्थ की कल्पना कर और तर्कसंगत या इतिहाससम्मत आधार ढूँढ़ना होगा। क्योंकि बलराम से सैकड़ों वर्ष पूर्व महाभारत में यह वृत्त प्रयुक्त हो चुका है।

पंडित वानांबर आचार्य का कहना है कि जिस प्रकार दंड (लाठी) में एक सिरे से दूसरे के बीच कोई विच्छेद या विराम नहीं होता, वैसे ही दांडीवृत्त में आवृत्ति के समय इसके चरण के बीच विराम बिल्कुल नहीं होता। आचार्य महोदय इसका संस्कृत के 'दंडक' वृत्त के साथ किसी संपर्क की बात को अस्वीकार करते हैं। छंदःशास्त्र के नियमानुसार दंडकवृत्त के हर चरण में सत्ताईस अक्षर होते हैं। वहाँ गुरु-लघु नियम स्पष्ट है। परंतु दांडीवृत्त में ऐसा कोई स्पष्ट बंधन नहीं है। उनका कहना है—"अपभ्रंश छंद शास्त्र रे द्विपदी छंद प्रथम छंद रूपे निर्दिष्ट होइ अछि एथिरे प्रति चरण रु मात्रा रहिबाहिं विधि...साधारण नियम अनुसारे 'पद्य' मात्रे चारिपद विशिष्ट हेबार कथा। तेणु द्विपदीर पूर्वार्द्ध बा परार्द्धरे थिबा 28 मात्राकु दुरु पादरे बिभक्त करि देले, प्रति पादरे चौदह मात्रा पडुछि। एहाहिं आम चतुर्दशाक्षर छंद र मूल... । ओड़िया चौदह अक्षरी छंदरे आठ-ओ छह अक्षर ठारे यति निर्देश करा जाइछि एवं पाद प्रांतरे 'तुक' घटिछि। तेणु ओड़िया रे एहा द्विपदी।"

आचार्य महोदय ने दांडी (लाठी) के साथ पूर्वांचली रामकथा अध्ययन में

ध्वन्यात्मक रूप से जोड़कर अर्थ निकाला है। परंतु डॉ. रमानाथ त्रिपाठी इसे एक और व्यापक भूमि से जोड़ते हैं। पूर्वांचलीय रामायणों में प्रयुक्त छंदों को वे 'पयारक' छंद से संपृक्त करते हैं। 'पयार' दो पंक्तियों का होता है। प्रत्येक पंक्ति में चौदह वर्ण होते हैं, प्रत्येक पंक्ति में आठ और छह की यति पर दो पद (चरण) होते हैं। यह विभाजन स्वर गांभीर्य के अनुसार होता है। प्रत्येक पर्व का स्वर-गांभीर्य प्रारंभ में अधिक और अंत में सबसे कम होता है। वर्ण साम्य ही नहीं, बोलने की प्रणाली का सूक्ष्म अध्ययन कर वे इस निर्णय पर पहुँचे हैं। पूर्वांचल के छंदों में अक्षर की मात्रा एवं छंदोबंद की प्रवृत्ति बहुशः श्वासाघात पर निर्भर करती है। हिंदी एवं संस्कृत में शब्दों की मात्राओं की संख्या निश्चित रहती है। किंतु पूर्वांचल में छंद की नहीं। दांडीवृत्त के गायन के संबंध में ओड़िसा के प्राय: सभी विद्वान् इसी मत के हैं। ओड़िया पदों में अक्षरों की घटा-बढ़ी गायक की दृष्टि से हुआ करती है। आवृत्ति की सहजता और भावाभिव्यक्ति की अखंडता को ध्यान में रखकर बारह अक्षरों से लेकर सैंतीस अक्षर तक एक-एक चरण में पाए जाते हैं। डॉ. मायाधर मानसिंह का मत है कि ये गण-कवि यह बात मानकर चले थे कि उनके ग्रंथ ऊँचे स्वर में पढ़े जाएँगे और गाँव के पढ़े-अनपढ़े सुन सकेंगे। उनकी दृष्टि 'पाठक' (मौन पढ़नेवाले) की बजाय 'गायक' या आवृत्तिकारी' (वाचक) पर रहती थी। परंतु 'दांडी' का मूल खोजने के लिए वह 'दांड' काव्य की ओर मुड़ते हैं। ओड़िया में 'दांड' शब्द का एक अर्थ है—घर के आगे की खुली जगह, यहाँ खुले आँगन में चलना-फिरना कर सकते हैं—कमरे की चारदीवारी से मुक्त होकर। मानसिंह कहते हैं—घरों की आमने-सामने की कतार के बीच जो खुला रास्ता होता है, वही दांड (पथ) कहलाता है। इसी प्रकार का खुलापन होने के कारण बलराम की रामायण को दांडी रामायण कहा जाता है। डॉ. नरेंद्र नाथ मिश्र का तो कहना है कि मौन भाव से स्वगत पाठ करने पर दांडी रामायण का आधा सौंदर्य कम हो जाएगा। बोलनेवाले के कुशल कंठों से ही इसका समग्र सौंदर्य खिलता है। गायन से खिलनेवाले सौंदर्य की बात को पं. सूर्यनारायण दास भी स्वीकार करते हैं।

दांडीवृत्त चाहे 'पयार' से संबंधित हो चाहे 'दंडक' से, सारलादास तथा बलराम के हाथों बहुत अधिक लोकप्रिय हुआ। किसी भी कवि ने इस छंद को शास्त्रीय जकड़न में बाँधने की चेष्टा नहीं की। जिस प्रकार कथानक में इन्होंने स्वतंत्रता बरती है, छंद में भी इनकी रुचि गति अनुकूल थी। इनका काव्य मुष्टिमेय विद्वानों के पंन, चर्चा या मनन की चीज न थीं। निर्बाध गति से गाया जा सके, बिना किसी विशेष शास्त्रीय ज्ञान के। इन्होंने लोकमंगल की भावना से बहुजन सुलभ रीति को

अपनाया है। परंतु दांडी रामायण के संपादकों पर आरोप लगाया जाता है कि उन्होंने इस ग्रंथ को चौदह अक्षरी छंद में जकड़ दिया है। बलरामदास ने अभिव्यक्ति और गायन को ध्यान में रखकर जिस स्वतंत्रता का प्रयोग किया, संपादकों ने हेर-फेर कर उसे नष्ट कर डाला। आलोचकों का मत है कि इससे दांडी रामायण की नैसर्गिकता पर आँच आई है, वहाँ भावाभिव्यक्ति भी अखंड न रह सकी। लेकिन यहाँ हम संपादकों की सीमाओं की अनदेखी नहीं कर सकते। उनके सामने पाठ निर्धारण की कोई स्वीकृत परंपरा तो थी नहीं। ताड़पत्र की उपलब्ध पोथियों के आधार पर ही उन्हें पाठोद्धार का भगीरथ प्रयास करना पड़ा। उस काल में (बीसवीं सदी का प्रथम दशक) इन पोथियों को छूने तक की अनुमति पाना स्वयं में बहुत बड़ी उपलब्धि होती। इन ग्रंथों के प्रकाशकों का दृष्टिकोण भी छंद संबंधी परिवर्तन के लिए उत्तरदायी है। इन प्रकाशकों का आग्रह संतुलित छंद में ग्रंथ प्रकाशन की ओर अधिक रहा है, अत: थोड़ा-बहुत दबाव संपादकों पर इस रुचि का भी पड़ा। इन संपादकों को इतना कुछ कहने पर भी आज करीब तीन-चौथाई शताब्दी बीत गई, दांडी रामायण का कोई दूसरा मुद्रित संस्करण तैयार नहीं हो सका। इस दिशा में डॉ. कृष्णचरण साहु के व्यक्तिगत प्रयास से थोड़ा बहुत उल्लेखनीय कार्य हुआ है। यह पांडुलिपि प्रकाशित होने पर भी विशेष चर्चा का विषय नहीं हो सकी है। दांडीवृत्त संबंधी विशेषताओं पर और अधिक प्रकाश नहीं पड़ा।

मानस में प्रयुक्त प्रमुख छंद चौपाई और दोहा हैं। चौपाई के प्रत्येक चरण में सोलह मात्राएँ होती हैं। लघु की एक और गुरु अक्षर की दो मात्राएँ गिनी जाती हैं। संयुक्ताक्षर, विसर्ग और अनुस्वार के पहले आनेवाले अक्षरों को गुरु माना जाता है। यह प्रणाली अपभ्रंश के प्रबंध काव्यों की कड़वी योजना से पूर्णतः प्रभावित मानी गई है। मानस में चौपाइयों की संख्या हमेशा समान नहीं है। कहीं अधिक हैं और कहीं कम। चौपाइयों के बाद संख्या की दृष्टि से दोहे का स्थान आता है। दोहे की ही तरह का छंद 'सोरठा' है। दोहे के पहले और तीसरे चरण में तेरह-तेरह मात्राएँ, दूसरे और चौथे चरण में ग्यारह-ग्यारह मात्राएँ होती हैं। इस प्रकार दोहे की कुल अड़तालीस मात्राएँ हुईं। दूसरी और चौथी पंक्ति में अंत्यानुप्रास इसकी एक और आवश्यकता है। सोरठे में पहले और तीसरे चरण में ग्यारह-ग्यारह, दूसरे और चौथे में तेरह-तेरह मात्राएँ होती हैं। अंत्यानुप्रास भी पहले और तीसरे चरण में ही समाहित रहता है। अगर चौपाई छंद का प्रयोग कथा भाग को अग्रसर करने के लिए हुआ है तो दोहे का उस कथा का सार प्रदान करने के लिए हुआ है। दोहे बहुधा दो या दो से अधिक की संख्या में एक साथ आते रहे हैं। संस्कृत श्लोकों के

आगे या पीछे दोहा-सोरठा छंद का प्रयोग प्रायः हमेशा हुआ है। यहाँ उनका कार्य वंदना आदि के लिए हुआ है। एक तरह से दोहा और सोरठा मानस कथा-प्रवाह के विश्राम-स्थल हैं, जहाँ पाठक या श्रोता के चिंतन और मन को पर्याप्त और उपयुक्त अवसर मिल जाता है।

इसके अलावा मानस में संस्कृत के अनेक परंपरागत छंदों का प्रयोग बीच-बीच में किया गया है। इनमें प्रमुख इंद्रवज्रा, भुजंगप्रयात, शार्दूलविक्रीड़ित आदि छंद हैं। इन संस्कृत श्लोकों में प्रायः मंगलाचरण या किसी देवता की वंदना अथवा रामचंद्र की वंदना हुई है। संभवतः जनसमाज के बीच प्रचलित संस्कृत के प्रति आग्रह को ध्यान में रखकर तुलसी ने ऐसा किया है। वास्तव में तुलसी को रामकथा लोकभाषा में कहनी थी। देवभाषा से उनका कोई विरोध या विराग नहीं था।

छंद-विधान में तुलसीदास ने बहुत स्वतंत्रता से काम लिया है। जायसी ने जहाँ सात अर्धालियों के बाद दोहा रखा है, तुलसी ने आठ अर्धालियों के बाद दोहा या सोरठा रखा है। इनमें भी पिंगल शास्त्र के कठोर बंधनों को स्वीकार नहीं किया। दांडी रामायण की तरह उन्होंने भी लय को ही प्रमुखता दी है। भावों की शबलता को ध्यान में रखकर मात्राओं की घटा-बढ़ी या अर्द्धालियों (या दोहा) की संख्या में फेर-फार किया है। इस संदर्भ में डॉ. राजकुमार पांडेय का कहना प्रासंगिक लगता है, 'कवि ने अक्षरशः पिंगल शास्त्र का अनुगमन करने के स्थान पर रस एवं प्रसंग के अनुकूल संगीतात्मक स्फूर्ति प्रवाह, अर्थ-सौंदर्य सुबोधता एवं विशदता आदि तत्त्वों को ही दृष्टि-पथ पर रखकर छंद-साधना की है।'

इस प्रकार हम देखते हैं कि जहाँ तुलसी ने अनेक वर्णिक और मात्रिक छंदों का प्रयोग किया है, लौकिक एवं शास्त्रीय उभय परंपराओं को अपनाया है, बलरामदास में यह बात नहीं मिलती। उन्होंने तो संस्कृत छंदों के बड़दांड (विराट् पथ) से दांडी (छोटी गली) जो एक बार चुनी तो बस अंत तक उसी दांडी पर चलते चले गए। अब चाहे देवस्तुति हो, मंगलाचरण हो, कथा में महत्त्वपूर्ण मोड़ रहा हो, उन्होंने दांडीवृत्त में ही सबकुछ कहा। कवि उसी में लय बनाए रखते हैं। एक बार भी मुड़कर कहीं किसी छंद या वाणी (देव वाणी) की ओर नहीं मुड़ते। तुलसी में संस्कृत भाषा और छंदों के प्रति इतनी विमुखता नहीं मिलती। वे जहाँ जो उचित समझते हैं, तदनुरूप छंदों का प्रयोग कर लेते हैं। परंतु एक बात दोनों में सामान्य दिखाई पड़ती है—छंदःशास्त्र की जकड़न से कविता को मुक्त करना। तभी उनकी कविता में इतनी प्रवाहमयता और आकर्षक लय का समावेश हो सका है। पाला गायक दांडी रामायण का सस्वर गायन करें अथवा मानस की चौपाई

का रामलीला के अवसर पर गायन सुनें, दर्शक मंत्रमुग्ध सा रह जाता है। सबकुछ भूलकर इसकी लय में तन्मय हो जाता है। दांडी और चौपाई छंद में यह संगीतात्मक गुण दोनों काव्यों को जनमानस में बहुत गहरे तक पहुँचा सका है।

भाषा वैशिष्ट्य

भाषा को लेकर भक्तिकालीन कवियों का दृष्टिकोण अत्यंत स्पष्ट रहा है। यह बात पहले ही कही जा चुकी है कि ये कवि समाज के अनपढ़ लोगों को भी संबोधित कर रहे थे। इसके अलावा इनकी रुचि लोकभाषा की ओर उन्मुख थी। इनका मुख्य उद्देश्य धर्म और दर्शन संबंधी विचारधारा का संप्रेषण था, काव्य रसास्वादन या काव्य चातुरी इनके लिए गौण थी। इसके लिए वे भाषा का कोई बंधन नहीं रखना चाहते। इन्होंने यथासंभव लोकभाषा या जनभाषा के निकटतर रहने का प्रयास किया है। तुलसी ने बार-बार 'गाषा' शब्द का प्रयोग इसी लोक भाषा के अर्थ में किया है। उनका इसके प्रति आकर्षण कई पंक्तियों में स्पष्ट हो जाता है। वे अत्यंत विनम्रता से कहते हैं—

भाषा भनिति भोरि मति मोरी। हँसिबे जोग हँसें नहिं खोरी॥

अथवा

स्याम सुरभि पय बिसत अति गुनद करहिं सब पान।
गिरा ग्राम्य सिय राम जस गावहिं सुनहिं सुजान।

यहाँ तुलसी की नम्रता को किसी हीनता की ग्रंथि से नहीं जोड़ सकते। यह क्षमा-याचन अथवा दैन्य प्रदर्शन नहीं है। स्वामी रामानंद द्वारा भक्तिधारा की भूमिका निर्मित करने के उपरांत तुलसी ही नहीं, अन्य अनेक क्षेत्रों के संतों ने भी जनभाषा को अपनी रचनाओं का माध्यम बनाया है। यह दृष्टिकोण शुद्ध जनोपयोगिता के विचार से तथा पूर्ण गौरव एवं आत्मविश्वास के साथ अपनाया गया है। बलराम का रचना-संसार भी इस दृष्टिकोण से ओत-प्रोत है। मराठी, गुजराती, बँगला आदि भाषाओं की तरह ओड़िया में भी लोकभाषा का यह आदर्श प्रतिष्ठित हो चुका था। फिर ओड़िया में तो कोलोसल महाभारत (सारलादास कृत) बहुत पहले ही लोकभाषा में प्रतिष्ठित हो चुका था।

परंतु यह कार्य कोई सहज न था। संस्कृत का मुखर विरोध इन्होंने चाहे न किया हो, परंतु संस्कृतेतर भाषा को तो अपनाया था। रुढिवादी और संस्कारों की शृंखला में जकड़े समाज में यह भी कोई कम दुःसाहस की बात नहीं थी। तुलसी को तो इसके लिए कई परीक्षाओं से गुजरना पड़ा था। बलरामदास के लिए भी

जगन्नाथ धाम में बहुत से काँटे थे। सारलादास द्वारा शुरू की गई भाषा परंपरा में लिखकर प्रतिष्ठित होने में उन्हें भी कम संघर्ष नहीं करना पड़ा। श्रीमंदिर में संस्कृत से इतर भाषा में रामकथा को बड़े प्रतिरोध के बाद उभय भागवत (जगन्नाथदास) तथा जगमोहन रामायण को कड़े प्रतिवाद के बाद श्रीमंदिरी अनुशंसा मिली।

बलरामदास की ओड़िया कटक-पुरी-बालेश्वर आदि जिलों के आसपास की प्राचीन ओड़िया है। वैसे ओड़िया भाषा के पश्चिमी (संबलपुर, बलांगीर, कलाहांडी) दो और प्रमुख रूप उपलब्ध हैं। परंतु आज जिसे सामान्यतः ओड़िया (Standard Oriya) कहा जाता है, वह कुछ उपकूली इलाकों में बोली जानेवाली भाषा का रूप है। परंतु इसका साहित्य सृजन के लिए प्रयोग समग्र ओड़िसा प्रांत में होता है। यह परंपरा बलरामदास के पूर्व से उपलब्ध है।

तुलसीदास के सामने संस्कृत की समृद्ध परंपरा और लोकभाषा का उपेक्षित रूप विद्यमान थे। काशी इन सबका केंद्र स्थल बना हुआ था। सारे वाद-विवादों का समाधान अथवा संशोधन यहीं पर हुआ करता। दिग्दर्शक स्थल बना हुआ था। लोकभाषा का कोई समुन्नत स्वरूप नहीं बना था, वरन् ब्रज, अवधी, राजस्थानी, पंजाबी और गुजराती भाषी क्षेत्र आपस में बहुत कुछ परिचित थे। एक तीसरी भाषिक इकाई शासकीय भाषा के इर्द-गिर्द विकसित हो रही थी। मुगलों के काल में फारसी को यहाँ की भाषा बनाने के प्रयास हो रहे थे। भारत का इतिहास इस बात का साक्षी है कि शासकीय भाषा का प्रभाव एक देश के जीवन में कितना गहरा और व्यापक होता है, चाहे वह भाषा कितनी ही अपरिचित और विदेशी क्यों न हो। ऐसे में तुलसी को तीनों किनारों (शासकीय और लोकभाषा के दाएँ-बाएँ और संस्कृत के आकाशी) के बीच से एक मार्ग चुनना था। मानस के लिए मुख्यतः उन्होंने अवधी को चुना है। बीच-बीच में संस्कृत का पुट देने के लिए श्लोकों को सन्निविष्ट किया है। इसके अलावा समूचे मानस में अरबी-फारसी का प्रभाव यत्र-तत्र दृष्टिगोचर होता है। देव वाणी संस्कृत के प्रति तुलसी के मन में गहरा आदर था। लोकभाषा के साहित्यिक उपयोग की देशव्यापी परंपरा को उन्होंने साहस के साथ अपनाया। उनका उद्देश्य रहा है। साथ में शासकीय भाषा के प्रति उनके मन में कोई उपेक्षा या घृणा (विदेशी होने के कारण) का भाव नहीं था।

भाषा संबंधी चर्चा में शब्द समूह का महत्त्व सर्वाधिक होता है। तुलसी और बलराम की शब्द-संपदा को निम्नलिखित वर्गों में बाँटकर देख सकते हैं—

1. संस्कृत शब्दों का यथावत् प्रयोग।
2. पालि, प्राकृत, अपभ्रंशादि का प्रभाव स्पष्ट करनेवाले शब्दों का प्रयोग।

3. पड़ोसी भाषा समूह के शब्दों का प्रयोग।
4. विदेशी शब्दों का प्रयोग।
5. जन भाषा के अपने शब्द समूह का प्रयोग।

तुलसी ने संस्कृत श्लोकों की ही रचना नहीं की, मानस में संस्कृत शब्द समूह का भी यथेष्ट उपयोग किया है। वैसे आधुनिक भारतीय भाषा परिवार संस्कृत को ही अपनी जननी मानता है। अतः संस्कृत की ओर इनका श्रद्धाभाव देववाणी के प्रति भारतीय जनमानस के झुकाव का सूचक है। परंतु बलरामदास के संदर्भ में कुछ अंतर आता है। उपलब्ध मुद्रित प्रति में एक श्लोक आदिकांड में आतापि-वातापि भक्षण के समय आता है। अन्यथा सर्वत्र दांडी रामायण को ओड़िया भाषा में ही लिखा है। शब्दराशि पर दृष्टि डालें तो यहाँ संस्कृत शब्द तुलसी से कहीं अधिक मात्रा में मिलेंगे। इसका कारण ओड़िया भाषा की प्रवृत्ति और परंपरा है। ओड़िया भाषा पर बाह्य प्रभाव बहुत कम पड़ा है। अतः अपने शब्द-भंडार को लेकर लंबे अर्से तक संस्कृत के बहुत निकटतर बनी रह सकी।

इस काल में आधुनिक भारतीय भाषाएँ क्रमशः परिमार्जित और प्रयोग द्वारा परिनिष्ठित रूप ग्रहण कर रही थीं। पालि, प्राकृत और अपभ्रंश रूपों का इनमें प्रचलन सहज था। यह परिवर्तनशील स्थिति का द्योतक है। हिंदी उस युग को पार कर आज एक अलग रूप में आ पहुँची है। ब्रज और अवधी का रूप भी पिछली चार सदियों में बहुत बदला है। यूरोपीय छाया से बच नहीं सका। परंतु ओड़िया में यह प्रक्रिया उतनी तीव्र नहीं रही। इस बीच शब्द घिस-मँजकर भी अपना रूप थोड़ा-बहुत ही बदल सके। बलराम ने संस्कृत के शब्दों को अपने तत्सम रूप में कहीं रखा है, कहीं स्थिति के अनुसार परिवर्तित कर लिया है। उदाहरणार्थ—

नगर-नग्रः, वार्त्ता-बारता, ज्योतिष-जउतिष, हर्ष-हरष, प्राप्त-प्रापत, सप्त, सपत, श्रद्धा-सरधा आदि।

तुलसी ने भी शब्दों को अपने प्रवाह में ढालने के लिए परिवर्तित किया है। इस प्रसंग में एडविन ग्रींस का मत उल्लेखनीय है—

"As clay in the hands of a potter, so was Hindi in the hards of Tulasidasa, it yields to his touch and is moulded in to the forms that his will dictate."

सचमुच इन्होंने शब्दों को जैसा चाहा, एक कुशल कलाकार की भाँति काटा-छाँटा और तराशा है।

अपने परिवेश के चारों ओर से आहरण किए गए शब्द अधिक ध्यान खींचते

हैं। मानस में पंजाबी, गुजराती, राजस्थानी और भोजपुरी का शब्द-संभार स्वाभाविक रूप में आया है। इसका एक कारण तुलसी का पर्यटन हो सकता है। बहुत संभव है तुलसी का इन क्षेत्रों से काफी संबंध रहा हो या यहाँ के लोगों के संपर्क में आए हैं। इनमें राजस्थानी का प्रभाव कुछ अधिक दिखाई पड़ता है। संज्ञा और सर्वनाम ही नहीं, राजस्थानी क्रिया-रूपों का भी तुलसी ने कुशलतापूर्वक समावेश किया है। उदाहरणस्वरूप एक-दो अर्धालियाँ ली जा सकती हैं—तुरत बिभीषण पाछें मेला।

यहाँ मेला (रखना) क्रिया का पीछे रखने के अर्थ में राजस्थानी प्रयोग है। उसी प्रकार 'रखना' शब्द का एक और प्रयोग द्रष्टव्य है—

मति अनुरूप कथा मैं भाखी। जद्यपि प्रथम गुप्त करि राखी॥

यहाँ पर राखी (रखी) क्रिया रूप भी राजस्थानी का है।

इस अवसर पर ब्रज का अलग से उल्लेख करना आवश्यक नहीं है। क्योंकि अवधी की यह अत्यंत समीपवर्ती भाषा है। 'भगवान् कृष्ण की लीलाभूमि से साक्षात् संबंध रखनेवाली ब्रजभाषा तो भक्त कवियों को इतनी प्रिय रही है कि सूरदास से लेकर भारतेंदु जैसे आधुनिक कवि तक इसके प्रति अपना मोह नहीं छोड़ पाए, तो तुलसी जैसे भक्त कवि के हृदय में भी, इस भक्त-प्रिय ब्रजभाषा को स्थान मिलना सर्वथा स्वाभाविक और युक्तिसंगत कहा जाएगा।

बलरामदास ने वनवासी समुदाय की कुछ भाषाओं के शब्दों को या तो उनके मूल रूप में ग्रहण किया है अथवा कुछ परिवर्तन के साथ। इसके अलावा द्राविड़ भाषा परिवार की तेलुगु, तमिल, मलयालम आदि भाषाओं के शब्दों को भी स्थान दिया है। उदाहरणस्वरूप कुछ शब्दों को ले सकते हैं—

दांडी रामायण में प्रयुक्त शब्द	हिंदी अर्थ	मूल भाषा और उसमें शब्द का स्वरूप
तोटा	बगीचा	तोटम् (तमिल)
मल्ली	मोगरा	मुल्ल (मलयालम)
मरुवा	मरुवा	मरु (तेलुगु)
कात	डांड	कात (तेलुगु)
तण्टि	गला	तोण्ट (तेलुगु)

चूँकि ओड़ियाभाषी क्षेत्र की एक सीमा पर द्राविड़ क्षेत्र पड़ता है और दूसरी सीमा पर हिंदीभाषी अंचल। द्राविड़ी क्षेत्र के साथ तो राजनैतिक संपर्क (विजेता या विजित) रहा है। परंतु अवधी क्षेत्र के प्रति आकर्षण उसका राम के क्षेत्र से जुड़ा

होता है। अतः बलराम के काव्य में अवधी के भी बहुत से प्रयोग अनायास मिल जाते हैं। भोजपुरी का क्षेत्र तो ओड़िया के बहुत निकट है, अतः दोनों भाषाओं का आपसी संपर्क काफी घनिष्ठ है।

जहाँ तक विदेशी शब्दों को ग्रहण करने का प्रश्न है, तुलसी में अरबी-फारसी के बहुत से शब्द आ गए हैं। रामनरेश त्रिपाठी ने ऐसे सैकड़ों शब्द गिनाएँ हैं, जो अरबी-फारसी भाषा के हैं। इसे त्रिपाठीजी तुलसी का राजभाषा ज्ञान मानते हैं। ओड़िसा में तब तक मुगल या अफगान प्रभाव उतना गहरा नहीं पैठ सका था। बाद में चलकर तो ओड़िया में भी उन शब्दों की इतनी बहुतायत हो जाती है कि फकीर मोहन सेनापति की भाषा में हर जगह ऐसे शब्द बिखरे मिलते हैं। दांडी रामायण भी इन शब्दों से अछूती नहीं रह सकी। ऐसे कुछ शब्दों को यवन मूल का कहा जाता है, जैसे—निश (मूँछ), दाढ़ी, चहल (हलचल) कारिगरि (कारीगरी), झकमक (चकमक), काकातुआ (एक पक्षी का पुर्तगाली नाम) आदि।

अवधी भाषा से बलराम परिचित थे, इस बात में कोई संदेह नहीं। दोनों के शब्द साम्य की ओर संकेत करते हुए प्रो. डॉ. वंशीधर महांति महोदय का कहना है—

''तुलसी रामायण जे दांडी रामायण र तत्कालीन भाषा प्रति अनुध्यान कले बहुत शब्द साम्य दृष्टिगोचर होइ थाए।''

प्रो. महांति ने ऐसे सादृश्यमूलक शब्दों की एक सूची दी है। इसमें बहुत सी तो पूर्वकालिक क्रियाएँ हैं। इसी प्रकार के कुछ और शब्दों को लेना समीचीन होगा—

दांडी रामायण	मानस	दांडी रामायण	मानस
आरत	आर्त्त	पाप पुण्य	पाप पुण्य
आगे	आगे	फुलाइ	फुलाइ
उठि	उठि	बखाणि	बखानि
एहि	एहि	बाइ	बाइ
कहि	कहि	बाजइ	बाजइ
काटि	काटि	बिनु	बिनु
खाइ	खाइ	बोलइ	बोलइ
जग्य	जग्य	भ्रमि	भ्रमि
तनय	तनय	मोहर	मोहर
तुहि	तुहि	मंद मंद	मंद मंद

रहु	रहु		
तोर	तोर	विचारि	विचारि
तृपत	तृप्त	बिराजै	बिराजे
देहि	देहि	विरस	विरस
नाना ध्वनि करि	नाना ध्वनि करि	शउच	शौच
पाँच सात	पाँच सात	शुणि	सुनि
पुणि	पुनि	सेइ	सोइ
हकारि	हकारि	हरषि	हरषि

ऐसी सूचियाँ दोनों राजभाषाओं में भाषायी नैकट्य के विभिन्न स्तरों की ओर संकेत करती हैं। भाषा का यह सहोदरा रूप इतना स्पष्ट है कि मानस ओड़िसा में भी वैसे ही लोकप्रिय है जैसे कि दांडी रामायण।

भावाभिव्यक्ति

मानव मन की गूढ़ भाव-दशाओं को अभिव्यक्त करना सहज नहीं होता। कवि इसके लिए कई 'मार्मिक' प्रसंगों को चुनते हैं। समग्र रचना में ऐसे प्रसंग पाठक स्वतः ढूँढ़ लेता है और कवि के प्रति उसका अनुराग बढ़ जाता है। तुलसीदास को ऐसे स्थलों की गहरी पहचान थी। बलरामदास ऐसे अवसरों पर बहुत रमे हैं। दोनों रचनाओं में इन भक्तों की रस संबंधी गहरी सूझ-बूझ का प्रमाण मिलता है। परंतु एक महत्त्वपूर्ण अंतर मर्यादा को लेकर आता है। तुलसी की अभिव्यक्ति मर्यादा की रस्सी से बँधी है। उधर बलराम भावाभिव्यक्ति के समय नैसर्गिकता की ओर अधिक सचेतन हैं। स्थिति के अनुरूप वर्णन में ये मर्यादा का बंधन नहीं मानते, रस परिपाक को अधिक महत्त्व देते हैं।

उदाहरणस्वरूप दोनों कवियों के सौंदर्य और श्रृंगार वर्णन संबंधी प्रसंगों को लिया जा सकता है। अरण्य प्रदेश में राम और सीता अपना ब्रह्मत्व भूलकर नर-लीला कर रहे हैं। ऐसे में फिर वे कौन सी मर्यादा रखें? बलराम ने मानवी प्रकृति के अनुरूप वर्णन रचा और उन्होंने उनके चित्रकूट के उस वन प्रदेश में खेल को मानवीय रूप प्रदान किया है। दोनों मंदाकिनी में स्नान कर चुके हैं, एक-दूसरे पर पुष्पों से प्रहार करते हैं, सीता की कबरी में केतकी पुष्प खोंस रहे हैं, सीता पक्षी पकड़ रही है-कवि इस 'प्रेम रस' की झाँकी देते हुए कहते हैं—

'हात धराधरि होइ प्रेम रस लीला' मुक्त प्रकृति की गोद में दो मानव आत्माएँ निर्बाध हो संसार का आगा-पीछा भूलकर क्रीडारत हैं। यही मानव जब सारे संघर्ष पार कर राज्याभिषिक्त होते हैं—षड्ऋतु विहार करते हैं। राजा-रानी का ऋतु विहार है—कवि ने गरिमापूर्ण रूप से इसे प्रस्तुत किया है। वही गरिमा इस पट्टमहीयसी की है, अतः कवि इसके सौंदर्य-वर्णन में कोई कसर नहीं रख छोड़ते, असंख्य गहने आपाद-मस्तक धारण किए हैं।

मानस में राम-सीता का यह रूप उतना उभर नहीं सका। यद्यपि तुलसी घोषणा कर देते हैं कि राम इस समय नर-लीला में लगे हुए हैं। परंतु इसमें भी वे मर्यादा का ध्यान रखकर राम के कार्य-कलापों को अधिक स्पष्ट अभिव्यक्ति नहीं दे सके। वे मानव तो हैं, पर कवि उनके देवत्व से हर क्षण अभिभूत हैं।

विरहिणी सीता को चित्रित करने में तुलसी ने अत्यंत सूक्ष्मदर्शिता का परिचय दिया है। हनुमान् उन्हें अशोक वाटिका में किस रूप में देख रहे हैं—

निज पद नयन दिएँ मन, राम पद कमल लीन।
परम दुखी भा पवनसुत देखि जानकी दीन॥

ऐसी परम दुखी और दीन जानकी हनुमान् को विदाई के समय अपनी दशा दो शब्दों में व्यक्त कर रही हैं—

कहु कपि केहि बिधि राखौं प्राना। तुम्ह हूँ तात कहत अब जाना॥
तोहि देखि सीतलि भइ छाती। पुनि मो कहुँ सोइ दिनु सो राती॥

यह करुण बात हनुमान् आकर राम के आगे किस गहराई से व्यक्त कर रहे हैं—

नाम पाहरू दिवस निसि ध्यान तुम्हार कपाट।
लोचन निज पद जंत्रित जाहिं प्रान केहिं बाट॥

अब दांडी रामायण में सीता की विरहावस्था को इन्हीं तीन बिंदुओं पर देखा जाए—सर्वप्रथम हनुमान् सीता को देखते हैं—

पर्वतरु नदी जेन्हे आसु थाइ बहि।
तेसनेक जानकी चालइ धीर होइ॥
दिअं न थिले देउल ये सन दिशई।
तेसनक पटांतर एहि बइदेही॥

आभरणहीन जानकी जब चल रही हैं तो लगता है जैसे कोई नदी पर्वत-मालाओं को त्यागकर उतर रही है। इनकी देह ऐसे लगती है, मानो कोई देवताविहीन देवल है। बाद में सीता राम के पास संदेश भेज रही हैं—

जेते बेले रावणटि कटालिव मोते।
निश्चय एहि प्राणकु छाड़िबि तत्त्वरिते॥
एक कथा गोटि एतहि जाण हनुमंत।
बेग करि घेनि आस मोर प्राणनाथ॥

रावण जब जबरदस्ती करेगा, तो निश्चित है मेरे प्राण छूट जाएँगे। अत: आकुलता से प्राणनाथ को लिवा लाने का अनुरोध कर रही हैं सीता। हनुमान् जाकर सीता का संदेश और उनकी दशा एक ही पंक्ति में कह देते हैं—

तोते देखिब बोलि से धरिछंति प्राण।
तुझे देखने के लिए वह प्राण धारण किए हैं।

तुलसी और बलराम दोनों ने कामातुरों पर बहुत व्यंग्य किया है। मानस में विवाहेच्छुक नारद की व्याकुल स्थिति और सुंदर रूप पाने की आतुरता संबंधी प्रसंग को अत्यंत मर्यादा से अवतरित किया है। परंतु बलराम ने कामातुर सूर्पणखा का जो यथार्थवादी चित्रण किया है, वही उसके नाक-कान छेदन के निमित्त यथेष्ट हो सका। इसके अलावा दांडी रामायण में रति प्रसंगों संबंधी अवसर विश्वकर्मा-रेणुका, रावण-वेदवती, रंभा-रावण आदि संवादों में उपलब्ध होते हैं। ये प्रसंग रामकथा से सीधे जुड़े तो नहीं हैं, परंतु उसके इर्द-गिर्द जड़े अवश्य हैं। इनकी स्थिति वैसी ही है, जैसी कोणार्क, भुवनेश्वर और पुरी के मंदिरों के बाहर मिथुन-मूर्तियों की है। काम-भाव को रामकथा के जगमोहन के चारों ओर स्थान देकर बलराम ने इस परंपरा के अनुरूप ही कार्य किया है। काम-भाव को अस्पृश्य मानकर उसका त्याग नहीं किया, वरन् जीवन में उसकी विविध स्थितियों का यथार्थ चित्रण अवश्य किया है। भारतीय आश्रम परंपरा में इसका श्रीगणेश विवाहाश्रम में होता है। राम को इस अवसर पर जनकपुर में विविध पूजा आदि उपचारों के बाद युवतियाँ एवं सधवा स्त्रियाँ स्वागत कर ले जाती हैं। ओड़िया में इस प्रथा को 'वरमंगुलि' कहते हैं और मध्यदेश (हिंदीभाषी क्षेत्र) में इसे वरणमाला के आदान-प्रदान से पूर्व किया जाता है। इसमें वर के अंग पर हल्दी लेपन (यद्यपि यह कार्य वर के घर पर होता है, परंतु राम तो जनकपुर में ही दूल्हे बने हैं, अत: जनकपुर की स्त्रियों ने यह कार्य विस्तृत रूप से संपादित किया है); चंदन लगाना, कुसुम स्पर्श कराना, आगे खींचकर हृदय से लगाना, नाभि से मैल निकालना, गंडस्थल पर से कुंकुम पोछना, अंगुष्ठि स्पर्श कराना आदि अनेक लोकोपचार एवं लौकिक-शिष्टाचार वाली कुछ विधियाँ संपन्न करती हैं। साली, सहलज एवं कन्या की सखी-सहेलियाँ इस अवसर पर हँसी-ठिठोली खूब करती हैं। यद्यपि इस सारे रीति-रिवाज में स्थान-स्थान पर शृंगारिकता

का आभास होता है, परंतु यह किसी विकृति का सूचक नहीं है। जनकपुर की नारियों का यह व्यवहार उनकी राम के प्रति हँसी-ठिठोली में की गई क्रियाओं के रूप में देखा जाना चाहिए। अगर इसे जनकपुर की नारियों की काम-विह्वलता के रूप में ग्रहण करेंगे तो यह सीता सरीखी सती के नगर की गरिमा के अनुरूप नहीं होगा। फिर राम-सीता के विवाह जैसे पवित्र अवसर की गरिमा के अनुरूप भी नहीं ठहरता। इतना ही नहीं, इस विधान की सूक्ष्म आल्हादिनी, मधुर विनोदिनी एवं नारी-सुलभ भावनात्मक स्थिति से हट जाएँगे।

इस परिहास प्रसंग की बलरामदास ने स्पष्ट सूचना इन पंक्तियों के माध्यम में दी है—

परिहास करंति जे केबण जुबती।
अलप अलप हसंति रघुपति॥

इस प्रकार कुछ परिहास राम से कर चुकने के बाद वे सीता से हँसी करती हैं। परंतु सीता तो उनकी सखी हैं, अतः उनका तनिक भिन्नता से 'स्वागत' करती हैं। फिर महाराज दशरथ पर हल्दी के पानी के छींटे डालकर स्वागत करती हैं, उनकी पकी हुई दाढ़ी रँग दी जाती है, बाद में तो पूरी बरात का हल्दी-पानी से स्वागत होता है। विवाह के अवसर पर ऐसी हँसी-ठिठोली और हास-परिहास की परंपरा ओड़िसा ही नहीं, प्रायः सारे मध्यदेश में मिलती है। इसके बाद बलराम ने सुहागरात का वर्णन किया है। वहाँ कवि मधु-शैया की अवतारणा के बाद सीता-राम के बीच परस्पर मार्मिक वार्त्तालाप प्रस्तुत करते हैं, परंतु इस अवसर तक को भी वे अश्लीलता या कामुकता से विकृत नहीं करते—उल्टे क्षमायाचना करते हैं—

श्रीराम सीतांकर होइला जेउं केलि।
एहा कहिबाकु जे भाजन नोहे शूली॥

यहाँ साफ-साफ शब्दों में बलराम अपना दृष्टिकोण कह देते हैं, वे अपनी सीमा रेखा से पूर्णतः परिचित हैं। कवित्व की आवश्यकता के अनुसार और भावानुसार स्थान-स्थान पर श्रृंगार के उदात्त वर्णन में भी बलराम को अपूर्व सफलता मिली है। विप्रलंभ श्रृंगार का ऐसा ही एक स्थल माल्यवंत पर्वत पर राम का वर्षा ऋतु वर्णन का है, जब वे जानकी के लिए विलाप कर उठते हैं।

रामकथा में राम-रावण युद्ध एक प्रमुख कार्य है। इसके लिए बहुत बड़ा आयोजन होता है और इसका पर्यवसन अत्यंत करुण स्थिति में जाकर होता है—रावण के समूचे वंश में कोई रोनेवाला भी नहीं बचता। युद्ध-वर्णन और वीरता एवं वीभत्सता के भावों को अभिव्यक्ति देना विशेष कठिन न था। इनका विशद वर्णन

रामकथा में हुआ है। मानस में लक्ष्मण कई स्थानों पर सात्त्विक क्रोध से भरे पात्र के रूप में दिखते हैं। जैसे जनक सभा में धनुष यज्ञ के अवसर पर, भरत को वन में ससैन्य आता देखकर, सुग्रीव द्वारा सीता खोजने के कार्य में ढिलाई दिखाने पर। इसके अलावा दोनों कथाओं में परशुराम का धनुष भंग पर क्रोध एक भिन्न प्रकार से वर्णित हुआ है। विभिन्न युद्ध प्रसंगों में राम, रावण, कुंभकर्ण, मर्कट-भालुओं आदि में जो क्रोध का संचार दिखाई देता है, वह वीरता प्रदर्शन के निमित्त होता है। हनुमान् का लंकागमन और सीता की सुधि लेकर लौटने संबंधी प्रसंग वीरता का अनुपम उदाहरण प्रस्तुत करते हैं। यहाँ शौर्य से अधिक सेवा-भक्ति के दर्शन होते हैं। मानस और दांडी रामायण दोनों भक्तिभावना के ही काव्य रहे हैं।

रामकथा में सर्वोपरि भक्तिभाव ही है। इसे भगवद् विषय रीति कह सकते हैं। ईश्वर की सखा, प्रेमी, बालक, स्वामी किसी रूप में उपासना कर सकते हैं। भक्त कवियों ने राम को स्वामी मानकर दास भाव से उनकी भक्ति की है। इन रामकथाओं में दास्य भक्ति के मूर्तिवंत रूप हनुमान् हैं, सख्य भक्ति के लिए सुग्रीव और विभीषण कटिबद्ध हैं। बालक राम के प्रति ममता, स्नेह और आदर दशरथ और कौशल्या में भरा है। मानस में इस बाल-लीला के भक्त काकभुशुंडिजी अवश्य हैं, परंतु यह उनका वात्सल्य नहीं, दास्य भाव है। क्योंकि वे अयोध्या में राम की जूठन खाने के लिए पहुँचते हैं और मुग्ध भाव से बाल-लीला देखते हैं। भरत एवं लक्ष्मण की राम के प्रति बंधु-भावना भी भक्ति का अनुल्लंघनीय आदर्श है, जो रामकथा का अत्यंत महत्त्वपूर्ण अंग है। तुलसीदास और बलरामदास दोनों ने इन भक्तिभावना में अद्‌भुत पात्रों को अत्यंत सहृदयता से चित्रित किया है।

सादृश्य विधान

सादृश्य विधान सामान्यत: काव्य के उत्कर्ष साधन के लिए होता है। यह उत्कर्ष काव्य के बाह्य सौंदर्य ही नहीं, उसकी आंतरिक भाव-सबलता को भी स्पर्श करता है। तभी अलंकारों की चर्चा के समय उसमें प्रयुक्त शब्दों के चमत्कार से अधिक भावों की गंभीरता प्रकट करनेवाले विधान अधिक अभिभूत करते हैं। तुलसीदास ने सादृश्य विधान अपनी अभिव्यक्ति को सशक्त करने के लिए किया है और बलरामदास ने उसे अधिक सहज, सुबोध एवं ग्राम्य करने के लिए। दोनों कृतियाँ अपनी-अपनी भाषा की प्रौढ़ रचनाएँ एवं विकसित भाषा की परिचायक रचनाएँ हैं। हाँ, भाषायी चातुरी या शाब्दिक इंद्रजाल (जो कि आगे चलकर हिंदी-ओड़िया उभय भाषाओं के रीतिकाव्य में परिलक्षित होता है) का प्रश्न है, वे

हरिचरित कथन के लिए काव्य-रचना कर रहे हैं। 'कविता के लिए कविता' नहीं कर रहे। फिर वे संबोधित कर रहे हैं सामान्य जन को। जिसका अधिकांश ग्राम्य है, बहुत कम अंश पढ़ा-लिखा है, परंपरा से संबद्ध है, संस्कृत के पुराण-उपपुराणों की रूढ़ि में आस्थावान है। यहाँ उन्हें काव्यिक पंडिताई अभीष्ट नहीं है।

संस्कृत काव्य परंपरा में वाल्मीकि रामायण आदिकाव्य ही नहीं, आदर्श काव्य भी है। 'देसिल वयणा' में वैसे ही दांडी रामायण और मानस आदर्श काव्यकृतियाँ हैं। दोनों मार्मिक अभिव्यक्ति को ध्यान में रखकर ही भाषायी कारीगरी की ओर उन्मुख होते हैं। तुलसी ने संस्कृत परंपरा में प्राप्त अलंकारों का खूब प्रयोग किया है। बलराम का दृष्टिकोण विस्तृत अभिव्यक्ति का रहा है। किसी भी स्थिति को व्यापक और सामग्रिक रूप में चित्रित करते हैं। तुलसी का मन वंदना संबंधी स्थलों पर तो एकाग्र रहा है, परंतु कथानक के विस्तार या संवादों की दीर्घता पर आते समय वे अत्यंत संक्षिप्त एवं संश्लिष्ट हो जाते हैं। जिस कथानक को तुलसी एक अर्धाली में कह देते हैं, बलराम ने उसमें बहुत सारे विवरण भरे हैं। तुलसी की भावुकता और बलराम की तर्कशील बौद्धिकता दो ऐसी प्रवृत्तियाँ हैं, जिनके कारण दोनों के सादृश्य विधान में अंतर उपस्थित हो जाता है। दोनों कवि भक्त हैं, परंतु तुलसी का हृदय पक्ष सबल है, अतः संक्षिप्तता और संकेतात्मकता उनके विशेष गुण हैं। बलराम में बौद्धिकता अधिक सक्रिय है, अतः समूचे कथानक और उपकथाओं का तर्कसम्मत विश्लेषण तथा विस्तार देते हुए आगे बढ़े हैं।

वाल्मीकि रामायण में अलंकारों का अद्भुत भंडार भरा है। हर प्रसंग के लिए एक से बढ़कर एक आलंकारिक अभिव्यक्ति उपलब्ध है। परंतु बलरामदास और तुलसीदास के भक्तिकाल में अलंकारों के चयन की ओर विशेष ध्यान नहीं दिया गया। जो कुछ भी अलंकार आए हैं, अनायास उतर आए। इनके वर्णन की आलंकारिक शैली दुरुह नहीं है। लोक-जीवन, लोक-कथाओं और लोक-परंपरा से मंडित होने के कारण भाषा बहुत अधिक आलंकारिक होने से बची रही। संस्कृत परिभाषित अलंकार भी इनके हाथों में आकर नूतन लोक प्रचलित परंपरा से जुड़े और एक ताजगी से महक उठे।

बलराम की आलंकारिक शैली से परिचित होने के लिए एक दीर्घ उद्धरण लेना उचित होगा—

जल रे पशिण बाली अंग पखालइ।
दुइलक्ष जोजने रहिला लाज जाइ॥
नयन जुगल तार देखिण उत्पल।
बुड़ि मरिबाकु गला से गंभीर जल॥

नासा कु ता तिलफुल पटान्तर करि।
गछरे बसिला सेहु तरु रूप धरि॥
चाचेर केश ताहार मृगर चउंरी।
बनरे पशिला सेहु गोरु रूप धरि॥
कर्ण दुइ तार कामदेव मोहफाशी।
नुहइ समान बोलि बढ़िला रूपसि॥
डाहाणाबर्तक शंख दिशे कंठ आभा।
समुद्रे पशिला नोहिला से दंडे से उभा॥
पद्मर मृगाल कि घटण बाहु बेनि।
नोहिला समान से कंटक भाव जाणि॥
रत्नर कलसे किबा अमृत पुराइ।
तेसनक सुसंच जेदिशे कुच दुइ॥
मातुलंक फलकु बा पटांतर करि।
तुल्य नोहिला अंबिल हेला तार बारि॥
मध्यभाग देखि तार मृग्रेंद्र बने गला।
उदर कु पद्मपत्र समान नोहिला॥
नाभी ता गंभीर कि जंबूनद भउंरी।
कटि भाग भिन्न नाहिं पटांतर तारि॥
मदन महीपतिर सिंहासन कि से।
जानु जंघ उलट कदली प्राये दिशे॥
चरण अंगुलि किबा चंपा कढ़ी आभा।
पाद तले सुरंग अलता अति शोभा॥
नख आभा सेवती पाखुड़ा प्राय दिशे।
अधर रंगिमा कि बधुली पुष्प हसे॥
दंत तार क्षुद्र मोतिरे कि अछि मंडि।
कटाक्ष चाहांणिरे से तपिजन भंडि॥
पुंजि पुंजि होइण दिशइ रोमावली।
हसि वाणी कहिले अमृत मुखु गलि॥

स्वभावे सुंदरी से जे गुणे सरि।
सर्वदा से मदालसी अटइ सुंदरी॥

इस अंश में अनेक अलंकारों का अद्‌भुत समावेश है। यहाँ प्रतीप रूपक, संदेह, उपमा आदि आधा दर्जन से भी अधिक अलंकार आ रहे हैं। तुलसी ने चार-पाँच रूपक बाँधे हैं, जो सादृश्य विधान के अनुपम उदाहरण के रूप में लिये जा सकते हैं। उनमें मानस-मनसरोवर, ज्ञान और भक्ति की तुलनात्मक स्थिति, संत-असंतों के लक्षण और उनके भेद के अवसर पर विस्तृत एवं गंभीर चिंतन ही नहीं, उनकी रूपक के माध्यम से अभिव्यक्ति की क्षमता का भी परिचय देते हैं।

तुलसी और बलराम ने अपने उपमान अधिकतर प्रकृति के मुक्त उपवन से चुने हैं। इस प्रकृति का सौंदर्य इतना अधिक है और यह इतनी परिचित है कि इनका कोई भी अंश लेकर तुलना के लिए ग्रहण कर लिया जाता है। ये प्राकृतिक उपादान आकाश में बिखरे हैं और धरती पर भी। हमारे आस-पास अवस्थित हैं और सुदूर शाल के घने वन-जंगलों के बीच भी। 'प्राकृतिक उपमानों का साहचर्य होने से वे हमारी अभिव्यक्ति के साथ घनिष्ठता से संबद्ध हो गए हैं। यही स्थिति वेद-पुराणों के संबंध में है। बलराम का परिचय सारलादासकृत महाभारत से हो चुका है, अतः अनेक पौराणिक उपमान सारला से प्रभावित लगते हैं। एक उद्धरण परशुराम के वर्णन का ले सकते हैं—

बोइले तु पर्शुराम अटु ब्रह्मऋषि।
क्षत्रियपणे तु देव इंद्र प्राय दिशि॥
रूपरे तु कामदेव धर्मे तु मेरु।
सतारे सागर तु बचने कल्प तरु॥
आहालादे अटु तुहि चंद्रर किरण।
तेजरे तु अग्नि प्राय गंभीरे बरुण॥
बेगरे पवन तुहि रागरे जे फणी।
भृगुकुलरे जे अटु तुहि शिरोमणि॥

ब्रह्मर्षि, इंद्र, कामदेव, कल्पतरु, चंद्रकिरण, अग्नि, वरुण, फणि आदि के उपमान प्रस्तुत किए हैं। प्रायः सभी पौराणिक पात्र हैं। तुलसी का प्रकृति वर्णन और उसके लिए प्रस्तुत उपमान कवि के प्रकृति के साथ और उस स्तर पर तादात्म्य के संकेत देते हैं—

धूप घूम नमु भयऊ।
सावन घन घमंडु अनु भयऊ॥
सुर तरु सुमन माल सुर वरषहिं।
मनहुं बलाक अवलि मनु करषहिं॥

मंजुल मनिमय बंदनवारे।
मनहु पाक रिपु चाप सँवारे॥
प्रकटहिं दुरन्हि अरन्ह पर भामिनि।
चारु चपल जनु दमकहिं दामिनि॥
दुंदुभि धुनि धन गरजनि घोरा।
जाचक दादुर चातक मोरा॥
सुर सुगंध सुचिबरषहिं बारी।
सुखी सकल ससि पुर नरनारी॥

कवि यहाँ अलंकारों का सघन आयोजन कर रहे हैं। इस वर्णन के अंदर-ही-अंदर वे एक स्तर पर मानवीय गुणों और भावों का भी उल्लेख कर रहे हैं। तुलसी का सादृश्य विधान शुद्ध काव्यिक छटा के लिए नहीं है। भक्ति रस यहाँ भी मूल में प्रेरक शक्ति का काम कर रहा है।

तुलसी एक अर्धाली में स्थिति का वर्णन करते हैं। दूसरी में उसके लायक उपमा देते हैं। दार्शनिक चित्र देते हैं। जीवन की शाश्वत स्थिति से तुलना कर देते हैं।

दादुर धुनि चहु दिसा सुहाई। बेद पढ़हिं जनु बटु समुदाई॥

इसमें जो व्यंग्य बुझा है, बलराम में नहीं मिलता। यह 'वचन वक्रता' दोनों में भिन्न है।

□

कवि जीवन की कुछ रेखाएँ

बलरामदास और तुलसीदास किसी की भी जीवनी के संबंध में उपादान समग्र रूप में उपलब्ध नहीं हैं। दोनों से संबद्ध कुछ संकेतों को लेकर साहित्य के इतिहासकारों ने जीवनी का एक-एक ढाँचा निर्मित किया है। चूँकि तुलसी के बारे में अंतर्साक्ष्य की अपेक्षा बहिर्साक्ष्य अधिक स्पष्ट है, अतः अधिक चर्चित होकर उपादानों पर विस्तृत खोज की जा चुकी है। बलराम के संबंध में ज्यादातर उपादान अंत:साक्ष्य के आधार पर ही संगृहीत हैं। दोनों के बारे में एकत्र विवरण देनेवाला एकमात्र ग्रंथ 'दार्ढ्यता भक्ति' है, परंतु यह ग्रंथ काफी विवादास्पद है। जो हो, इस ग्रंथ में दोनों कवियों को एक साथ स्थान दिया है, इससे इतना तो स्पष्ट हो जाता है कि दोनों कवि दृढ़ भक्तिधारा के दो पुरोधा थे। दोनों में राम के प्रति अगाध श्रद्धा, विश्वास और सर्वोपरि भक्ति थी।

बलरामदास के बारे में बहुत ही कम सामग्री उपलब्ध है। इतिहासकारों ने विभिन्न आधारों पर विभिन्न अनुमान लगाकर उनका जन्म-समय निर्धारित करने की चेष्टा की है। डॉ. आर्तबल्लभ महांति के अनुसार बलरामदास का जन्म 1472 ई. में हुआ था। पं. सूर्यनारायण दास पहले तो 1473 ई. मानते हैं। परंतु बाद में चलकर 'उदय कहाणी' (अच्युतानंद रचित) के आधार पर 1484 ई. में उनका जन्म स्वीकार किया है। यहाँ 'अवतार मालिका' का वह प्रसंग उद्धृत करना समीचीन होगा—

पचारिलु राम जनम अंक। अतिहिं गुपत बड़ विवेक॥
डाहाण अंकक़ु गुणिबु जेबे। बाम अंक गोटि मिशाऊ तेबे॥
एमंत साल होइब निकर। शुण रामचंद्र एथि मितर॥
शतभुज करि मणि मित्रेरे। तुरि सब घेनि ओड़ राष्ट्रेरे॥
एहि अपूर्व मुहिं जनम हेलि। अच्युत पामर नाम पाइलि॥
तार संगे भुज मिशिला। जगन्नाथ दास उदय हेला॥
से हि अंके यशोवंतटि जात। बलराम चारि पूर्वे उदित॥

उक्त अंश में पंचसखाओं (बलरामदास, जगन्नाथदास, अच्युतानंद, शिशु अनंतदास और यशोवंतदास) के जन्म के संबंध में संकेतमूलक सूचनाएँ दी गई हैं। यह विवरण कूट पदों में है। इसके अलावा पाँचों के पूर्वजन्म के भी वृत्तांत हैं। इन कूट पदों से इतिहास का आधार ढूँढ़ निकालना दुरूह है।

पुरी उनका जन्म-स्थान भी था या कर्मस्थल, यह कह पाना कठिन है। उन्होंने कई जगह प्रतापरुद्रदेव का उल्लेख किया है। श्रीजगन्नाथ में उनकी दृढ आस्था थी। अत: कर्म क्षेत्र होने के बारे में कोई संदेह नहीं रह जाता। ईश्वरदास कवि का कहना है कि जाजपुर के निकट चंद्रपुर उनका जन्म-स्थान था—

चंद्रपुरे सोमनाथ। राजार अटे सेहु पात्र॥
ताहार पुत्र हुए जात। बलराम नाम विख्यात॥

परंतु इस ग्रंथ के संपादक डॉ. आर्तबल्लभ महांति इसे ऐतिहासिक तथ्यों के लिए अनुपयोगी मानते हैं। वैसे चंद्रपुर (जाजपुर के पास का) के बारे में और कोई ऐतिहासिक प्रमाण भी नहीं मिलता, जिससे सिद्ध हो कि वह बलराम का जन्म-स्थान था। पिता का नाम सोमनाथ महापात्र था, इस संबंध में कई प्रमाण हैं। परंतु वे ब्राह्मण थे, शूद्र थे अथवा मंत्रीपुत्र थे या भिक्षाटन से चलते थे, यह भी निर्दिष्ट रूप से नहीं कहा जा सकता। पं. सूर्यनारायण दास का कहना है कि वे शूद्र कुल में जनमे थे, मायादेवी या यमुना देवी माता का नाम था और सोमनाथ महापात्र पिता का नाम। इसके लिए वे सात आधार देते हैं—

1. मुहिं हीन पापी विशेष शूद्र योनि। (दांडी रामायण, लंकाकांड)
2. तु सोमनाथ शूद्र सुत। तु कहु वेदांत चरित (गुप्त गीता)
3. सोमनाथ महापात्र को ले होइलि संभूत। यहुं पिता मोर विष्णुरे भक्त।
(दांडी रामायण, लंकाकांड)
4. महामंत्रीवर सोमनाथ महापात्र। बलरामदास जे ताहांकर पुत्र।
(दांडी रामायण, लंकाकांड)
5. महापात्र सोमनाथ तनये। बलरामदास गीतारे कहे (भगवद्गीता)
6. प्रतापरुद्र देव नामे हेब राम। कहइ तोते कलि समय॥
सोमनाथ नामे पात्र ताहार। अनिरुद्र देब ताहार घर॥
यमुना नांमें भारिजा ताहार। अनिरुद्रहेब ताहर कुमर॥
(5वाँ अध्याय, छतीस गुप्त गीता)
7. भकतजन मध्ये सार। महिमा अपारु अपार॥
नाम ता बलरामदास। महंत सोमनाथ शिष्य॥

पुरुषोत्तम तार पर। कुटुंब घेनि निरंतर॥
उत्तम जने आस्त्रे करि। निति बुलिब भिक्षा करि॥
एमंते बचु थाइ दिन। शोचना न थाइ तामन॥
निरते हरिपाद ध्यायी। आनंदे मत्त हेउ थाई॥

(दार्ढ्यता भक्ति, रामदास, 14वाँ अध्याय)

इसके अलावा दो-तीन उद्धरण और इस सूची में सन्निविष्ट करना उचित होगा।

8. जेणुकरि मोहर जे बलिला साहस।
सोमनाथ तयन मुं बलरामदास॥ (बट अवकाश, पृ.-2)

9. सोमनाथ महापात्र तनये। बलरामदास गाये॥

(भाव समुद्र, पृ.-280)

इनमें से 5, 8 और 9 उद्धरण अंत:साक्ष्य पर आधारित हैं। पंडित सूर्यनारायण दास ने दांडी रामायण के लंकाकांड से ही उद्धरण लिये हैं। यह सर्वाधिक असंपादित और विक्षिप्तांशों से भरा लगता है। कवि अपना परिचय दांडी रामायण के आदिकांड में इस प्रकार देते हैं—

विप्र बलरामदास पशिला शरण।

ओड़िसा के गजपति महाराज प्रतापरुद्र देव या उनके पिता महाराज पुरुषोत्तमदेव के समय में किसी शूद्र के महामंत्री होने का न तो किसी ऐतिहासिक ने उल्लेख किया है और न कोई ऐतिहासिक आधार मिलता है। इस संबंध में प्रो. चित्तरंजन दास का मत विचारणीय है। 'अवतारमालिका' के इस मत का वे समर्थन करते हैं—

नाम तत्त्व चिह्नि आत्म तत्त्वज्ञानी नाम, ब्रह्मे जार जश।
ब्रह्मदर्शी सेहि अवश्य अटइ प्रभुंकर सेहि दास॥ (शून्य संहिता)

अर्थात् ब्रह्मदर्शी होने के नाते वे प्रभु के दास कहलाए। उन्होंने (पंचसखाओं) चैतन्य से दीक्षा के बाद अपनी वंशगत पदवी (महापात्र) त्यागकर अपने लिए 'दास' संबोधन ग्रहण किया। चित्तरंजन बाबू का कहना है कि बलराम का जन्म चंद्रपुर में हुआ था, परंतु यह चंद्रपुर पुरी के आस-पास का गाँव है। वे अच्युतानंद का कथन उद्धृत करते हैं—

चैतन्य संप्रदा आश्चर्य मत। प्रकटित लीला अति गुपत॥
पंचसखा माने ज्ञान भक्ति र। जोगमान तहिं कले प्रचार॥
धर्म वर्ण भेद गुपत कले। ओड़िसा राज्ये नाम सहाइये॥

अर्थात् पंचसखाओं ने धर्म, वर्ण, भेद गुप्त रख लिया और ओड़िसा में इन्होंने ज्ञान भक्ति का प्रचार किया। आगे कहते हैं—

सान हेबा कू जे आभंर मन। तहिं शूद्र कु जे न मणु आन॥
शुण रामचंद्र गोप कुमर। सेवा आंमर श्रीकृष्ण पयर॥
तहुं पंचसखा शूद्र होइलु। ज्येष्ठ कनिष्ठ बारि न पारिलु॥
पंचसखा माने ब्राह्मण नोहु। वेश्य क्षत्रिय अबा हेबु काहुं॥
शूद्र वर्ण आंभ पुर्वरु नाहिं। पंचसखा कृष्ण सेवारे बाइ॥

यानी वंश-परंपरा में स्वयं को ब्राह्मण, क्षत्रिय या वैश्य नहीं मानते। सब कृष्ण सेवा में मत्त हैं। जैसे भारतीय संत-परंपरा में होता रहा है। दीक्षा के बाद साधु या संन्यासी अपना वंशगत नाम और वंशगत उपाधि त्याग देता है और 'दास' कहलाता है। तदनुसार संभव है 'महापात्र बलराम' आगे चलकर 'बलरामदास' बन गए। यह मत अधिक समीचीन लगता है।

जाति के प्रश्न पर बलराम को कितनी कठिनाइयों का सामना करना पड़ा था, इस ओर संकेत करनेवाली कुछ किंवदंतियाँ प्रचलित हैं। इस संदर्भ में 'मुक्ति मंडप सभा' प्रसंग लिया जा सकता है। कहा जाता है कि एक बार बलराम ने श्रीजगन्नाथ मंदिर में चल रही मुक्ति मंडप के पंडितों की सभा में हस्तक्षेप कर दिया और वेदांत की व्याख्या प्रस्तुत की। फलतः ब्राह्मणों ने उन्हें अपमानित किया। राजा के आगे इस विषय पर शिकायत की गई। अगले दिन उनकी परीक्षा ली गई। बलराम ने हरिदास नामक शूद्र के मस्तक पर हाथ रखा और वह भी वेदांत के तत्त्व कहने लगा। प्रतापरुद्रदेव और पंडित सभा आश्चर्यचकित रह गई, सबने बलरामदास से वेदांत तत्त्वों की व्याख्या करने का अनुरोध किया। 'वेदांत सार गुप्त गीता' में बलरामदास ने इस प्रसंग का विस्तार से वर्णन किया है। यह विवाद बलराम की जाति को लेकर खड़ा हुआ था। बलराम को अब्राह्मण होने के कारण तत्त्व चर्चा करने का क्या अधिकार था? बाद में अपनी श्रेष्ठता उन्होंने मुक्ति मंडप सभा में सिद्ध कर दी।

इसी प्रकार की लांछना एक बार रथयात्रा के अवसर पर सहनी पड़ी। कहा जाता है कि बलराम वेश्या के यहाँ से आकर सीधे रथ पर चढ़ गए। उनके शरीर पर वेश्यागमन संबंधी चिह्न देखकर पंडों ने भर्त्सनापूर्वक उन्हें रथ से उतार दिया। बलराम अपमानित होकर समुद्र के किनारे चले आए। उन्हें दुःख है कि प्रभु ने स्वतः दंड न देकर दूसरों के हाथों लांछित क्यों कराया? मर्माहत भक्त प्रणाम कर चले जाते हैं—ले मैं तो चला, अब देखता हूँ कौन तेरे रथ की रस्सी खींचता है?

तुझे तेरे बाप (नंद) की सौगंध है, मैं अगर तेरा सेवक हूँ तो विचार करना। बालू में तीनों रथ बनाकर बैठ जाते हैं। प्रभु आकर वहीं विराजमान हो जाते हैं। राजा निर्मित नंदिघोष रथ अटक जाता है। भोग धरा ही रह जाता है। बाद में पंडों को अपनी भूल का पता चलता है। श्रीजगन्नाथ राजा से कहते हैं—

मोर भक्त जेउं-जन। मोहर नाम करे गान॥
से केबे अशुचि नुहइ। सर्वदा शुचिमंत देही॥

गजपति महाराज स्वयं भगवान् के भक्त तक जाते हैं, सम्मानपूर्वक उन्हें बुला-कर लाते हैं। बलराम ने आकर विनती की तो प्रभु नंदिघोष रथ पर आरूढ हुए और तब वह रथ आगे बढ़ा। बलराम की यह जिद भक्त की है? अथवा सखा की? यहाँ सख्य भाव इतना दृढ है कि इस कथानक पर लिखी कवि की रचना 'भाव समुद्र' ओड़िया साहित्य में ही नहीं, संपूर्ण भारतीय साहित्य में इस प्रकार की अनोखी रचना है।

इस घटना का वर्णन रामदास ने 'दाढ्र्यता भक्ति' ग्रंथ के 14वें अध्याय में किया है। जैसा कि पहले कहा जा चुका है इस ग्रंथ को पूर्णतः प्रामाणिक तो नहीं माना जाता। अनेक ऐतिहासिक, पौराणिक तथा काल्पनिक पात्रों को लेकर रामदास ने भक्तिभाव में दृढ चरित्रों की कथाएँ लिखी हैं। अनेक कथाओं के विवरण प्रामाणिक तथ्यों से मेल खाते हैं। बलराम के संबंध में उक्त घटना 'भाव समुद्र' से बहुत कुछ मिलती-जुलती है। रामदास ने बलराम की भक्ति का विश्लेषण करते हुए लिखा है कि किस प्रकार वे चक्रतीर्थ में आकर श्रीजगन्नाथ को अपनी भक्ति-भावना से आबद्ध कर रख लेते हैं। यहाँ एक रूपक का उल्लेख किया है—हृदय में पद्मासन मार उस पर प्रभु को बिठाते हैं, आनंद दांड (विराट् पथ) में रथ पर चढ़े हैं, प्रकृति सद्गुणों को सारथी बनाते हैं, राजस बुद्धि के वेत्र से हिंसा-दुर्बुद्धि को हटाते हैं, महत् का घंट, शब्द की शंख-ध्वनि से जाग्रत् पुरुष (रथ की) रक्षा कर रहे हैं। पंच प्राण विप्रगण सुबुद्धि पंडा को लेकर प्रभु पूजा में बैठते हैं। चौदह मंत्री ब्रह्मांड के पदार्थ जमा कर कल्पना मार्ग से पूज रहे हैं। सुमन नृप, चैतन्य मंत्री को लेकर सुषुम्ना के द्वार से विराट् पुरुष के द्वार पर निर्भय कर आज्ञा देते हैं। क्रोध, तामस, कुटिलता, कपट, हीनता, कुमति, मिथ्या, लोभ, मद, मत्सर, दुर्गुण, दांभिकता, नास्ति कल्पना आदि को मारकर इन्हें दूर करें—ऐसी आज्ञा देकर श्रीमुख (श्रीजगन्नाथ आनन) देखते रहे।

इस रूपक को बलराम की अन्य पोथियों के परिप्रेक्ष्य में देखें तो योगाचार संबंधी विचारधारा पर प्रकाश पड़ता है। बहुत संभव है वे योगमार्गी रामभक्ति के

अधिक निकट रहे हैं। परंतु प्रतापरुद्रदेव चैतन्य की शरण में जाने के बाद उन्हें राजकीय कोपभाजन होना पड़ा। एकाधिक बार उन्हें परीक्षा देनी पड़ी। योगाचार, निराकार की साधना और मानव मात्र में समता आदि बातों के लिए उन्हें कई बार कष्ट सहने पड़े। आखिर उनकी प्रतिभा, निष्ठा और दृढता के आगे सबको झुकना पड़ा—महाराज ने उन्हें परमगुरु स्वीकार किया। पंचसखा ठीक चैतन्य प्रचारित गोड़ीय धारा में एकरस न होकर भी वैष्णव यानी हरिभक्त रह सके। चैतन्यदेव भी इनसे प्रभावित हुए और उन्होंने बलराम को 'भक्त' उपाधि से विभूषित किया था। कहा जाता है कि भक्त प्रवर जगन्नाथदास को बलराम ने ही दीक्षा दी थी। प्रो. चित्तरंजन दास कहते हैं कि 'हरे राम कृष्ण' मंत्र इन पंचसखाओं का विशिष्ट मंत्र था। बलरामदास के ग्रंथों (दांडी रामायण को छोड़कर) के आधार पर उनके पिंड-ब्राह्मण तत्त्व, काया शुद्धि के लिए योग-साधना, निराकार निरंजन के लिए षड्चक्र संबंधी योग क्रियाएँ और उनके अजपा जाप संबंधी विचारों की चर्चा कर उन्हें विभिन्न मतवादों में प्रतिष्ठित करने की चेष्टा की जाती है। परंतु प्रो. चित्तरंजनदास का विचार अधिक उदार है। वे पंखसखाओं के धर्म के बारे में लिखते हैं—

> चैतन्य धर्मर समूल सार परकीया प्रेमर नामगंध
> पंचसखांकर साहित्यरे नाहिं, बौद्धधर्मर तत्त्व गौणता
> (तत्त्व Metaphysics) मध्य एठि नाहिं—

तंत्रर मकार तत्त्व ए भक्तिसरितर बहु दूरे। केबल समस्तंकठु सार नेह बिराट आत्मतत्त्व ओ आत्म ज्ञानरे पंचसखा धर्म परिस्फुट होइ उठिछि। जेउंमाने एहाकु कोणसि ना कौनसि धर्मोंदोलन सहित आउजेइ देवाकु चाहांति सेमाने बोध हुए समग्र दृष्टि देइ देखंति दाहिं।

अर्थात् इन्होंने एक विराट् धार्मिक समन्वय उपस्थापित करने का उद्यम किया है। धर्म को संस्कृत और पंडितों के घेरे से निकाल सामान्य जन और उसकी भाषा से एकरस करने का उनका संकल्प था। जीवन भर वही प्रयास रहा।

बहुत संभव है कि तत्कालीन परंपरागत विचारों के सामने वे घोर क्रांतिकारी रुख लेकर खड़े हुए थे। उन्होंने ब्राह्मण धर्म के एकाधिकार का तीव्र विरोध किया। वेद, योग, साधना आदि के ज्ञान के द्वार सभी वर्ण के लिए खोले। वह सारा ज्ञान संस्कृत ग्रंथों से आहरण कर लोकभाषा में जनसाधारण की पहुँच में आने योग्य शैली में प्रस्तुत किया। रामायण, गीता, वेदांग, योग आदि की अनेक जटिल वार्त्ता, तत्त्वों एवं सिद्धांतों को उन्होंने जनसाधारण के धरातल तक उतार

लाने में बहुत बड़ी सफलता पाई थी। इसके लिए ब्राह्मणों के कड़े प्रतिरोध का भी सामना करना पड़ा। इतना ही नहीं, राजकीय शक्ति को भी इनके आगे झुकाने में कम कठिनाइयाँ नहीं हुईं।

बलरामदास ने वेद, वेदांत, गीता, पुराण आदि की शिक्षा पाई थी। इतना ही नहीं, ज्योतिष, नक्षत्र विज्ञान एवं गणित का भी विस्तृत अध्ययन किया था। अपने जीवन के प्रारंभिक दिनों में ही उन्होंने सारलादास को आदर्श रूप में ग्रहण कर लिया था। सारलादास के महाभारत, बिलंकारामायण एवं चंडी पुराण—ये तीनों ग्रंथ उस समय जनभाषा में उपलब्ध थे और आदृत हो चुके थे। महाभारत के बाद इस परंपरा में दांडी रामायण का स्थान ही आता है। अत: बलराम ने उसे लोकभाषा में प्रस्तुत किया। बाद में तो ओड़िसा में पुराणों एवं महाकाव्यों के आधार पर ग्रंथ रचना की समृद्धिशाली परंपरा बन गई। इसके सर्वाधिक प्रकाशमान नक्षत्र जगन्नाथदास माने जाते हैं, जिन्होंने 'भागवत' की रचना की है। दांडी रामायण का पाठ आगे चलकर श्रीजगन्नाथ मंदिर के जगमोहन मंडप में भी होने लग गया था। यह तथ्य इस ओर संकेत करता है कि दांडी रामायण को उसी काल में यथेष्ट ख्याति एवं सम्मान मिल चुका था।

उल्लिखित ग्रंथों के अलावा बलराम का छोटा सा 'लक्ष्मी पुराण' ग्रंथ ओड़िसा में काफी लोकप्रिय है। नगर में एक चांडाल लक्ष्मीजी की आराधना कर रहा था तो लक्ष्मी ने उसका ही आतिथ्य ग्रहण किया। इस बात पर बलराम के आदेश से श्रीजगन्नाथ ने लक्ष्मी का त्याग कर दिया। लक्ष्मी ने भी अभिशाप दे दिया कि बारह वर्ष तक निरन्तर भटकते रहना होगा। तदनुसार भटकने के बाद श्रीजगन्नाथ-बलभद्र को वहीं लक्ष्मी के द्वार पर जाना पड़ा। दोनों ने अन्न ग्रहण किया। वचन दिया कि आगे से ब्राह्मण-चांडाल का भेद नहीं होगा। तब लक्ष्मी लौटकर श्रीमंदिर में आईं। यहाँ सरल और सहज भाषा में इसी जाति संबंधी रुढ़ि के विरुद्ध कवि ने स्वर उठाया है।

'वट आकाश' में कवि एक बार श्रीजगन्नाथ की स्वर्णझरी लिये उनके साथ लंका दर्शन को गए। वहाँ से लौटे तब झरी बलरामदास के घर ही रह गई। प्रात: झरी चोरी हो जाने की बात फैली तो बलराम ने ले जाकर मंदिर में दे दी। प्रतापरुद्रदेव ने इस बात से उन्हें चोरी न करने का अनुरोध किया तो कवि ने सारी घटना का वर्णन कर दिया और अपने निर्दोष होने की बात कही। फिर विभीषण द्वारा उपहार में दी गई चीजें मिलीं तब जाकर कवि की बात पर विश्वास हुआ। यह भी भक्तिमूलक रचना है।

इसके अलावा विराट् गीता, सरवांग योगसार गीता आदि कुछ योग तत्त्व संबंधी सरल व्याख्याएँ हैं। कांतकोइलि, बउलागाई आदि आधे दर्जन से अधिक रचनाएँ बलराम के नाम पर प्रचलित हैं। परंतु उनके संपूर्ण साहित्य में चैतन्यदेव का न तो कोई उल्लेख है और न चैतन्यदेव के किसी प्रभाव का पता चलता है। इस संबंध में दो अनुमान किए जाते हैं। चैतन्य के संस्पर्श में आने के बाद बलराम की प्रतिभा कुंद पड़ गई होगी या संभव है चैतन्य से भेंट होने के पूर्व सारा साहित्य रचा गया है। बाद में उनके जीवन की सारी घटनाएँ अंधकाराच्छन्न हैं। चैतन्यदेव को राजकीय संरक्षण मिलने के बाद इन भक्तों की वाणी मौन हो गई हो। संभव है ये पुरी से हटकर एकांत में चले आए हों। पुरी जिले के नीमापाड़ा शहर से छह मील दूर एरबंग गाँव में कुशभद्रा नदी के किनारे बलराम की समाधि है। आज भी यहाँ बलराम का बहुत आदर है और बलरामदास के भक्तों का तीर्थ बना हुआ है। इसी आदर और स्नेह के कारण एकाधिक तुलसीदास और एकाधिक बलरामदास होने के उदाहरण मिलते हैं।

तुलसीदास

बलरामदास की तरह तुलसीदास का जीवन भी अधिकांशतः अंधकाराच्छन्न है। परंतु तुलसी के संबंध में अनेक लेख, काव्य, मूर्तियाँ, हस्तलिखित प्रतियाँ, चित्र, स्थान आदि मिलते हैं, जिनके आधार पर उनके जीवन के बारे में एक रेखाचित्र बनाकर आलोचकों ने अपनी-अपनी सामग्री के अनुरूप रंग भरा है। उसका निष्कर्ष यही निकलता है कि जन्मभूमि न तो राजापुर ही है और न सोरो ही, वरन् सोरो या सूकरखेत के पास कोई स्थान गोस्वामीजी की जन्मभूमि हो सकती है, जहाँ उनका जन्म हुआ। जन्मते ही उनकी माता नहीं रहीं तथा पिता ने भी शीघ्र ही संसार त्याग दिया और इन्हें किसी ने आश्रय नहीं दिया। ये भटकते-माँगते-खाते, सूकरखेत (सोरो) पहुँचे। यहाँ नरहरिदास को गुरु रूप में स्वीकार कर वहीं रहे, उनसे रामकथा सुनी। उसके उपरांत सत्संग में ये चित्रकूट गए होंगे और उसके पास ही राजापुर में विवाहोपरांत रहने लगे। वहाँ से काशी, अयोध्या और चित्रकूट आदि स्थानों में घूमते ज्ञानार्जन और भक्तिसाधना की, साथ ही काव्य-रचना भी। इनकी माता का नाम हुलसी और गुरु का नाम नरहरि था। रामचरित की रचना 1631 में अयोध्या में हुई, सं. 1643 में 'पार्वती मंगल' की रचना हुई। वृद्धावस्था में इन्हें भयंकर पीड़ा का कष्ट सहना पड़ा। काशी में इन्होंने महामारी का हृदयविदारक दृश्य भी देखा और क्षुब्ध होकर हनुमान्, शंकर और राम से उद्धार की प्रार्थना की। पर अंतिम

समय संतोष और आस्था के साथ इन्होंने इहलीला समाप्त की।

तुलसीदास के जीवन संबंध में ऐसी अनेक किंवदंतियाँ प्रकाश में आईं और चर्चित हो चुकी हैं। इनसे उनके चरित्र के किसी पहलू पर प्रकाश पड़ता हो। यहाँ उन सबकी पुनरावृत्ति की बजाय ओड़िसा में प्रचलित एक किंवदंती पर प्रकाश डालेंगे, जैसी चर्चा अभी तक कहीं नहीं हो पाई। तुलसीदास ने भारत के बहुत से तीर्थों का भ्रमण किया था। उसी यात्रा के दौरान ओड़िसा पधारे थे। पुरी आकर उन्होंने कुछ काल निवास किया। तब की एक घटना है—

तुलसीदास राम भक्त थे। उन दिनों श्रीजगन्नाथ क्षेत्र धर्म चर्चा का बहुत बड़ा केंद्र माना जाता था। श्रीजगन्नाथ मंदिर की बहुत ख्याति थी। वह चार धाम में एक बन चुका था। दांडी रामायण का यश भी तुलसी ने सुना था। अतः बहुत ऊँची आशा लेकर पधारे थे। यहाँ आकर बड़ी उत्कंठा के साथ श्रीजगन्नाथ दर्शन के निमित्त श्रीमंदिर में गए। परंतु श्रीजगन्नाथ-सुभद्रा की किंभूत किमाकार मूर्ति देखकर तुलसी स्तब्ध रह गए। उन्हें गहरी निराशा हुई। यह कैसा देवता? क्या रूप··· रंग··· अजीब स्थिति है। ठेस पाकर वे बिना प्रणाम किए लौट आए। गहरे दुःख में और यात्रा की विफलता की व्याकुलता में वे बिना खाए-पीए बाहर आकर एक वट वृक्ष के नीचे बैठे रहे। एक वृद्ध शाम को उनके पास आया और पूछने लगा—बेटा, बहुत उदास हो? क्यों? भावुक तुलसी ने अपनी मनो-व्यथा कह सुनाई—यह कैसा देवता है··· ? वृद्ध ने थपथपाकर कहा—अरे! पगले, इतनी दूर आकर भी अपने प्रभु को नहीं पहचान सका?

'बिन पग चले सुने बिनु काना। कर बिनु कर्म करे विधि नाना॥

अपनी कही बात ही नहीं पहचानते! इसी रूप का वर्णन तो तुमने किया है। तुलसी की आँखों के आगे महाप्रभु श्रीजगन्नाथ का विश्वात्म रूप स्पष्ट हो गया। उन्होंने श्रद्धापूर्वक श्रीजगन्नाथ का महाप्रसाद सेवन किया, जिससे क्लांति और अवसाद मिट गया। गद्‌गद नेत्रों से दर्शन के लिए सिर उठाया, तब तक वृद्ध वहाँ से लुप्त हो चुका था। तुलसी दौड़े-दौड़े गए और भगवान् श्रीजगन्नाथ, सुभद्रा एवं बलभद्र के आगे नतमस्तक हो गए।

उक्त किंवदंती की सत्यता की जाँच करना कठिन है। परंतु एक तथ्य उभरता है। भारत में इस समय समन्वय (सगुण-निर्गुण, साकार-निराकार, हरि-हर, ऊँच-नीच जातिगत) का जो सर्वाधिक मूर्तिमंत रूप पुरी में प्रचलित था, तुलसी वहाँ आकर प्रभावित हुए बिना कैसे रहते? पुरी रामकथा की चर्चा का प्रमुख क्षेत्र भी था। और मुगल शासन काल में भी ओड़िसा प्रमुख हिंदू राज्य के रूप में प्रतिष्ठित

था, जो उन दिनों पतन की ओर बढ़ रहा था। संभवत: इसका एक छोटा सा प्रमाण तुलसी की रचना में भी उपलब्ध है। दशावतार का वर्णन हिंदी साहित्य में अनेक स्थलों में हुआ है। सिर्फ तुलसी ने ही बुद्ध के स्थान पर श्रीजगन्नाथ का नाम लिखा है। वैसे 'पृथ्वीराज रासो', 'बीसलदेव रासो' एवं 'पद्मावत' में ओड़िसा का अनेक प्रकार का वर्णन मिलता है। इतना ही नहीं, कबीर जैसे हिंदी साहित्य के अनेक दिग्गज श्रीजगन्नाथ धाम में आए हैं, यहाँ उनका मठ आज भी अक्षुण्ण है। परंतु भाषायी सामीप्य तुलसी में ही पहली बार स्पष्टत: अनुभूत होता है। ब्रज, अवध काशी और श्रीजगन्नाथ क्षेत्र हिंदू जनता के लिए समान महत्त्व के हो गए थे। ओड़िसा में आगे चलकर इसी नैकट्य को प्रकट करनेवाला 'ब्रजबुली' में रचा गया काव्य समूह है।

तुलसीदास के ओड़िसा आगमन संबंधी एक और ऐतिहासिक महत्त्व का स्थल है। पाँचवें राष्ट्रीय राजपथ (Nationl highway, No-5) पर ओड़िसा की वर्तमान राजधानी भुवनेश्वर और प्राचीन राजधानी कटक के बीच एक छोटा सा मंदिर है। यह भुवनेश्वर से पाँच मील कटक की तरफ अवस्थित है। यहाँ आस-पास के गाँवों से लोग विभिन्न पर्व-त्योहारों पर आकर इकट्ठे होते हैं और भजन-कीर्तन करते हैं, मनौतियाँ चढ़ाते हैं। यहाँ वर्तमान श्रीजगन्नाथ, सुभद्रा और बलभद्र की मूर्तियों की पूजा होती है। कहा जाता है कि तुलसीदास जब पुरी तीर्थयात्रा करके इधर से लौटे थे, गाँववाले उनके कुछ अलौकिक चमत्कारों से प्रभावित हुए थे और गाँववालों के अनुरोध पर तुलसी ने यहाँ ठहरना स्वीकार किया। जाने तक एक छोटा सा मंदिर बनाया गया, जिसमें ये तीनों मूर्तियों की स्थापना कर गए थे। मंदिर के सामने यात्रियों के लिए एक तालाब खुदवाया था। अब भी वह 'वैष्णव तलऊ' के नाम से प्रसिद्ध है और उसके एक घाट का नाम हाथीगड़ा घाट है। कहा जाता है, यहाँ हाथियों को पानी पिलाने के लिए भी घाट बनाया गया था। ओड़िसा सरकार ने इस स्थान की सफाई की है और 'तुलसीदास तालाब' (TULASI DAS TANK) नाम से इसकी मरम्मत आदि कर पुन:स्थापना का कार्य किया है। तालाब में से हनुमानजी की एक साढ़े चार फीट ऊँची पत्थर की सुंदर मूर्ति निकली है। चूँकि यह मूर्ति काफी समय तक पानी में पड़ी रही है, अत: अभी इसकी प्राचीनता के संबंध में कुछ नहीं कहा जा सकता। परंतु मंदिर के पास ही एक और आवक्ष मूर्ति (Bust) अवस्थित है। कहते हैं कि यह बाबा तुलसीदास की है। वैसे देखने पर यह मूर्ति किशनगढ़ नरेश के संग्रह में सुरक्षित चित्र से मिलती है। परंतु सरसरी तौर पर देखने पर मूर्ति की प्राचीनता संदिग्ध जान पड़ती है। गाँव के अत्यंत वयोवृद्ध

(अस्सी से अधिक उम्र के दो-तीन लोगों से व्यक्तिगत पूछताछ की गई) सज्जनों ने बताया कि उन्होंने अपने पूर्वजों से इस स्थान की बहुत महिमा सुनी है। यहाँ की प्राचीन मूर्तियाँ चोरी चली गई हैं और बाद में फिर दुबारा मूर्तियों की प्रतिष्ठा की गई है। आजकल उस मंदिर के पास ही छोटा-सा शिवलिंग स्थापित कर पूजा जाता है। उसे स्थानीय लोग बेल्हेश्वर ('बेल' से बल्हेश्वर) महादेव कहते हैं। कहते हैं कि तुलसी के नाम पर यहाँ कुछ जमीन भी थी। आजकल उस जमीन पर जिनका स्वत्व है, उनके पास 70-80 वर्ष से पुराने कागजात नहीं मिले। इस संबंध में स्वर्गत अनिरुद्धदास के अनुसंधान के फलस्वरूप कुछ तथ्य प्रकाश में आए थे। परंतु उनके अचानक देहावसन के कारण सरकारी रेकार्ड वगैरह संबंधी सूचनाएँ, जो उन्होंने इकट्ठी की थीं, अभी तक प्रकाश में नहीं आ सकीं। गुरुदेव प्रो. प्रह्लाद प्रधान के सभापतित्व में कई वर्षों से उक्त स्थान पर प्रतिवर्ष श्रावण महीने में समारोह के साथ तुलसी जयंती मनाई जाती रही। तुलसीदास से संबंधित सामग्री में यह स्थान सबसे अधिक उपेक्षित रहा है। आलोचकों का ध्यान अभी तक उस ओर नहीं गया। न अनिरुद्धदास की सामग्री का अध्ययन हुआ।

परंतु तुलसीदास ओड़िसा से बहुत अधिक प्रेरणा लेकर गए थे, इसमें कोई संदेह नहीं। मानस की भाषा और उसमें निरूपित सगुण-निर्गुण भावधारा दोनों श्रीजगन्नाथ क्षेत्र से बहुत कुछ जुड़े हैं। इस परिप्रेक्ष्य में तुलसी विषयक उक्त सामग्री का महत्त्व और अधिक बढ़ जाता है।

दरअसल तुलसी के जीवन संबंधी कुछ उपादान 'दाढ़र्यता भक्ति' में भी मिले हैं। उनका भी नोटिस खास नहीं लिया। रामदासकृत इस भक्त चरितमाला में जिन तुलसी का वर्णन है, उनका विवरण मानसकार तुलसी से विशेष नहीं मिलता। फिर भी रामभक्त थे, रामकथा रचनाकार थे, जाति में वे ब्राह्मण भी थे। इन बातों से कुछ स्थूल परिचय जरूर मिलता है। इसी ग्रंथ में बलरामदास का भी परिचय मिलता है। उनके बारे में अधिकांश ऐतिहासिक विवरण है। क्योंकि जगन्नाथ धाम से उन्हें सामग्री विश्वसनीय ही मिली होगी। जब रामदास वृंदावन गए होंगे तो उन्हें जो भक्त चरित जिस रूप में मिले, उनकी गहराई से पड़ताल जरूरी है। इस संबंध में विश्लेषण होना चाहिए। परंतु सुख की बात है कि यह एक ग्रंथ ऐसा भी है, जहाँ दोनों का जीवनवृत्त मिल रहा है। मुख्य मुद्दा दोनों के महत्त्व का है। रामदास तीन सदी पूर्व के हों तो भी शायद यही प्राचीनतम दस्तावेज मान सकते हैं, जो दोनों की ऐतिहासिकता पर प्रकाश डाल रहा है। अतः भारतीय जनमानस को प्रभावित करनेवाले ये दोनों भक्त अपने समय से ही जनमानस के

हृदयपटल पर आसीन हो चुके थे। विविध रूपों में ख्यात थे। तुलसी द्वारा रामलीला परंपरा का श्रीगणेश इस संदर्भ में हमारा ध्यान आकर्षित करता है। बलरामदास का जगन्नाथ-रामनाथ को एक देखने का भाव आज भी उत्कलीय जनचेतना को बलराम की देन कह सकते हैं।

□

उपसंहार

भारतीय प्राणों में राम का महत्त्व अवर्णनीय है। उसी तरह श्रीजगन्नाथ का महत्त्व भारतीय समाज में एक जीवंत सत्ता एवं प्रवहमान शक्ति के उत्स के रूप में असंदिग्ध है। उभय बलराम और तुलसी इसी भारतीय आदर्श के उपासक हैं। उनमें किसी भी प्रकार के सांप्रदायिक या आंचलिक रंग को बोर कर उनके विराट् दृष्टि फलक को संकुचित नहीं किया जा सकता। आज हमारे सामने रामकथा का जो रूप उपलब्ध है, उसे संस्कृत से लोकभाषाओं में अवतरित करने का भगीरथ कार्य इन्हीं दोनों ने किया था। दांडी रामायण की रचना श्रीजगन्नाथ के जगमोहन मंडप में हुई थी या इसका आद्यवाचन वहाँ हुआ था, इस संबंध में कोई सूचना उपलब्ध नहीं है। परंतु लोक में इस प्रकार की एक किंवदंती प्रचलित है, उसी तरह मानस विश्वनाथ के मंदिर में रखी गई थी और सत्यं शिवं सुंदरम् लिखकर उसे स्वीकृति प्रदान की गई थी या वहाँ उसे मान्यता मिली थी, इस बारे में भी विशेष कुछ आधिकारिक नहीं कहा जा सकता। परंतु इतना निश्चित है कि आज दांडी रामायण ओड़िसा और आस-पास के गाँवों में सब जगह 'भागवत टुंगी घर' में बड़े आदर श्रद्धा और विश्वास के साथ सुनी जाती है, पढ़ी जाती है। रामचरितमानस उसी तरह मध्यदेश कहे जानेवाले हिंदीभाषी क्षेत्र में ही नहीं, इसकी भी सीमाएँ लाँघकर अपना स्थान बहुत दूर तक बना सकी है। इसके मासिक, नवान्ह पारायण सर्वत्र प्रचलित हैं। यही इन ग्रंथों की शक्ति का प्रभाव है।

बलरामदास रामकथा से संबंधी रचनाकारों में वयोज्येष्ठ हैं। तुलसी का समय कुछ बाद का है। अतः परवर्ती काल में आनेवाले व्यक्ति को जो अनुभव और रचनाएँ मिलती हैं, वह लाभ तुलसी को मिला। तुलनात्मक अध्ययन के समय इस तथ्य की उपेक्षा नहीं की जा सकती। बलराम के परिवेश और तुलसी के परिवेश में जो अंतर था, वह भी महत्त्वपूर्ण है। अतः मूल स्रोत में विशेष अंतर न होते हुए

भी कुछेक आंचलिक विभिन्नताएँ आ ही जाती हैं। श्रीजगन्नाथ को न तो कोई भारतीयता से अलग मान सकता है और न कोई ऐसी कल्पना कर सकता है। फिर भी सागर तीर पर बसे पुरी, महानदी के दोनों ओर विस्तृत उत्कल भूखंड इसका भी तो अपना कुछ रंग है, कुछ चमक है, आभा है, जो भारतीयता को प्रभामय बनाने में महत्त्वपूर्ण भूमिका लेती है। तुलसी और बलराम की रामकथा का अध्ययन इन्हीं तथ्यों की ओर संकेत करता है, इन्हीं दिशाओं में आलोकपात का प्रयास करता है। हमारे इस अध्ययन से कोई कवि बड़ा या छोटा बनकर नहीं उभरा है। इस प्रकार की तुलना हमारा लक्ष्य भी नहीं रहा।

दोनों ने भक्ति को लेकर जिस आंदोलन का सूत्रपात किया, उससे भारतीय जनता ने निराशा के घने अंधकार के दिनों में भी अमिट प्रकाश पाया है। दोनों के काव्यतत्त्वों और लोकतत्त्वों की तुलना कर उनमें उपलब्ध विशेषताओं को रेखांकित किया गया है। भारतीय जीवन को संबद्ध रखने के लिए यही काव्य हैं। यहीं प्रेम की, एकता की और सच्चरित्रता की वाणी दोनों में गूँजती सुनाई पड़ती है।

रामकथा की परंपरा मानस में मुख्यत: निम्न प्रकार है—

1. रामकथा के आदिवक्ता शिव हैं, उनसे कुंभज, लोमश, काकभुशुंडि एवं पार्वती ने प्राप्त किया।
2. लोमश से काकभुशुंडि ने प्राप्त की।
3. कुंभज से सनक आदि ऋषियों ने।
4. काकभुशुंडि से भरद्वाज, फिर भरद्वाज से नरहरि प्राप्त करते हैं। गुरु नरहरि से तुलसी ने रामकथा प्राप्त की।

यहाँ श्रोता अपनी शंका रखते हैं, वक्ता समाधानस्वरूप कथा प्रस्तुत करते हैं। तुलसी ने इस प्रकार जटिल विधान के जरिए कथाभाग ही नहीं, उसके दर्शन को भी रूप दिया है। बलरामदास ने दांडी रामायण ऐसे वक्ता-श्रोता संबंधी परंपरा का उल्लेख न कर वाल्मीकि की तरह विस्तृत उपकथाओं को प्रस्तुत किया है। एक बात स्पष्ट है कि तुलसी की रामकथा में वेद विरुद्ध उक्ति नहीं मिलेगी और न वेदातिरेक कथन। इसीलिए राम का ब्रह्मत्व अक्षुण्ण रहा। रामभक्ति सर्वोपरि रहती है। बलरामदास ने दांडी रामायण में राम के बहाने श्रीजगन्नाथ को ब्रह्मत्व प्रदान किया, श्रीजगन्नाथ भक्ति को सर्वोपरि कहा है। उनके संबंध में वेदों से उद्धरण नहीं, स्वयं ही बहुत कुछ कहा है।

उसी प्रकार तुलसी ने रामकथा की महिमा बार-बार वर्णित की है। हर कांड के अंत में ऐसी उक्तियाँ मिल जाती हैं। यही बात बलरामदास में मिल जाती हैं।

उस युग में शुद्धतः साहित्य दृष्टि पाना कठिन है। तुलसी तो घोषणा करते हैं— ''एहि महँ रघुपति नाम उदारा' यही दृष्टि बलराम की है। वे रामनाम को कलि का अमोघ अस्त्र कहकर दांडी रामायण में बार-बार उसकी चर्चा करते हैं। रामकथा कहने का उद्देश्य काव्य-कविता करना नहीं रहा। हाँ, स्पष्टतः उनकी रचना में धर्म-भावना मुख्य रही है।

मानस में प्रायः मुख्य कथा ही प्रवाहमय रही है। दशरथ, रावण, बालि, हनुमान्, विश्वामित्र, भगीरथ आदि अनेक आनुषंगिक पात्रों की तुलसी ने कहीं संकेत किया है, कहीं एक-दो चौपाई में गायन किया है। बलरामदास ने दांडी रामायण में (पौराणिक पद्धति में) उनका विस्तृत विवरण दिया है। वे कथा में कथा और उस उपकथा में भी कथा कहने में संकोच नहीं करते।

तुलसी की दृष्टि में जो प्रसंग राम से संबंधित रहे, उनका विस्तृत विवरण रहा, अन्य को छोड़ दिया है अथवा कथा का संक्षेपण कर दिया है। कहीं उसकी सूचना मात्र दी है। एक ओर ऋष्यश्रृंग की कथा छोड़ी है तो धनुर्भंग को विस्तार दिया है। अंधमुनि कथा का संकेत भर किया है। परंतु भरत का चित्रकूट प्रसंग पूरी गरिमा से उभरकर आया है। मानसकार ने रामभक्त भरत को यहाँ उभारा है तो रामभक्त हनुमान् को सुंदरकांड में। भक्ति के साथ विनम्रता, शौर्य-वीर्य का भी स्वरूप है। बलराम के विवरण में विस्तार खूब है। पर वहाँ दृश्य चित्रों की भरमार है। राम के शील, सौंदर्य एवं शक्तिमय रूप को चित्रित किया है। परंतु मानस में तो सीता का अग्निदेव के पास रहना—यानी सीता की जगह माया सीता की कल्पना (कूर्मपुराण के अनुरूप) कर सारे प्रसंग को भक्ति रस में भिगो दिया। जबकि बलराम की सीता पूरा प्रतिरोध करती है। भागती, छिपती एवं विरोध भी कर अपने यथार्थ संघर्ष का परिचय देती है। बलराम एवं तुलसी में सीता को लेकर दृष्टि का यह अंतर दूर तक दिखाई देता है। यह संघर्ष ही लव-कुश जैसे वीर-तेजस्वी-बलशाली का निर्माण कर सकता है। तुलसी के भक्त-हृदय को इसकी महत्ता नहीं दिखी। रावण-राम युद्ध भी मानस में इतना भयंकर नहीं लगता, जितना दांडी रामायण में है। लौटकर राज्याभिषेक तक के प्रसंग सम हैं।

यहाँ पर तुलसी लोकरंजक राम का चरम हो जाता है। परंतु बलराम में पौराणिक आवश्यकतानुरूप कथा का समापन सीता-राम मिलन और नित्यलोक में संपन्न होता है।

मानस की कथा ऐसे सरल प्रवाह में मोड़ लेते हुए चलती है कि काव्य गुण स्वतः उसके चरणों में लोटते मिल जाते हैं। तुलसी कहीं भी काव्य की आवश्यकता

के लिए रुककर वर्णन या विवेचन नहीं करते हैं। साहित्य क्षेत्र में मानस को रखकर साहित्य जगत् धन्य होता है। कितना भी इसे धार्मिक कहें, संप्रदायों में बाँधने का प्रयास करें, यह फिर भी समेटा नहीं जा सकता। अलंकार योजना, छंद- वैविध्य, भाषा का सौंदर्य ऐसी बातों से मानस का वैशिष्ट्य प्रकट करना दुष्कर कार्य है। हिंदी में भागवत के अभाव में मानस ही हरिकथा का मानसरोवर है। अत: इसमें अवगाहन हेतु बार-बार इसका पारायण होता है, सामूहिक गायन होता है, लीला मंचन होता है। बलरामदास की कथा का आनंद लेने के लिए सबसे बड़ी सुविधा मंचन की है। निरंतर मंचन की परंपरा उत्कल में चारों ओर प्रचलित है। हाँ, हरि कथा के लिए श्रीमद्भागवत का ओड़िया रूप जगन्नाथदास ने प्रस्तुत कर उस स्थान पर अलग से अधिकार कर लिया। यहाँ बलराम को कोई प्रतिस्पर्धा नहीं रही। भागवत टुंगी में उनकी सम्मानजनक उपस्थिति जरूर रहती है। कभी-कभी कहीं-कहीं कथा-वाचन भी हो जाता है। परंतु उनके रचित 'लक्ष्मी पुराण' ज़ितना नहीं।

इस प्रकार संपूर्ण रामकथा में भक्त तुलसी ऐसे प्रसंगों से बच जाते हैं, जो उनके उद्देश्य के प्रतिकूल हैं। सिद्ध बलराम उनका चित्रण जमकर करते हैं। रामकथा के इस मधुसंचय में तुलसी-बलराम का अंतर उन्हें किसी प्रकार छोटा-बड़ा नहीं करता। बस, जगदीश और साकेत नरेश दोनों ही वैसे ही हैं, जैसे अगुनहि सगुनहि नहिं कछु भेदा।

□

अनुलग्नक

उत्कल का नाम पिछले दो हजार वर्षों में कई बार बदला है। उड्र, उत्कल एवं कलिंग तो सर्वविदित हैं। हमारे देश (भारत) की सीमाएँ बदलने की तरह ओड़िसा की भी सीमा बदलती, घटती-बढ़ती रही है। वैसे कुछ क्षेत्र अपना विशिष्ट नाम आज भी बनाए हैं। भले ही उन्हें वह शासकीय स्वीकृति नहीं मिली, परंतु जन अनुमोदन के आधार पर टिके हैं। कोशल का एक भाग था दक्षिण कोशल। इसमें मध्यप्रदेश का कुछ अंश और ओड़िसा का काफी बड़ा अंश (संबलपुर, बलांगीर, सुंदरगढ़ का कुछ भाग) आता था। इस दृष्टि से यह रामराज्य से सीधे जुड़ा था और लंबे अर्से तक जुड़ा भी रहा। बाद में संकीर्णता पनपने लगी, अपना अलग व्यक्तित्व निखारने की बात जोर पकड़ती गई। इस दौरान ओड़िसा का संपर्क कोशल से शिथिल होता गया। परंतु भारत का ऐसा कोई हिस्सा है क्या जो राम-कृष्ण अथवा रामायण-महाभारत से अछूता रहा हो ? ओड़िसा की तो बात ही निराली है। श्रीजगन्नाथ की रथयात्रा को जनकपुरी की यात्रा माना जाता है। पुरी का यह अंश 'जनकपुरी' के रूप में आज भी प्रसिद्ध है।

इस दौरान एक बात आश्चर्य में डालनेवाली उभरकर आती है। यहाँ 'भक्ति' कहने से 'कृष्ण भक्ति' का पर्याय बन चुकी है। परंतु तुलसीकृत रामचरितमानस के ओड़िसा में एक दर्जन से अधिक मुद्रित अनुवाद उपलब्ध हैं। गाँव-गाँव में मानस का पारायण, रामलीला और हनुमान्‌जी के असंख्य मंदिर उपलब्ध हैं। हनुमान् तो राम बिना कहीं विद्यमान नहीं हैं तो यह भक्ति का विस्तार और धर्म-धारणा की व्यापकता राम के विविध रूपों में वर्तमान की बात ही तो है।

लोक-परंपरा का कोई साक्षी प्रमाण नहीं होता। पर लोक-मुख पर जीवित रहती है और युगों तक उसी में अपना स्वरूप बनाए रखती है। राम, लक्ष्मण, सीता का वनवास दंडकारण्य में हुआ था। इस लंबे अर्से में तीनों भ्रमण करते श्रीजगन्नाथ

पुरी भी आते हैं। यहीं श्रीजगन्नाथ के आगे राम, बलभद्र के सम्मुख लक्ष्मण और सुभद्रा विग्रह के सामने सीता खड़ी हो जाती हैं। स्वरूप पहचानकर वे आनंद मग्न हो जाते हैं। इसी यात्रा के चरण चिह्न महानदी घाटी में जगह-जगह अंकित हैं। कटक जिले के बांकी के पास उन्होंने भट्टाटिका देवी के, नारायणी के कंटीले में दर्शन किए। अनेक शिवालय (जैसे रामनाथ, वैद्यनाथ आदि) की तभी स्थापना की है। कुछ विद्वानों ने सोनपुर (बलांगीर जिलांतर्गत) को प्राचीन लंका नगरी प्रमाणित करने का प्रयास किया है। सोनपुर स्थित लंकेश्वरी का मंदिर श्रीराम द्वारा स्थापित होने की बात बहुत गहरे विश्वास में बदल चुकी है। राम लंका विजय कर उन्हें वहाँ से लाए थे और उनकी स्थापना महानदी के विशाल क्षेत्र के बीच में (सागर की तरह लहराती जल राशि के मध्य) की थी। राम और चंडी का संपर्क प्रतिपादित करते अनेक मंदिर पूर्वी सागरतट पर मिल जाएँगे। राम की यह चंडी भक्ति पारादीप, कोणार्क एवं प्राची उपत्यका में स्थापित मंदिरों में, जिन्हें 'रामचंडी मंदिर' कहते हैं, मिल जाती है। इससे और आगे बढ़ें, मयूरभंज जिले में चलिए। 'सीताबिंजी' पर्वत गुफा है। यह सीता वनवास का स्थल है। राजरानी ने यहाँ लव-कुश को जन्म दिया। इस एंतुड़िशाला (जच्चागृह) को आज भी अति पवित्र स्थल के रूप में पूजा जाता है, सीता के चरणचिह्न यहाँ सुरक्षित हैं। विशाल चट्टानों पर सीता माता के पाद (पगल्या) कितनी श्रद्धा से पूजे जाते हैं! उधर कोरापुट जिला तो कभी दंडकारण्य का अंश रहा है। वहाँ विशाल शिवलिंग है। इस प्रसिद्ध लिंग की स्थापना श्रीराम के कर-कमलों से हुई बताते हैं। आज तक यह निर्णय नहीं हो पाया है कि चित्रकूट का पवित्र स्थल कहाँ है ? वनवास में राम का वह निवास कोरापुट के पास प्रसिद्ध चित्रकूट होने में कोई असंभव बात नहीं लगती। यहाँ पास ही मंदाकिनी नदी, पर्वमाला एवं सारा प्राकृतिक दृश्य वैसा ही है जैसा रामकाव्यों में मिलता है। इसके अलावा ओड़िसा का यह वन प्रदेश विशेषकर चित्रकोंडा, बालीमेला, मालकानगिरि आदि अति घने जंगलों, पर्वतों और वनवासी संप्रदाय अध्युषित क्षेत्र रामकथा के विभिन्न प्रसंगों की स्मृति को अपने अंतर में जीवंत रूप में धारण किए हैं। ढेंकानाल जिले का कपिलास तीर्थ चंद्रमौलेश्वर भी राम से संबंधित प्रसिद्ध शैव पीठ है। ऐसा लगता है—उत्कल राम की, सीता की लीलाभूमि रही है। यह लंबा अंतराल विविध सांस्कृतिक धाराओं के मिश्रण के कारण हमें कई दुविधाओं में डाल देता है। फिर भी रामभक्ति-मंदाकिनी सारे उत्कल में अविराम बहती रही है—विशेषकर राम के वनवासी जीवन को लेकर। राम के राज्याभिषेक से पूर्व का समय उनके जीवन का सर्वाधिक महत्त्वपूर्ण अवसर माना जा सकता है।

इसमें लंबे अर्से तक वे वनवासी क्षेत्र में रहे और उसमें बहुत सारा हिस्सा ओड़िसा का अंश है। इस प्रकार राम का जीवन ओत-प्रोत भाव से ओड़िसा की धरती और जनजीवन से जुड़ा है। पुरी से कुछ ही दूर दो गाँव ऐसे भी हैं, जहाँ के आदिवासी मानते हैं कि एक की स्थापना राम ने और दूसरे की सीताजी ने की थी। एक का नाम रामचंद्रपुर और दूसरा है जानकीदेईपुर।

इस बात के प्रमाण हमें उत्कलीय कला में भी खूब मिल जाते हैं। कला के क्षेत्र में लंबे अर्से तक जीवित रहने का प्रमाण प्रस्तर भित्ति ही है। उत्कल में प्राचीनतम भित्तिचित्र और अंकनवाले क्षेत्रों की सैर करें तो सर्वप्रथम भुवनेश्वर चलना होगा। यहीं आस-पास बिखरा है जमीन पर, जंगलों में, पहाड़ों पर, शिलालेखों पर ओड़िसा का इतिहास, ओड़िसा की संस्कृति और कला परंपरा। खंडगिरि-उदयगिरि की गुफाएँ प्राचीनतम प्रमाणों में गिनी जाती हैं। यहाँ स्थित रानीगुफा (उदयगिरि की पहाड़ी पर) पर दुमंजिले पर की भित्ति एक लंबे आकर्षण पैनल के कारण प्रसिद्ध है। फूल-पत्तियों, बेल-बूटों के बीच एक जगह भागते हरिण पर तीर चला रहा है। धनुर्धर युवक है, वनचारी सदृश लगता है। यह कोई सामान्य शिकार का दृश्य नहीं हो सकता। सभी विद्वानों ने रामायण के मारीच वध प्रसंग को प्राचीनतम भित्ति चित्रकला का प्रमाण माना है। इसके बाद बने हैं मंदिर। प्राचीनतम रामेश्वर, लक्ष्मणेश्वर व शत्रुघ्नेश्वर का भग्न मंदिर समूह बहुत कुछ कहता है। लक्ष्मणेश्वर की भित्ति पर जो मूर्ति अंकित है, उसमें रावण द्वारा कैलास पर्वत उठाने तथा पार्वती एवं गणेश-कार्तिकेय के भयातुर विग्रह का अंकन है। आगे चलकर परशुरामेश्वर की भित्ति पर भी इसी को उकेरा गया है। पर यह दृश्य बहुत कुछ अस्पष्ट हो गया है। उसी प्रकार अंकित तीन पैनल विशेष महत्त्व रखते हैं। एक तो मायामृग के वध से संबंधित, दूसरा है बालि-सुग्रीव के युद्ध से संबंधित। इसमें राम को वृक्ष की ओट से दिखाया है। एक और पैनल सीता की खोज के लिए राम का सुग्रीव आदि से विचार-विमर्श। यह मंदिर भी ध्वंस की ओर है। भुवनेश्वर की मंदिर मालिनी में असंख्य मंदिर काल कवलित हो चुके हैं। उपरोक्त सभी बचे हुए चिह्न छठी-सातवीं सदी से पूर्व के हैं।

कुछ समय बाद निर्मित चौरासी ग्राम (जि.पुरी) में बराही मंदिर है। यहाँ जो पैनल स्पष्ट उपलब्ध हैं, उनमें मायामृग, सीता हरण, जटायु वध, मारीच वध, सेतुबंध निर्माण आदि का अंकन हुआ है। इधर सिंहनाथ मंदिर महानदी तट पर इसी तरह के दृश्यों के अंकन के लिए प्रसिद्ध है। यहाँ वनवास के अनेक दृश्य अंकित हैं। इसी कालावधि में निर्मित विष्णुपुर (पुरी जिले के निमापाड़ा) के सोमनाथ मंदिर में

बलुआ पत्थर पर बने स्पष्ट चित्र अक्षत अवस्था में हैं। यहाँ एक खंड में धनुर्धारी राम, लक्ष्मण, हनुमान् एवं अन्य वानरी सेना का दृश्य पूरी भव्यता से विराजमान है। अब मंदिर-निर्माण का स्वर्णयुग आ जाता है। लिंगराज एवं श्रीजगन्नाथ मंदिर की प्रस्तर भित्तियों पर 12-15वीं सदी के बीच अनेक दृश्य अंकित हैं। लिंगराज मंदिर की नाट मंडप की बाहरी दीवारों पर झालर में सेना संचालन का लंबा दृश्य निर्मित है। एक ओर रावण सेना तो दूसरी ओर राम की सेना के होने का अनुमान किया जाता है। इसके अलावा श्रीजगन्नाथ मंदिर में रामकथा संबंधी कई दृश्यों का अंकन हुआ है। परंतु उनमें अधिकांश आज भी चूने की मोटी परत में दबे हैं। हाँ, भुवनेश्वर में लिंगराज मंदिर से कुछ हटकर अनंतवासुदेव मंदिर में रामकथा के कई दृश्य अंकित हुए हैं। उत्कल में पत्थरों पर अंकित रामकथा पिछले दो हजार वर्ष से जनमानस को प्रभावित करती रही है। यह एक व्यापक दृष्टिकोण है। परंतु जब से दशावतार के दृश्यों का अंकन शुरू हुआ, हर स्थल पर सातवें अवतार के रूप में राम को ही रखा गया है। यह दशावतार विग्रह अनेक मंदिरों के प्रवेश द्वार पर पार्श्वस्थल में मिल जाएगा।

इतिहास की लंबी यात्रा में पत्थर अधिक देर तक टिक सकते हैं। परंतु अन्य साधन जल्दी ही जीर्ण-शीर्ण हो जाते हैं। पेंटिंग्स इस धूल में जल्दी ही नष्ट हो जाती है। अत: उस परंपरा का आदियुग अब उपलब्ध नहीं होता। राम का अंकन पेंटिंग में कम पुराना नहीं है। दीवारों पर रँगे चित्र सौ-दो सौ वर्षों में उखड़ जाते हैं। अब उन्हें दीर्घस्थायी करने के प्रयास हो रहे हैं। बुगुड़ा (जि. गंजाम) में इनके प्राचीनतम प्रमाण विरंचिनारायण मंदिर की दीवारों पर रंगीन चित्रों में मिलते हैं। ओड़िसा शैली में बने चित्र रामकथा के विभिन्न दृश्यों को दरशाते हैं। इनमें कुछेक हैं—बालि वध, रावण वध, राम का सुबलया पर्वत पर निवास। पुरी के विभिन्न मठ-मंदिरों में अंदर की दीवारों पर असंख्य भित्तिचित्र अंकित हैं। इनकी विषय-वस्तु बहुज्ञात होती है, जैसे—रामराज्याभिषेक, राम-रावण युद्ध, मायामृग, जटायु वध। इनमें काफी आकर्षक चित्र ओड़गाँव के रघुनाथ मंदिर की दीवारों पर अंकित हैं।

भित्तिचित्रों से ही जनमी होगी पटचित्रों की परंपरा। कपड़े की पट्टी बनाकर श्रीजगन्नाथ और उनकी लीलाओं से संबद्ध चित्रांकन की परंपरा काफी पुरानी है। इसमें कृष्णलीला, रामलीला एवं अन्य पौराणिक प्रसंगों का भी समावेश किया जाने लगा। आज यह ओड़िसा चित्रकला की विशिष्ट शैली मानी जाती है। पुरी से कुछ दूरी पर कलाकारों का गाँव है। यहाँ के नब्बे प्रतिशत लोग मुखौटे, पटचित्र या भित्तिचित्र आदि ही बनाते हैं। श्रीजगन्नाथ मंदिर में रथयात्रा के अवसर पर

रथों आदि की चित्रकारी के लिए इन लोगों को बुलाया जाता है। इस चित्रकारों के गाँव में घर-घर में राम संबंधित विविध चित्रों का भंडार उपलब्ध है। गंजाम और कोरापुट (विशेषकर जैपुर) जिलों में भी पटचित्रों की रामलीलावाली समृद्ध परंपरा जीवित है। हालाँकि उनके पट बनाने और रंग मिश्रण की परंपरा कुछ भिन्न है।

ओड़िसा में संसार की सर्वाधिक ताड़पोथियों का भंडार होगा। इन ताड़पोथियों के विषय-वस्तु की चर्चा बाद में की जा सकती है। परंतु इन पर निर्मित चित्रों का अपना आकर्षण अनूठा है। ताड़पत्र की आयु भी दो-तीन सदियों से अधिक नहीं होती। अतः बहुत प्राचीन ताड़पोथियों को या तो दीमक खा जाती है या फिर ऋतु के प्रभाव से जीर्ण होकर टूट जाती हैं। बहुत सारी पोथियों को तो जल समाधि दे दी जाती है। अपनी उम्र पूरी होने पर, अथवा यथाविधि उनका पारायण न होने पर अथवा उचित सम्मानास्पद स्थिति न रहने पर ताड़पोथियों को महानदी या किसी और जल-प्रवाह में विसर्जित कर देने की परंपरा है' अतः तीन-चार सौ वर्ष से पुरानी पोथी किसी भी व्यक्तिगत या सरकारी संग्रह में पाना कठिन है। जो भी पोथियाँ हैं, उनकी लेखन परंपरा पिछले पचास वर्ष में (प्रिंटिंग प्रेस आने के बाद) मृतप्राय है। इन संग्रहों में उपलब्ध ताड़पोथियों पर जो चित्र उपलब्ध हैं, वे अत्यंत भव्य और कलात्मक हैं। इनमें या तो पोथी के ऊपर अथवा अंदर जगह-जगह रामकथा के प्रसिद्ध अंशों पर आधारित दृश्य अंकित किए गए हैं। अति सूक्ष्म कारीगरी और उच्च स्तरीय कला कौशल की आवश्यकता होती है। ताड़पत्र पर अंकित रामकथा संबंधी दृश्यों का संग्रह ओड़िसा राज्य संग्रहालय में भी उपलब्ध है। परमानंद आचार्य, केदारनाथ महापात्र, प्रह्लाद प्रधान, वंशीधर महांति, नीलमणि मिश्र, रवि महापात्र, हरिश्चंद्र दाश, भुवनेश्वर सामल आदि ने पोथियों के संग्रह में भूमिका निभाई। प्रो. दाश, डॉ. पंडा ने संपादन कार्य किया।

रामलीला के मुखौटे तो ओड़िसा के गाँव-गाँव में मिल जाएँगे। परंतु एक ताश की तरह का खेल है, जिसे गंजपा या गंजीफा कह सकते हैं। विशेष कर सोनपुर (जि. सुवर्णपुर) में इसका प्रचलन है। एक दल राम और दूसरा दल रावण दल है। गोल-गोल ताश के पत्तों की तरह विभिन्न चित्रांकित पत्ते होते हैं। छह-छह रंग के बारह-बारह पत्ते होते हैं। यह राम-रावण युद्ध के आधार पर बना काफी लोकप्रिय खेल है। राम के दल के छह रंग के पत्ते हैं—राम, लखन, वानर, भालू, पर्वत और ढाल, जबकि रावण के दल के रंग हैं—रावण, कूट, फांस, कटारी, शूल और खांडा। इनके रंग एवं अंक निर्धारित होते हैं। जटिल होते हुए भी खेल काफी मजेदार होता है। राम-रावण दल के बीच घंटों चलनेवाला खेल है।

कला से खेल की ओर गति करें तो लगेगा यह खेल, क्रीड़ा या लीला ओड़िसा के गाँव-गाँव में प्रचलित है। दसपल्ला (जि. पुरी) की रामलीला, (लंकापोड़ी लीला भी कहते हैं) तो सदियों पुरानी है। पुरी शहर में रामनवमी के बाद चैत्र में रामलीला का लंबा सिलसिला शुरू हो जाता है। यहाँ रामलीला की विभिन्न झाँकियाँ विभिन्न बस्ती के लोगों द्वारा जुलूस के आकार में निकाली जाती हैं। मुखौटे पहनकर रूप धारण करते हैं और विराट् आकृति बनाकर रथ आदि सवारी पर आगे चलते हैं। विभिन्न बस्ती (साही) के लोग अपनी-अपनी परंपरागत झाँकी की जिम्मेदारी लेते हैं। ब्रह्मपुर में राम, रावण, परशुराम आदि वेश कर विभिन्न बस्तियों से रथारूढ़ होकर निकलते हैं। फिर ये सारे गाते-बजाते एकत्र होते हैं। परंपरागत ढंग से इनका सत्कार होता है। अब तो कटक, भुवनेश्वर आदि स्थानों पर बड़े-बड़े पुतले बनाकर दशहरे के समय जलाए जाने लगे हैं। रावण, कुंभकर्ण आदि पर राम-लखन की विजय का स्मारक बन जाती है विजयदशमी। दुर्गापूजा का स्वरूप, विकसित होकर विजयपर्व भी उससे संश्लिष्ट हो गया है।

ओड़िया भाषा के विकास से पूर्व संस्कृत का प्रतिष्ठित केंद्र था ओड़िसा में। अन्य असंख्य ग्रंथों की रचना में राम संबंधी ग्रंथों की भी रचना हुई है। इनमें सर्वाग्रणी नाम मुरारि मिश्र का आता है। इनका लिखा 'अनर्घ राघव' नाटक काफी लोकप्रिय है। उन्हीं की परंपरा में 'रामाभ्युदय' नाटक की रचना नारायण संतकवि ने की थी। दोनों कृतियाँ ग्यारहवीं सदी की मानी जाती हैं। विश्वनाथ कविराज रचित 'राघव विलास' भी महत्त्वपूर्ण रचना है। दिवाकर मिश्र ने 'जानकी प्रमोद' और मार्कंडेय मिश्र ने 'दशग्रीव वध' जैसे महत्त्वपूर्ण काव्य लिखे हैं। बाद में वासुदेव प्रहराज ने 'राघव यादवीय' की रचना की है। अठारहवीं सदी में पीतांबर मिश्र ने 'राम विरुदावली' और सीताकांत ने 'गीत सीतावल्लभ' जैसे गीति-नाट्यों की रचना की है। यह सारा कार्य कृष्ण परंपरा से हटकर किया गया है। संस्कृत की यह परंपरा से हटनेवाला कार्य शुरू में तो कठिन रहा है। परंतु बाद में नाटकाभिनय के लिए लोकभाषा को अपनाकर इसे सहज कर दिया। लोकमानस में इसे कृष्णकथा का स्थान लेना था। यह सहज न था। संस्कृत से लोकभाषा की ओर यात्रा में राम और उनका नाम ही मूल आधार रहा है। सारे भारत में तो यही परंपरा विकसित हुई है। मंचन में लोक प्रचलित भाषा ही जनता को ग्राह्य होगी। अत: रामकथा के मंचन में विविध लीलाओं की स्थिति वैसे ही बदलती गई।

इन रामलीलाओं के अभिनय का इतिहास बहुत प्राचीन है। परंतु तब साहित्य में कृष्ण की लीला ही प्रमुख थी। रामलीला के लिए प्रेरणा मिली होगी तो सारलादास

और बाद में बलरामदास से। सारलादास को माँ सारला का भक्त कहा जाता है। महाभारत रचना में इन्होंने रामकथा का संक्षिप्त रूप सन्निवेशित किया है। परंतु रामचरित का विस्तृत चित्रण 'विलंका रामायण' (15वीं सदी) में मिलता है। राम ने रावण पर तो विजय पा ली, पर सीता के बल को वे स्वीकृति नहीं दे पाते। वे सहस्रशिरा रावण से लड़ते हैं। इसमें हनुमान्, लखन सहित राम आदि सभी वीर किंकर्तव्यविमूढ़ हो जाते हैं। तब सीता स्वयं काली का रूप धारण कर योगमाया की सहायता से राक्षस का वध करती हैं। इस प्रकार विलंका रामायण से रामकथा के संकेत मिल जाते हैं। इन्हीं के समकालीन मार्कंडेयदास ने 'महाभाव' में रामकथा प्रचार का एक और रहस्य खोला है। शिव जब पार्वती को रामकथा सुना रहे होते हैं, वे ऊँघ जाती हैं। परंतु शुक सब सुनता रहता है। शिव को पता चलने पर वह भाग छूटता है और सारे संसार में रामकथा का प्रचार कर दिया। महेश्वरदास ने 18वीं सदी में संक्षिप्त रामकथा लिखी, जिसका आधार वाल्मीकि है। कुछ समय बाद हलधरदास ने ओड़िया में नवाक्षरी छंद में 'अध्यात्म रामायण' का सार्थक अनुवाद किया। सोलहवीं सदी के प्रारंभ में अर्जुनदास की एक कृति 'राम विभा' मिलती है। इसमें राम के विवाह का प्रसंग ही वर्णित है। बाद में रीतिकाल के आगमन पर राम काव्यों की भरमार हो जाती है। इनके लिए बलरामदास ने 'दांडी रामायण' के रूप में पहले ही एक व्यापक क्षेत्र जो प्रस्तुत कर दिया था। 'दांडी छंद' में रचित यह विशाल ग्रंथ रामचरित को अपनी समग्रता में ही नहीं, भव्यता में भी प्रस्तुत करता है। श्रीजगन्नाथ मंदिर के जगमोहन में बैठकर रचना की थी, अतः इसका नाम जगमोहन रामायण है। परंतु जगत् को मोहित करने में समर्थ होने के कारण यह चरितकाव्य जगमोहन कहलाता है। बात दरअसल यह है कि पुरी को 'पुरुषोत्तम क्षेत्र' कहते हैं और श्रीजगन्नाथ हैं पुरुषोत्तम! अतः राम चरित्र का इतना भव्य और विराट् रूप जगमोहन कहलाना स्वाभाविक है। बलरामदास को तारक मंत्र (रामतारक मंत्र) सिद्ध था। अतः रामभक्तिधारा के उन्हें मुकुटमणि कहें तो अतिशयोक्ति नहीं होगी। वाल्मीकि के आधार पर ओड़िया में स्वतंत्र रामकाव्य की रचना की है। इसमें उन्होंने अनेक पौराणिक प्रसंगों का समावेश तो किया ही है, लोककथाओं और लोकाचारों को भी बहुत अधिक महत्त्व दिया है। ऐसा लगता है लोकभाषा में रचित किसी लौकिक पुरुष का अलौकिक चरित्र वर्णित हुआ है। सीता-राम एवं अन्यं सभी पात्रों का निर्माण ओड़िसा की परंपरा में किया है। वेश-भूषा, गहने, लोकाचार, लोककथा, स्थानों का वर्णन आदि से लगता है, जैसे रामकथा का सारा क्षेत्र ओड़िसा ही है। राम, लखन, सीता, जनक, दशरथ आदि

सभी पात्र उत्कलीय हैं। वनवासी समुदाय तो सारा यहीं उत्कल के वन क्षेत्र के आदिवासी लगते हैं। रामजन्म से लेकर बलरामदास तक ओड़िया भाषा में पुराण-रचना की शैली प्रतिष्ठित हो चुकी थी। जगमोहन रामायण पठनीय से अधिक गेय काव्य है। गायक अपने स्वर, लय एवं ताल के संबंध में अनुभव के ज्ञान का प्रयोग कर उतार-चढ़ाव लाता है। रामकथा का यह आंचलिक स्वरूप इतना स्वाभाविक बन पड़ा है कि बाद में असमिया एवं बँगला कवियों के लिए भी आदर्श हो गया। कुछ विद्वान् तो तुलसी तक को बलराम द्वारा प्रभावित मानते हैं।

पंचसखाओं में अन्यतम जगन्नाथ ने मुख्यतः भागवत की रचना की है। परंतु उनकी अन्यान्य रचनाओं में रामायण का भी उल्लेख आता है। हालाँकि यह ग्रंथ आकार में लघु है, परंतु भक्ति-पुराणों में अपना महत्त्व रखता है। बाद में संस्कृत पुराणों के अनुवादों की परंपरा को समृद्ध करनेवालों में वारान्निधिदास तथा महेश्वरदास का उल्लेख आता है। वारान्निधि ने 'विलंका रामायण' की रचना की है। इससे स्पष्ट है कि देवी भागवत के आधार पर सीता को मुख्य नायक बनाकर परवर्ती पुराणों में ऐसी परंपरा थी। यद्यपि महेश्वरदास ने जो अनुवाद किया, वह टीका रामायण के नाम से प्रचलित है। परंतु हलधरदास और गोपालदास ने 'अध्यात्म रामायण' की रचना की है। कृष्णचरण पटनायक ने भी वाल्मीकि का अनुसरण कर ओड़िया में रामकथा की रचना की है। बाद में सीताचरणदास ने 'भक्तिरसार्णव रामायण, रामगुण सागर तथा रामरसामृत रामायण' शीर्षक तीन ग्रंथों की रचना की थी। ओड़िया पुराण रचना की परंपरा और भी समृद्ध है। वाल्मीकि के अनुवाद और भी कई साधकों-संतों ने किए हैं। इन में से अधिकांश सामग्री अप्रमाणित है अथवा ताड़पोथियों में सीमित है। ओड़िसा राज्य संग्रहालय में ऐसी अनेक पोथियाँ उपलब्ध हैं। पूरे पुराण संबंधी इस विशाल साहित्य में प्रमुखतः महाभारत, रामायण और श्रीमद्भागवत की त्रयी का स्थान आता है।

रीतिकाल (17-18वीं सदी) में ओड़िया साहित्य को समृद्ध करने में गंजाम जिले का अति महत्त्वपूर्ण स्थान है। घुमसुर रियासत के नरेश धनंजय भंज (1601) ने 'रघुनाथ विलास' काव्य की रचना की थी। रामकथा संक्षेप में है, परंतु रीतिधारा का प्रभाव स्पष्ट परिलक्षित है। इसके अलावा पारलाखेमंडी, खलीकोट, चिकिटी आदि दक्षिणी रियासतों में भी रामकथा को लेकर अनेक छिटपुट रचनाएँ मिलती हैं। वाल्मीकि रामायण का आक्षरिक अनुवाद करनेवालों में चिकिटी नरेश कृष्णचंद्र राजेंद्र का नाम आदर से लिया जाता है। इसके बाद आते हैं कवि सम्राट् उपेंद्र भंज (1680)। इन्होंने 'ब' आद्यानुप्रास में ओड़िया साहित्य के गौरव ग्रंथ 'वैदेहिश

विलास' की रचना की है। कथा का मूल तो वाल्मीकि रामायण है, परंतु परंपरा रीतिकालीन है। काव्य लालित्य और पदचमत्कार की दृष्टि से यह रामकाव्य विश्व में अपने ढंग का अनूठा है। अंत में एक और रामकाव्य की चर्चा किए बिना ओड़िया साहित्य में रामकाव्य परंपरा की चर्चा अधूरी रहेगी। आधुनिक युग में गंगाधर मेहेर ने 'तपस्विनी' की रचना कर बहुत बड़ा अभाव दूर किया है। वनवासिनी सीता का चरित्र, लवकुश के पालन-पोषण में आधुनिक चिंताधारा का निर्वाह करते हुए भी मेहेर ने भारती नारी की परंपरा में प्राप्त त्याग, सहिष्णुता एवं करुणा मूर्ति का अद्‌भुत चित्रण किया है। यहाँ राम का चरित्र और उनका अश्वमेध यज्ञ प्रमुख नहीं रहता, सीता की करुणगाथा एवं दीप्तिमयी आभा पाठक को विस्मित कर देती है। यहाँ पौराणिक शैली से एकदम हटकर मेहेर ने नई विचारधारा के साथ काव्य-प्रतिभा का परिचय दिया है।

हिंदी में जिस प्रकार रामकथा विविध छंदों, काव्य विधाओं में उपलब्ध है, ओड़िया में भी इस वैविध्य का अभाव नहीं। विशेषत: रामलीलाओं की कोई कमी नहीं। 17वीं सदी में विश्वनाथ खुंटिया ने जिस रामलीला की रचना की, आज भी वह लोकप्रियता में कम नहीं। इसका कारण ग्रंथ की सरल भाषा, ललित भंगिमा और मधुर प्रवाह है। इसे लोकमुख पर 'विशि रामलीला' कहते हैं। इस एक लीला ने तो ओड़िसा के घर-घर में रामकथा को पहुँचा दिया। बाद में रघुनाथदास ने भी लोकप्रिय रामलीला की रचना की है। दक्षिण ओड़िसा (गंजाम जिला) में अनेक लीलाओं की रचना हुई है। इनमें पीतांबर राजेंद्र की लीला काफी लोकप्रिय है। इस शैली को ही 'दक्षिणी रामलीला' के नाम से अभिहित किया जाता है। विशि रामायण से प्रभावित होकर बिंबाधर सामंत ने भी एक रामलीला का प्रणयन किया था। बाद में सदाशिव वैश्य की रामलीला भी खूब लोकप्रिय हुई। इनके गीतों में काव्य शैली के दर्शन मिलते हैं। एक और महत्त्वपूर्ण लीला केशव त्रिपाठी की कही जाती है। त्रिपाठी ने वाल्मीकि परंपरा से हटकर दस कांड में इसे विभक्त किया है। इस लीला में प्रारंभ, जन्म, विभा, राहस, अरण्य, सिंधु, युद्ध, अभिषेक, अश्वमेध, स्वर्गारोहण—इस प्रकार दस भाग किए हैं। लेकिन ठीक इसके विपरीत कवि नरेंद्र अनंग ने छह खंडों में रामलीला की रचना की थी। पारलाखेमंडी के रघुनाथ परिछा ने रामलीला में एक नई रूपरेखा प्रस्तुत की। फलत: इसने मंच पर काफी लोकप्रियता अर्जित की। बीसवीं सदी में भी लोकनाटक के रूप में रामलीला का महत्त्व कम नहीं हुआ। दृश्यमंच की अन्य विधाओं, जैसे—सुआंग, गोटिपुऊ, पाला, दासकाठिया आदि की लोकप्रियता बनी रही। पर रामलीला में प्रयोग जारी

रहे। इस नीलकंठ रथ रचित 'रामलीला रासोत्सव' में यह बात स्पष्ट है। मंचन की दृष्टि ही नहीं, कथा-प्रवाह में भी कवि ने कुछ प्रयोग किए हैं।

रामलीला और रामायण जैसे विशाल ग्रंथों के साथ लघु ग्रंथों, मुक्तकों, भजनों की भी यहाँ कमी नहीं। इस दृष्टि से 'पोई' की चर्चा की जा सकती है। पोई का अर्थ 'कल्ला' है। इसे संख्या देकर नामित करते हैं—दस पोई, सोलह पोई, पच्चीस पोई आदि। ये संख्याएँ उस खंडकाव्य के खंडों की संख्या सूचित करती हैं। उपेंद्र भंज ने 'सोलह पोई' नामक रामकाव्य लिखा है। गोवर्धनदास ने एक और 'पोई' लिखी है—'पच्चीस पोई'। एक प्रकार की संख्यावाचन विशेषणयुक्त रचना है। 'चौंतीसा' वर्णमाला में अक्षरों को क्रमशः आदि में प्रयोग कर छंदों की रचना की जाती हैं। ओड़िया में 34 व्यंजन होने के कारण इसे 'चौंतीसा' रचना कहा जाता है। इन चौंतीसा रचनाओं में कुछ प्रमुख हैं—नरेंद्र मंगराज रचित 'सीतानुचिंता चौंतीसा', भवानी दास रचित 'रामजन्म चौंतीसा', विश्वनाथ रचित 'रामक्रोध चौंतीसा', श्रीधर रचित 'रामधनुर्भंग चौंतीसा', लोकनाथ रचित 'रामस्मरण चौंतीसा', रामविलाप चौंतीसा तथा रामानंद रचित 'सीता कारुण्य चौंतीसा', काफी लोकप्रिय रचनाएँ हैं।

'कोइलि' का अर्थ तो कोयल से है। परंतु यह एक संबोधित गीत है। अत्यंत मर्मस्पर्शी विषयवस्तु को लेकर (जैसे कृष्ण के जाने के बाद यशोदा का विलाप) इनकी रचना होती है। रामकथा के प्रसंगों को लेकर अनेक 'कोइलि' रचना की गई हैं। बलरामदास रचित 'श्रीराम कोइलि' काफी पुरानी गीतिका है। बाद में काशी बसंतिया रचित 'वनवास कोइलि' तथा जगतेश्वर भंज रचित 'मंदोदरी कोइलि' भी उपलब्ध हैं। किसी अज्ञात कवि की रचना 'बरामासी कोइलि' इनमें सर्वाधिक लोकप्रिय रचना है।

इन छिटपुट रचनाओं में यात्राओं का भी कम महत्त्व नहीं। इनका मंचन मुक्ताकाशी मंच (Openairtheatre) में किया जाता है। आज प्रदर्शन कला (Performing) में सर्वाधिक लोकप्रिय विधा 'यात्रा' ही है। रामलीला की ही तरह 'यात्रा' मंचन भी रात-रात भर चलता है। लीला की विषयवस्तु ज्यादातर पौराणिक होती है, जबकि 'यात्रा' में पौराणिक के साथ ऐतिहासिक, सामाजिक व राजनैतिक विषयों पर भी नाटकीय प्रस्तुति की जाने लगी है। रामकथा के आधार पर यात्रा रचना करनेवालों में प्रमुख हैं वैष्णव पाणि। बाद में बालकृष्ण महांति, रामचंद्र स्वाईं, कृष्ण प्रसाद बसु, क्षेत्रमोहन पाणिग्रही, अश्विनी कुमार घोष, कविचंद्र कालिचरण पटनायक एवं रघुनाथ पंडा प्रमुख हैं। ओड़िसा के विभिन्न भागों में इन यात्रा पार्टियों का कार्यक्रम वर्ष भर चलता रहता है।

ओड़िया में भजनों का प्रचलन कम है। इसी की तर्ज पर जो रचना अधिक प्रचलित है, उसे 'जणाण' कहा जाता है। ओड़िसा में जो भजन लिखे गए हैं, उनमें बहुत से चौपदी शैली में हैं। गोविंददास का 'ऊर्ध्ववंशावतंस', गोकुलानंद का 'जानकीवल्लभ विलास', नारायण त्रिपाठी का 'वैदेही विलास', हरिहर मर्दराज का 'सीता विवाह' आदि काफी लोकप्रिय हुए हैं। इन लघु रचनाओं का लेखा-जोखा अत्यंत कठिन कार्य है।

व्रत-उपवास के संदर्भ में कुछ लोक प्रचलित कथाएँ व्रत संबंधित होती हैं। ओड़िसा में इनके संबंध में आगे चर्चा की गई है।

हमने पीछे देखा कि किस प्रकार पत्थरों पर रामकथा प्रसंगों को सदी-दर-सदी अंकित किया जाता रहा है। केवल कला के विविध माध्यम पत्थर, पट, ताड़पत्र आदि ही नहीं, रामभक्ति और साधना के मंदिर भी खड़े किए गए हैं। इस दृष्टि से देखें तो उत्कल का समूचा परिदृश्य ही राममय दिखाई देता है। इधर पुरी जिले में प्राची उपत्यका के इलाके ने जैन, बौद्ध, शैव, शाक्त और वैष्णव धाराओं को आत्मसात् किया है। इसी वैष्णव धारा में राममंदिरों, मठों और आश्रमों की स्थिति उपलब्ध है। हालाँकि प्राची नदी के थाले में बहुत कुछ लीन हो चुका है। फिर भी अवशेष अपनी अलग ही गाथा कहते हैं। अनेक भग्नावशेष रामकथा को वहन करते हैं। 7वीं सदी से 11वीं सदी का यह युग इन्हीं अवशेषों का युग है। इनमें तिर्तोल (जि. कटक) में 'तीर्थ मठ' में 10वीं सदी से राममूर्ति की पूजा होती है। इससे प्राचीन दशावतार का वर्णन मंदिरों में अन्यत्र दुर्लभ है। वैसे प्राची उपत्यका में कई मूर्तियाँ धनुर्धारी राम की मिली हैं। इनसे 11-13वीं सदी में रामधारा का अनुमान लगाया जाता है। परंतु राम से अधिक मूर्तियाँ इस नदी के थाले में हनुमान् की मिली हैं। महावीर उपासना रामधारा में ही आती है। परवर्ती काल में ओड़िसा में चारों ओर राम मंदिरों की स्थापना हुई हैं। अत्यंत प्राचीन राम मंदिर खुंटा (जि. मयूरभंज), भवानीपटना (जि. कालाहांडी), कटक, ब्रह्मपुर, भंजनगर, केंदूझरगढ़ में रघुनाथजी मंदिर, ढेंकानाल तथा भद्रक के राम मंदिर भी काफी प्रसिद्ध हैं। कोरापुट जिले में भी श्रीरामस्वामी मंदिर है। एकदम अत्याधुनिक शैली के विशिष्ट एकाधिक राममंदिर भुवनेश्वर में ही स्वतंत्रता के बाद बने हैं। हाल ही में बलांगीर में भी एक भव्य राममंदिर जिसे 'मानस मंदिर' कहते हैं, निर्मित हुआ है।

मंदिर, मठ, देवालय तो जड़ रूप हैं। उनमें की जानेवाली पूजा-अर्चना, आराधना उसके जीवंत रूप हैं। ओड़िसा के जनजीवन में रामभक्ति और रामार्चन का महत्त्व काफी हद तक पर्व-त्योहारों में देखा जा सकता है। इनमें रामनवमी,

सीतानवमी तो सर्व भारतीय स्तर पर मनाए जानेवाले त्योहार हैं। समग्र जनता में संप्रदाय की सीमा से बढ़कर रामनवमी तो राष्ट्रीय पर्व बन चुका है। केवल इसी स्तर पर ओड़िसा में चैत्रशुक्ल नवमी का पालन नहीं होता। वरन् श्रीजगन्नाथ का भी इस दिन रघुनाथवेश दर्शनीय होता है। रामनवमी का व्रत रखा जाता है। रामजन्म धूमधाम से मनाया जाता है। चारों ओर रामायण का पारायण समापन होता है। कई जगह रामलीलाएँ शुरू की जाती हैं। तो पुरी में 'साही जात्रा' (हर बस्ती की रामलीला) का श्रीगणेश होता है। इसके अलावा 'अशोकाष्टमी' भी काफी उत्साह से मनाया जाता है। रामनवमी के ठीक पहले दिन यह व्रत रखा जाता है। आमतौर पर स्त्रियाँ यह व्रत रखती हैं। इसमें अशोक वृक्ष की आठ कोंपलों का सेवन विधेय है। व्रत की कथा में आता है कि सीता ने इसी अष्टमी तिथि को विधि-विधानपूर्वक व्रत किया और अशोक वृक्ष की आठ कोंपलों का सेवन किया। उनके सारे संताप मिट गए। सुख-सौभाग्य लौट आया। तब से यह व्रत लोक में प्रचलित हुआ है।

जाजपुर के सिद्धेश्वर मंदिर में यह अशोकाष्टमी शैव पर्व के रूप में मनाई जाती है। अशोक पत्र सेवन के बारे में कहते हैं—

अशोकस्याष्टकलिका ये पिवन्ति पुनर्वसौ।
चैत्रे मासि शिवाष्टम्यां न ते शोकभवापुयुः॥

अशोकाष्टमी का पालन भुवनेश्वर के लिए तो सर्वाधिक महत्त्वपूर्ण है। कहते हैं—राम, सीता व लक्ष्मण वनवास के दिनों में यहाँ पधारे थे। एकात्म तीर्थ में लिंगराज के दर्शन कर मुग्ध हो गए। स्वयं महाप्रभु राम ने लिंगराज से इस भेंट को चिरस्थायी बनाने के लिए 'रामेश्वर' लिंग की स्थापना की। तब से लिंगराज महाप्रभु रथारूढ़ होकर प्रतिवर्ष रामेश्वर मंदिर तक जाते हैं। वहाँ उनकी भेंट का उत्सव मनाया जाता है। आज भी श्रीराम और लिंगराज की यह भेंट 'हरिहर भेंट' के रूप में प्रचलित है। लिंगराज 'रुकुणा रथ' में जाते हैं। पुरी की रथयात्रा की तरह भुवनेश्वर की रथयात्रा भी खूब धूमधाम से मनाई जाती है। समूचा शहर मुखर हो उठता है 'हरिहर भेंट' दर्शनों के लिए। इतना ही नहीं, लिंगराज का मंदिर भी शुद्धशैवपीठ नहीं रहा। लोक में यह 'हरिहर' क्षेत्र के नाम से अति प्रसिद्ध क्षेत्र है। ऐसा आत्मीय भाव अन्यत्र दुर्लभ है—कोदंड और त्रिशूल दोनों इस मंदिर के शिखरबंद पर सुशोभित हैं। इसे क्या लिंगराज और रघुनाथ का संयुक्त मंदिर कहें? यहाँ का प्रसाद इसी कारण तो वैष्णव और शैव उभय के लिए पवित्र है, सेव्य है। एक बात यहाँ स्मरणीय है कि राम के कई नामों में ओड़िसा में 'रघुनाथ' ही अधिक प्रचलित है। संभवत: श्रीजगन्नाथ और श्रीरघुनाथ में तादात्म्य होने के कारण ही यह सम्मान होगा।

पुरी में रामनवमी मनाने की परंपरा श्रीमंदिर में तो अनादि काल से है। इसके अलावा यहाँ वैष्णव मठों की संख्या भी खूब है। रामानुज संप्रदाय का सबसे बड़ा मठ यहाँ है—'एमार मठ'। उसके अलावा 10-12 मठ और हैं। इस प्रकार रामानंदी संप्रदाय के अंतर्गत आनेवाले भक्तों के लिए भी कई मठ निर्मित हुए हैं। इनमें प्रमुख हैं—समाधि मठ, पंडित मठ, रंगणी मठ, नृसिंहाचारी मठ। इनमें कई की आर्थिक स्थिति कमजोर है। रामानंदी मठों की संख्या कुछ अधिक है। एमार मठ तो आर्थिक दृष्टि से काफी समृद्ध है। कहीं राम, कहीं सीता-राम तो कहीं श्रीराम पंचायत, कहीं रघुनाथ की पूजा होती है। इनमें बलराम मठ, सानछता मठ, पापड़िया मठ, कौशल्या दास मठ, छावनी मठ, बड़छता मठ, पंजाबी मठ, नेवलदास मठ, अंगिरा मठ, मणिराम मठ, घुमसुर मठ, सुंदरदास—मूलक चौरा मठ, बड़संत मठ, हरिरज खंडी मठ, स्वर्गद्वार मठ, पुरुणा नअरछाता मठ, निर्माणी अखाड़ा, महा निर्माणी अखाड़ा, निरालंबी बैठक आदि के नाम गिनाए जा सकते हैं। आर्थिक दृष्टि से कई मठ माली हालत में होने के कारण विशेष गतिविधियाँ नहीं मिलतीं। कभी इनकी स्थापना धर्म-शिक्षा, संप्रदायों में दीक्षा एवं अतिथि-अभ्यागतों के आवास के लिए हुई थी। परंपरागत तीर्थयात्री इन मठों से अपनी-अपनी आस्था-विश्वास व परंपरा के अनुसार अपने आपको जोड़ते हैं। कुछ भी हो, राम का नाम लिये एक विशाल समुदाय आज भी यहाँ सक्रिय दिखाई देगा। जगन्नाथ बल्लभ मठ में पूजा-विधान हनुमान् विग्रह एवं प्रमुख देवी-देवताओं का विधान देखकर कोई भी रामभक्त सुखद आश्चर्य से भर जाता है। पता नहीं कितनी प्राचीन परंपरा का निर्वाह यहाँ हो रहा है!

पीछे हमने देखा वाल्मीकि रामायण के ओड़िया भाषा में कई लोगों ने अनुवाद किए हैं। यह राम के प्रति आकर्षण का प्रतीक है। 19-20वीं सदी में एक और प्रतीक है—रामचरितमानस। रामचरितमानस के 10-12 अनुवाद तो ओड़िया में प्रकाशित हो चुके हैं। इन अनुवादकों के नाम हैं—स्वप्नेश्वरदास, जगबंधु महापात्र, विक्रमदेव वर्मा, त्रिनाथ मिश्र, अलेख प्रसाद दास, राजकिशोर कानूनगो, बाबाजी बलरामदास राधाकांत मिश्र। पांडुलिपि के रूप में तो अनेक लोगों ने मानस का लिप्यंतरण, गद्यानुवाद, काव्यानुवाद आदि बनाकर रखा है। यह व्यक्तिगत संग्रहों में सुरक्षित है।

इन्हीं से उभरकर आती है पारायण की परंपरा। पिछले पचास वर्षों में यह बलिष्ठ मूवमेंट ही बन गया है। मूल रामचरितमानस का समूह पारायण! नवान्ह पारायण ऐसा कोई क्षेत्र नहीं जहाँ न होता हो। हर जिले में मानस प्रचारिणी समिति लोगों ने बना रखी हैं। श्रद्धा-भक्ति के साथ काफी संख्यक लोग आते हैं। बड़े-

बड़े विद्वानों, रामायण विशेषज्ञों, व्यासों, कथावाचकों की सुनते हैं। मानस आज उत्तर से भी अधिक लोकप्रिय ओड़िसा में हो गई है। विश्वविद्यालयों में शोधकार्य भी रामकथा और रामभक्ति पर जोर पकड़ रहा है। यह सभा, सम्मेलन, पारायण, प्रवचन आदि की परंपरा तो इधर की है। ओड़िसा में अति प्राचीन संस्था है। इसका प्रचलन सिर्फ गाँवों में है। तथाकथित सभ्य शहरों में नहीं। इसे हम 'भागवत घर' अथवा 'भागवत टुंगी' कहते हैं। यह एक छोटा सा चालियाघर (फूस का बना कक्ष) होता है। यहाँ प्रतिदिन सायं भागवत (जगन्नाथ रचित ओड़िया भागवत) पढ़ी जाती है। गाँव के गरीब-अमीर, ऊँच-नीच सभी समूह रूप से आकर नियमित श्रवण करते हैं और भागवत पंडा पुराणादि का पाठ करते हैं। यह भागवत घर महाभारत, रामायण एवं अन्य पुराण पाठ के लिए भी व्यवहृत होता है। ओड़िसा में भक्तिधारा को जीवंत रखने एवं सामाजिक जीवन में मूल्यों को बचाए रखने में इस 'भागवत घर' का बहुत बड़ा हाथ है। यहाँ रामायण (बलरामदास रचित 'जगमोहन रामायण') का पाठ होता है। दांडी छंद में गायन सुनकर श्रोता मुग्ध ही नहीं होते, हर सायं अपनी जीवनधारा और समस्याओं का उचित समाधान भी उसी में ढूँढ़ते हैं। वे इसी को अपने लिए ध्रुव मानकर अपना मार्ग निर्णय करते हैं। वैसे इन चालीस वर्षों में गाँव भी क्लब वाली सभ्यता की चपेट में आने से न बच सके। इसका सबसे अधिक दबाव इन भागवत घरों को ही सहना पड़ता है। सभ्य होने के दौर में देखना है भागवत घर में रामायण-भागवत का क्या हश्र होता है! तभी ओड़िया जनमानस को संदूषित किया जा सकेगा। और अगर यह किसी रूप में सुरक्षित रह सका, तो ओड़िया धर्म, विश्वास, परंपरा और मूल्यबोध दृढ रहेगा। चाहे जितनी प्रगति की दौड़ हो, उत्तर-आधुनिकता का कितना भी प्रचंड प्रवाह हो, हम अपनी संस्कृति से कट नहीं सकते। वरन् उसी में अग्रगति कर सकते हैं।

□

सहायक ग्रंथ सूची

संस्कृत ग्रंथ

वाल्मीकि रामायण

अध्यात्म रामायण

आनंद रामायण

काव्य रामायण

देवी रामायण

विवेक चूड़ामणि

शिव पुराण

बँगला ग्रंथ

डॉ. सुकुमार सेन : बँगला साहित्य व इतिहास (प्रथम भाग)

हिंदी ग्रंथ

तुलसीदास : रामचरित रामायण (गीताप्रेस, गोरखपुर)

डॉ. इंद्रनाथ मदान : तुलसी कला और चिंतन

डॉ. ईश्वर प्रसाद : भारत का इतिहास

डॉ. उदयभानु सिंह : मानस साहित्यिक मूल्यांकन (स. सुधाकर पांडेय)

डॉ. उदयभानु सिंह : तुलसी काव्य मीमांसा

डॉ. कामिल बुल्के : रामकथा

डॉ. जगदीश शर्मा : रामायण और मानस : सौंदर्य विधान का तुलनात्मक अध्ययन

डॉ. दीनदयाल गुप्त : हिंदी साहित्य का वृहत् इतिहास (पाँचवाँ खंड)

डॉ. देवकी नंदन श्रीवास्तव : तुलसी की भाषा
डॉ. धीरेंद्र बहादुर सिंह : तुलसी की कलागत चेतना
डॉ. ब्यौहर राजेंद्र सिंह : तुलसी की समन्वय भावना
डॉ. भगवती सिंह : तुलसी की काव्य-कला
डॉ. माताप्रसाद गुप्त : तुलसीदास
डॉ. मुंशीराम शर्मा : भक्ति का विकास
डॉ. रमानाथ त्रिपाठी : कृत्तिवासी रामायण और मानस का तुलनात्मक अध्ययन
डॉ. रमानाथ त्रिपाठी : पूर्वांचलीय रामकाव्य और मानस
डॉ. राम रतन भटनागर : मध्ययुगीन संस्कृति और तुलसीदास
श्री राम नरेश त्रिपाठी : तुलसी और उनका काव्य लोकमान्य बाल गंगाधर तिलक—गीता रहस्य
डॉ. शंभुनाथ सिंह : महाकाव्यों का स्वस्थ विकास
डॉ. श्रीकृष्ण ताल : मानस दर्शन
डॉ. सत्यनारायण शर्मा : मानस में भक्ति

ओड़िया ग्रंथ

बलरामदास : दांडी रामायण
वटअवकास
वेदांतसार गुप्त गीता
अच्युतानंद : शून्य संहिता
ईश्वरदास : चैतन्य भागवत (सं. डॉ. आर्त्तबल्लभ महांति)
भंज प्रदीप (इंद्रद्युम्न किंवदंतीर ऐतिहासिकता)
डॉ. कान्हूचरण साहु : ओड़िया वैष्णव धर्म
डॉ. कृष्ण चंद्र साहु : कोणार्क-पंचसखा विशेषांक (सं.डॉ. वंशीधर महांति)
गौरीकुमार ब्रह्मा : ओड़िया साहित्य रे प्रकृति
चित्तरंजन दास : गीता (मूल-बलरामदास, अच्युतानंद ओ पंचसखा धर्म)
डॉ. नटवर सामंतराय : सखाहीन पंचसखा
डॉ. मायाधर मानसिंह : ओड़िया साहित्य व इतिहास (1967)

राम दास : दाढ़्यता भक्ति
विजयचंद्र मजुमदार : टिपिकल सिलेक्सन ऑफ ओड़िया लिटरेचर
डॉ. वेणीमाधव पाढ़ी : दारु देवता
सारलादास : महाभारत
सुरेंद्र महांति : ओड़िया साहित्य व इतिहास मध्यपर्व
पं. सूर्यनारायणदास : ओड़िया साहित्य व इतिहास
डॉ. हरेकृष्ण महताब : ओड़िसा इतिहास (द्वितीय भाग)

अंग्रेजी ग्रंथ

एडविन ग्रीक्स : ए स्केच ऑफ हिंदी लिटरेचर, 1918
हंटर : ए हिस्टरी ऑफ ओरिसा, भाग-5 (सं. डॉ. नवीन कुमार साहु, 1958)
कान्हू चरण मिश्र : द कल्ट ऑफ जगन्नाथ
नगेंद्र नाथ बसु : आर्कलॉजिकल सर्वे ऑफ मयूरभंज
प्रभात मुखर्जी : हिंट्स ऑन सिग्निफिकेंस ऑफ जगन्नाथ
प्रभात मुखर्जी : गजपति किंग्स ऑफ ओरिसा (1953)
आर.जी. भंडारकर : कलेक्टेड वर्क्स, भाग -5, 1929 (वैष्णविज्म, शैविज्म एंड माइनर रिलीजंस सिस्टम्स)
रिचर्ड बर्न : कैंब्रिज हिस्टरी ऑफ इंडिया, भाग-4, 1937
आर.पी. त्रिपाठी : राइज एंड फाल ऑफ मोगल एंपायर, 1960
शशि भूषण दास गुप्त : आब्सक्योर रिलीजस कल्ट्स
यासिन मुहम्मद : सोशल हिस्टरी ऑफ इस्लामिक इंडिया, 1958
यूसुफ हुसेन : ग्लिम्सेज ऑफ मिडिवल इंडियन कल्चर, 1959

□□□